Kunskapens tider
Historiska perspektiv på kunskapssamhället

Annika Sandén & Elisabeth Elgán (red.)

Published by
Stockholm University Press
Stockholm University
SE-106 91 Stockholm, Sweden
www.stockholmuniversitypress.se

Text © The Author(s) 2016
License CC-BY

First published 2016
Cover illustration: A kneeling skeleton, seen from behind, reading a book on a Crayon 1779. By: Jacques Gamelinafter. Credit: Wellcome Library, London.
License: CC-BY 4.0
Cover designed by Karl Edqvist, SUP

ISBN (Paperback): 978-91-7635-035-5
ISBN (PDF): 978-91-7635-032-4
ISBN (EPUB): 978-91-7635-033-1
ISBN (Kindle): 978-91-7635-034-8

DOI: http://dx.doi.org/10.16993/bai

This work is licensed under the Creative Commons Attribution 4.0 Unported License. To view a copy of this license, visit creativecommons.org/licenses/by/4.0/ or send a letter to Creative Commons, 444 Castro Street, Suite 900, Mountain View, California, 94041, USA. This license allows for copying any part of the work for personal and commercial use, providing author attribution is clearly stated.

Suggested citation:
Sandén, A. & Elgán, E. (red.) 2016 *Kunskapens tider: Historiska perspektiv på kunskapssamhället.* Stockholm: Stockholm University Press. DOI: http://dx.doi.org/10.16993/bai. License: CC-BY 4.0

 To read the free, open access version of this book online, visit http://dx.doi.org/10.16993/bai or scan this QR code with your mobile device.

Editorial Board of History

Elisabeth Elgán, Department of History, Stockholm University, Sweden
Mari Eyice, Department of History, Stockholm University, Sweden
Kurt Villads Jensen, Department of History, Stockholm University, Sweden
Magnus Linnarsson, Department of History, Stockholm University, Sweden
Aryo Makko, Department of History, Stockholm University, Sweden
Annika Sandén, Department of History, Stockholm University, Sweden

Titles

1. Sandén, A. & Elgán, E. (red.) 2016. *Det historiska kunskapssamhället*. Stockholm: Stockholm University Press. DOI: http://dx.doi.org/10.16993/bai

Innehåll

Det historiska kunskapssamhället. Inledning   1
Elisabeth Elgán & Annika Sandén

Tidender i orons tid. Informationsförmedling under senmedeltiden   6
Dag Retsö

Makten och moralen. Historiebeskrivning i det medeltida Spanien   19
Kim Bergqvist

Stat, städer och urbanisering i Östersjöområdet under tidigmodern tid   43
Sven Lilja

Kommunerna. Självstyrelsen, makten och kompetensen   62
Lars Nilsson

Elit och bredd. Makten i Metall och Svenska Fotbollförbundet sedan 1950-talet   80
Bill Sund

Ståndssamhällets fall speglad i folkräkningsblanketter   96
Carl Mikael Carlsson

Historikern, experterna och steriliseringarna av resanderomer   110
Maija Runcis

Kritiskt tänkande på andra villkor. Poeten Hāfez i medeltidens Persien   128
Hossein Sheiban

På spetsen av Andens svärd. Maktutövning inom soldatmissionen   157
Elin Malmer

Bibliografi   179

Författarna   201

Det historiska kunskapssamhället
Inledning
Elisabeth Elgán & Annika Sandén

Det är inte ovanligt att dagens samhälle karaktäriseras som *kunskapssamhället*, underförstått till skillnad från det tidigare industrisamhället, som därmed mönstras ut som passerat. Tanken att kunskap skulle komma att få en särställning som samhällets motor fördes fram redan på 1960-talet i två inflytelserika böcker, "managementguryn" Peter Druckers *The age of discontinuity: Guidelines to our changing society* från 1969 och sociologen Daniel Bells *The coming of post-industrial society: A venture in social forecasting* som kom ut första gången 1973.[1] Drucker hävdade att samhället skulle komma att behöva mycket mer teoretisk kunskap inte minst till den gryende IT-branchen, till skillnad från den kunskap som Drucker menade hade utgjort grunden för industrisamhället, nämligen erfarenhetsbaserad kunskap. Bells bok, som fortfarande används som kurslitteratur på universiteten, var också ett försök att förutse kommande förändringar i samhället. Bland Bells framtidsförutsägelser fanns, liksom hos Drucker, ett snabbt växande behov av universitetsutbildad arbetskraft och mer teoretisk kunskap. Bell ger i sin bok uttryck för en stark vetenskapsoptimism och han uttrycker förhoppningar om att vetenskapen ska kunna se alltfler lagbundna sammanhang och finna gemensamma teorier och resonemang som kan appliceras inom de mest skilda områden.[2]

Druckers och Bells förutsägelser om ökat behov av forskning och universitetsutbildad arbetskraft framstår som helt riktiga om vi ser till IT-sektorns expansion och den digitala revolution som pågår just nu. Troligen är det dessa fenomen som gör begreppet

---

Hur du refererar till det här kapitlet:
Elgán, E. & Sandén, A. 2016. Det historiska kunskapssamhället. Inledning. I: Sandén, A. & Elgán, E. (red.) *Kunskapens tider: Historiska perspektiv på kunskapssamhället*. Pp. 1–5. Stockholm: Stockholm University Press. DOI: http://dx.doi.org/10.16993/bai.a. License: CC-BY 4.0

kunskapssamhället så populärt för att karaktärisera den tid vi lever i nu.

I detta sammanhang är det dock viktigt att komma ihåg två saker. För det första att den digitala revolutionen inte var den första kunskapsrevolutionen som mänskligheten gått igenom. Som historikern Peter Burke understryker i inledningen till sin bok om kunskapens historia innebar också skriftspråket och tryckkonsten stora, och för samtiden oförutsägbara konsekvenser.[3] För det andra att alla historiska samhällen har utnyttjat och behövt såväl information som kunskap, kunskap som till sin natur inte enbart kan karatäriseras som erfarenheter eller praktiska färdigheter, utan kunde vara väl så sofistikerad och teoretisk.

Denna antologi kommer från Historiska institutionen på Stockholms universitet och är frukten av ett gemensamt arbete utifrån institutionens forskningsprogram. Temat för antologin, *historiska perspektiv på kunskapssamhället*, utformades ursprungligen av Annika Sandén och Nicholas Glover som en väg att möjliggöra ett aktivt förhållningssätt till forskningsprogrammets kärna: hur organisationer, institutioner och kulturer påverkar varandra och driver fram eller förhindrar förändring.

Syftet med antologin är alltså inte att diskutera begreppen kunskap eller kunskapsamhället som sådant. Syftet är istället att belysa kunskapens eller kanske snarare kunskapernas former, uttryck och betydelse genom historien. Författarna till de olika bidragen är inte specialister på kunskapshistoria utan har använt sin egen forskning som bas för att ge exempel på hur behovet av information, förmågan att styra information och tillägna sig kunskap samt utnyttja denna, har sett ut i olika historiska situationer och tidsperioder.

Antologin vänder sig till alla som intresserar sig för historia och samhälle, till en bredare allmänhet och till alumner och kolleger. Det är ett skäl till att vi valt *open acess* som publiceringsform. Boken ger genom sina olika bidrag förhoppningsvis en grund för att reflektera över kunskapsrelaterade frågor.

Artiklarna speglar hur historiska aktörer, såväl makthavare som lekmän och tjänstemän, har producerat och utnyttjat information och kunskap från medeltiden till idag. Här ryms forskning om folkräkning, om kungars historieskrivning, om informationssystem, om urbanisering, om demokratisering och myndighetsutövning, om propaganda, om sociala och politiska rörelser och om disciplinering och opinionsbildning. Många historiker ser idag makt och kunskap som intimt förknippade. Det käcka slagordet *kunskap är makt* har kommit i skuggan av påståendet att *makt är kunskap*. Som upphov till detta sätt att analysera relationen mellan kunskap och makt brukar anges den franske idéhistorikern Michel Foucault. Detta kan ses som en historiens ironi eftersom det franska språket, till skillnad från svenskan eller engelskan, inte har något ord för kunskap. På franska används istället *savoir*, alltså vetande, och *connaissance* som betyder kännedom. Båda substantiven används i såväl singular som plural och går att böja i både bestämd och obestämd form. Det svenska begreppet kunskap är inte på samma sätt kopplat till vardagliga kognitiva fenomen och ändelsen -skap ger intryck av att kunskap är något sanktionerat och institutionellt, på samma vis som äktenskap och medborgarskap.[4]

Som läsaren kommer att märka delar dock inte alla artikelförfattare tanken att makt är kunskap. Enighet torde däremot råda kring iakttagelsen att den som vill utöva makt och behålla den behöver och utnyttjar information och kunskap. Något som i sin tur innebär att de som vill utmana makthavarna, också behöver information och någon typ av kunskapsproduktion.

Information och desinformation

Idag läser de flesta av oss mer text än tidigare i historien, och vi matas med audiovisuella signaler. Men det betyder inte att människor i äldre samhällen inte läste eller inte sände ut och tog emot information. Däremot torde deras möjlighet att förhålla sig kritiskt till denna information ha varit mer begränsad än idag. Informationskanalerna var långt tillbaka i historien få, och för det mesta kontrollerade av en styrande elit. Den bristande informationstillgången och dess konsekvenser analyseras i Dag Retsös artikel *Tidender i orons tid. Informationsförmedling under senmedeltiden.* Kim Bergqvists artikel *Makten och moralen. Historieskrivning i det medeltida Spanien* behandlar ett liknande ämne och visar hur den tillgängliga kunskapen om det förflutna ständigt omformulerades av spanska kungar och stormän i syfte att övertyga andra om legitimiteten i deras politiska visioner.

Experterna

Ekonomer tycks idag inta en central samhällelig funktion motsvarande den som en gång legat hos ingenjörer, läkare och biskopar. Olika typer av experter har genom historien spelat en betydande roll för att hjälpa till att upprätthålla rådande strukturer, eller omforma dem. Experternas roll i olika typer av organisationer belyses i flera av artiklarna.

I Sven Liljas artikel *Stat, städer och urbanisering i Östersjöområdet under tidigmodern tid* ser vi experternas betydelse indirekt, genom den roll som kunskapen om hur en effektiv stat borde organiseras spelade, i en tid präglad av regionala krig. Lars Nilsson visar i artikeln *Kommunerna. Självstyrelsen, makten och kompetensen* hur kommunerna parallellt med att demokratin ökat i såväl kommunerna som i Sverige som helhet blivit ålagda eller själva tagit på sig att utföra ett stort antal specifika tjänster, vilket har medfört ett utökat behov av experter på alla nivåer. Enskilda organisationer, som de som Bill Sund tar upp i sin artikel *Elit och bredd. Makten i Metall och Svenska fotbollförbundet sedan 1950-talet* har däremot på ett annat sätt kunnat välja hur den egna organisationen ska vara uppbyggd och hur den ska förhålla sig till frågan om expertkunskap kontra ideellt engagemang och intern tradering av kunskap.

Två bidrag behandlar frågan om experternas makt. I Carl Mikael Carlssons artikel *Ståndssamhällets fall speglad i folkräkningsblanketter* kan vi se hur statsmaktens önskan att skaffa sig tillförlitlig och heltäckande information om befolkningens sammansättning fick, när den skulle förverkligas, effekter som kan sägas ha varit ett led i att ståndssamhället kom att ifrågasättas. I sin artikel *Historikern, experterna och steriliseringarna av resanderomer* utgår Maija Runcis från en jämförelse av experternas syn på steriliseringar av resanderomer idag och i går och försöker förstå varför denna syn skiljer sig från den steriliseringspraktik som går att utläsa ur källorna.

Protester och aktivister

Önskan att förändra världen ger också upphov till kunskap både i form av kritisk granskning av rådande förhållanden, och i form av systematiserade idéer. Detta arbete med att tänka om världen kan kallas för ideologi, i ordets positiva betydelse. I Hossein Sheibans artikel *Kritiskt tänkande på andra villkor. Poeten Hāfez i det medeltida Persien* möter vi poetens möjligheter att tack vare sin litterära förmåga kunna kritisera makten. Även religiös aktivism kan ge upphov till kunskapsproduktion. Elin Malmer visar i sin artikel *På spetsen av Andens svärd. Maktutövning inom soldatmissionen* hur väckelsepredikanter kring sekelskiftet 1800/1900 ville lägga livet till rätta i en sorts fritidsgårdar för unga män som gjorde värnplikten. Den mikromakt som växte fram i dessa institutioner producerade kunskap om det rätta sättet att vara en god son, make och far.

Sammantaget visar artiklarna på kunskapens betydelse i mycket skiftande historiska sammanhang och avvisar bestämt tanken att dagens behov och utnyttjande av kunskap skulle vara något unikt i världshistorien.

Noter

1. Peter F. Drucker, *The age of discontinuity: guidelines to our changing society* (New York 1969); Daniel Bell, *The coming of post-industrial society: a venture in social forecasting* (New York 1973). Druckers bok översattes omgående till svenska under titeln *Förändringens tidsålder: om diskontinuiteten i vår tid: den snabba förändringen av teknologi, ekonomi, politik och utbildning* (Stockholm, 1970).

2. Bell (New York, 3:e utgåvan, 1999) s. 17 och s. 20.

3. Peter Burke, *What is the History of Knowledge?* (Cambridge 2016) s. 1.

4. Påståendet att makt är kunskap skulle dock kunna tänkas ha sin upprinnelse i att substantivet makt och verbet kunna är samma ord på franska, nämligen *pouvoir*.

Tidender i orons tid
Informationsförmedling under senmedeltiden
Dag Retsö

Kunskap om aktuella förhållanden kan som bekant utgöra en verklig maktfaktor. Som beslutsunderlag måste information givetvis vara korrekt men den måste också förmedlas snabbt. I moderna västerländska demokratier är vare sig det ena eller det andra knappast längre något problem. Visselblåsare som Julian Assange och Edward Snowden har istället gjort det tydligt att den stora skiljelinjen i informationsflödet inte på något enkelt sätt går mellan propaganda och sanning utan snarare mellan offentlig och hemlig information, eller mellan halva sanningen och hela sanningen. Denna uppsats avser att belysa villkoren för spridningen av information, i synnerhet i skriftlig form, i det svenska riket under senmedeltiden, här definierat som perioden 1400–1560, och därigenom visa att samma förhållande gällde då som nu, då information inte förmedlades vare sig snabbt eller säkert.

I tillägg till de problem som sammanhängde med en låg läs- och skrivkunnighet och muntlig ryktesspridning, kom de besvärliga kommunikationerna som gjorde att nyheter lätt och snabbt kunde falla i värde på grund av att de helt enkelt var för gamla när de nådde sina mottagare. Det är ingen slump att det gamla ordet för underrättelse, 'tidende', är en avledning av ordet 'tid'. Vikten av färsk information var inte minst viktig för beslutsfattare i krigssituationer, då försenade nyheter kunde vara ödesdigra som beslutsunderlag. Det är ju just för att sanningen är krigets största tillgång som den blir dess första offer. Motstridiga uppgifter om vad som försiggår brukar innebära en veritabel kris för tilliten i ett samhälle.

Hur du refererar till det här kapitlet:
Retsö, D. 2016. Tidender i orons tid. Informationsförmedling under senmedeltiden. I: Sandén, A. & Elgán, E. (red.) *Kunskapens tider: Historiska perspektiv på kunskapssamhället*. Pp. 6–18. Stockholm: Stockholm University Press. DOI: http://dx.doi.org/10.16993/bai.b. License: CC-BY 4.0

Landkunskap, resandets infrastruktur och brevförarna

Att nyheters relevans sammanhänger med hastigheten i informationsflödet betyder att den även sammanhänger med informationsflödets materiella infrastruktur i allmänhet. För medeltiden, då information spreds genom personers fysiska förflyttning genom rummet, handlar det därför om vägar, fortskaffningsmedel samt övernattningsmöjligheter och landkunskaper hos dem som levererade breven, de så kallade brevförarna.

Några kartor användes inte under medeltiden för resor, möjligen med undantag för längre pilgrimsresor och de medeltida europeiska kartor där Sverige finns med har inga vägar utsatta.[1] Kunskaper om vägar och rutter från en plats till en annan byggde alltså helt på människors mentala bild av och visuella igenkänning i landskapet. Erikskrönikan nämner också upprepade gånger hur vägkunskap och personligt förvärvad geografisk erfarenhet var viktigt för snabba resor.[2]

Att kunskaperna om vägnätet och geografiska förhållanden i allmänhet berodde på personliga erfarenheter gällde även i samhällets toppskikt, där de kunde vara överraskande knapphändiga till långt in på Gustav Vasas tid. Visserligen uppger krönikorna att kungen själv var väl hemmastadd i bygder som han genomfarit en eller två gånger, men han var inte så bekant med det av honom sällan besökta Finlands geografi; år 1552 gav han efter klagomål från bönderna i Nyslotts län tillstånd för dem att föra sin skattespannmål till Sandhamn (vid nuvarande Helsingfors) istället för till Viborg "eftersom det haver oss icke varit veterligt", skriver kungen, "att det är så lång väg emellan".[3] Det var till och med lätt att åka vilse även om man var bekant med nejden. En magister Robertus tappade till exempel vintern 1406 bort sig på den korta vägen mellan Skänninge och Vadstena, trots att han var i sällskap med en kanik från Linköping, som säkerligen gått vägen många gånger före dess.[4]

Kommunikationsväsendets materiella infrastruktur var primitiv under medeltiden, men det tycks ha gällt övernattningsmöjligheter i högre grad än fortskaffningsmedlen och vägarna. Det svenska vägnätet var visserligen glesare än på kontinenten men utländska resenärer i Sverige under århundradena närmast efter medeltiden lovordade som regel vägarnas kvalitet samtidigt som de klagade över bristen på gästgivare. Detsamma torde ha gällt på medeltiden; det bör ha varit lika vanligt då som senare att man tvingades be om husrum hos bönder och präster, medan vägarna var någorlunda ändamålsenliga.[5] Samtidigt finns det gott om exempel på att brevbefordran var osäker, att brev inte kom fram i förväntad tid eller att de inte kom fram alls. Det var till exempel inte alltid man ens visste var en person befann sig.[6] Det var också rent generellt riskabelt att färdas. Pilgrimmer, de mest långväga resenärerna, utrustades därför regelmässigt med skyddsbrev.[7] För brevförarna förelåg alltid risken särskilt under orostider att överfallas och bli bestulna på sina brev, i synnerhet om de bar på värdefulla handlingar.[8] I värsta fall blev de helt enkelt kidnappade med brev och allt, som den arme, till namnet okände man som sommaren 1507 togs av danskarna i Småland och fördes ända till Köpenhamn.[9]

Handel och sjöfart utgjorde viktiga hjälpmedel i nyhetsförmedlingen. Inom den internationella samfärdselsforskningen har man pekat på att det var de stora europeiska handelsstäderna som tog ledningen i att utveckla ett reguljärt postsystem, och att Nordtyskland, England och Holland på ett tidigt stadium gjorde sig gällande inte bara som pionjärer inom sjöväga handel utan också inom postväsendet. Nord- och Östeuropa hade härvidlag nackdelar gentemot resten av Europa.[10] För Sveriges del var postförbindelserna med Finland särskilt besvärliga. Under vinterhalvåret var sjöleden praktiskt taget helt stängd och antalet korrespondensbrev expedierade till Sverige stiger, av deras dateringar att döma, drastiskt under våren i samband med islossningen i skärgården. På sommaren kunde vädret på Ålands hav sinka postförarna upp till tre veckor.[11] Nyheten om att ryssarna planerade angripa Viborg i Finland 1511 tog till exempel över två månader att nå riksföreståndaren i Sverige, trots att nyheten förmedlades under sommarhalvåret.[12]

Den tyske historikern Klaus Gerteis identifierar tre faser i postväsendets tidiga utveckling i Europa; medeltiden med tillfällig post, senmedeltiden och 1500-talet då särskilt städerna tog ledningen i att hålla sig med avlönade postbud, samt 1600-talet då stafettpost och kurirväsen fick sitt genombrott.[13] I stort sett samma kronologi gäller för Sveriges del men med viss fördröjning.

En statligt organiserad rikstäckande och regelbunden postgång i Sverige uppstod först på 1600-talet i samband med Sveriges framväxt som stormakt och statsförvaltningens behov av säkert och snabbt fortskaffande av den offentliga korrespondensen, särskilt från utlandet.[14] Redan på 1200-talet hade vissa europeiska kungar haft egna någorlunda fasta staber av brevförare som ansågs pålitliga och därför ofta anlitades, och förmodligen utvecklades även det tidigmoderna svenska postväsendet ur samma företeelse.[15] Ordet 'post' förekommer visserligen första gången i en svensk text redan år 1556, och länsmännen ålades i 1529 års Strängnässtadga att befordra brev, men det verkar inte ha fungerat som det var tänkt.[16] En av komponenterna i 1600-talets postsystem hade dock medeltida föregångare, nämligen stafettsystemet som kunde bygga på den medeltida offentliga budkavleinstitutionen.

Under medeltiden befordrades brev istället på ad hoc-basis av enskilda personer som antingen råkade ha vägarna förbi ett brevs adressat eller av särskilt utsedda kurirer som stack iväg närhelst ett brev behövde levereras. Vissa svenner, det vill säga medhjälpare till riddare, tycks redan under medeltiden ha varit specialiserade på brevbefordran, och i flera fall vet vi namnen på dem och lite om deras arbetsvillkor. Brevvisarna verkar ofta ha gjort en specifik resa tur och retur, varvid de efter överlämnandet av brevet inväntat ett svar som de tagit med sig tillbaka.[17] Med all säkerhet kände de flesta av dessa brevförare varandra, möttes ibland på vägen på sina respektive uppdrag, utbytte erfarenheter och slog följe med varandra en bit på vägen innan de skildes åt mot sina respektive destinationer. De fick ibland en belöning eller traktamente.[18] Det vanliga färdsättet för dessa speciella budbärare var det snabbast tänkbara – ridhästen – och kungliga ilbud var de resenärer, åtminstone på kontinenten, som rörde sig snabbast – som mest 70 km per dag – över långa sträckor.[19]

Vem kan man lita på?

Om upplysningar nått sin slutdestination, och dessutom gjort det i tid, återstod det fortfarande för mottagaren att värdera dess innehåll. I ett muntligt samhälle som det medeltida var det ofta svårt att fastställa nyheters sanningshalt, eftersom det i de flesta fall saknades möjligheter att jämföra och verifiera med andra källor. Mycket information spreds genom okontrollerbara rykten. Falska brev var inte ovanliga och var i orostider till och med en vedertagen del av krigföringen.[20] I medeltida brev ombeds mottagaren ofta att sätta sin lit till kungens bud och inte lyssna på illasinnade rykten, eller "lösa tidender", som det hette.[21] I maj 1507 hade till exempel någon på Linköpings domkyrkas dörr spikat upp brev som påstods komma från påven med anklagelser mot den valde biskopen Hemming Gad; de revs omedelbart ner innan någon hunnit ta till sig deras innehåll.[22] Våren 1524 gick också ett rykte i Linköpings stift om att kung Gustav Vasa skulle vara belägrad och att en ny silverskatt skulle införas, och kungen uppmanade allmogen – i skrift – att "icke lätteligen tro sådana lögnaktiga budbärare som gärna vill komma ont åstad i riket."[23]

Misstron ledde till åtskilliga ansträngningar att skapa förtroendemekanismer i nyhetsförmedlingen. En sådan mekanism var att förmedla ett budskap inte bara genom själva brevtexten utan också genom brevföraren själv, som muntligt kompletterade och förklarade brevinnehållet. Till många historikers förtret var budskapen ibland helt och hållet muntliga och de bevarade följebreven tämligen intetsägande. I otaliga medeltidsbrev uppmanas mottagaren att sätta sin tilltro till brevföraren. Man kan visserligen förmoda att det fanns brevvisare som var mer pålitliga än andra.[24] Men de flesta brevförare bör ha varit väl kända ansikten och inte föranlett någon misstänksamhet i det avseendet. Personligt kända budbärare, såsom lokala fogdar eller ännu hellre vänner, var naturligtvis betryggande för att få pålitlig förstahandsinformation.

I värsta fall var underrättelserna av så känslig natur att inget annat än ett personligt sammanträffande dög. Gustav Vasa vågade till exempel vid ett tillfälle inte "anförtro pennan eller låta ställa i skrift" det han ville kommunicera med en av sina fogdar utan ville att denne skulle uppsöka honom personligen.[25] Anledningen till att kungen i det här fallet inte vågade skriva sin mening var säkerligen inte någon oro för att brevföraren skulle tjuvläsa; de flesta medeltida brevförare torde ha varit analfabeter och inte kunnat tillgodogöra sig budskapet i konfidentiella brev för egen del även om de hade velat.[26] De muntliga uppgifter som sägs ha överförts av brevförarna kan därför inte ha varit av särskilt konfidentiell art utan har troligen bestått av ganska vardagliga detaljer, som dock inte hade saknat intresse för historiker. Däremot kunde ju brev stjälas på vägen och hamna i händerna på någon som kunde läsa. 'Uppsnappade' och uppbrutna brev nämns ofta.[27]

Ett sätt att garantera ett budskaps autenticitet var också att låta budskapet så att säga verifieras av fysiska föremål. Sigill på brev var en sådan visuell äkthetsmarkör men även de kunde ibland vara förfalskade. Budkavleinstitutionen är ett annat exempel. Budkavlen i sig var ju ett äkthetsbevis, men Olaus Magnus hävdar att budkavlebärare för säkerhets skull även hade andra föremål med sig för att visa att han var ute på hederliga uppdrag.[28]

Kronans kommunikation med allmogen krävde andra mekanismer. Kyrkan, den enda sant rikstäckande institutionen i det medeltida samhället och måhända den enda som bönderna dessutom litade oförbehållsamt på, var en viktig tillgång, och präster anlitades ofta för kronans informationsförmedling till dem.[29]

Sanningen, halva sanningen eller något annat än sanningen?

Bönderna hade goda skäl att vara misstänksamma mot makthavarna, inte minst mot kronan. Kungamaktens bekymmer rörde nämligen inte bara att själv få tillgång till pålitlig information, utan också att så noggrant som möjligt hålla uppsikt över vilka nyheter som allmogen fick del av. Å ena sidan gällde det att undanhålla allmogen politiska motståndares lögner. Å andra sidan gällde det ibland att rätt och slätt undanhålla dem även sanningen. Gustav Vasa gav till exempel ganska oförblommerat instruktioner till fogden i Dalarna sommaren 1542 att inte säga hela sanningen för allmogen om det uppblossande Dackeupproret, och några riksråd vid olofsmässan i Skänninge blev ombedda att inte läsa upp kungens brev ordagrant som det var utan anpassa budskapet efter stämningen på mötet, särskilt som bönderna, menade kungen, säkerligen inte skulle förstå i alla fall.[30]

Men bönderna var förtvivlat medvetna om att information från centralmakten kunde vara bristfälliga eller vilseledande och därför kunde ifrågasättas. Sommaren 1509 rådde stort missnöje bland bönderna i Östergötland med att inte få veta vad som egentligen försiggick på herremötena. Det hade lett till ryktesspridning "i dryckesstugor och andra samkväm", och frågetecken kring huruvida man skulle lita på riksföreståndaren över huvudtaget. Landskapet stod på randen till ett veritabelt bondeuppror, och riksföreståndarens folk tvingades till en charmoffensiv för att lugna bönderna.[31]

Det mest spektakulära försöket att manipulera information är kanske det som rörde riksföreståndaren Sten Sture den äldres död i Jönköping i december 1503. Den karismatiske Sten Stures betydelse för den svenska allmogen var sådan att hans död, mitt i en växande militär konflikt med Danmark, måste handhas med största fingertoppskänsla för att inte orsaka uppståndelse och oro. Hemming Gad, en av sin tids mest inflytelserika män, yppade i ett brev till sin bundsförvant Svante Nilsson tydligt sin oro för vad som nu skulle komma att hända, lät gömma Sten Stures kropp under hudar och skinn i en släde inför transporten till Stockholm och lät en betrodd man klä ut sig till riksföreståndaren. Han uppmanade samtidigt Svante att hemlighålla riksföreståndarens död i minst ett halvår, vilket för övrigt misslyckades; senast en dryg månad därefter var nyheten ute att Sten Sture var död och att Svante själv valts till ny riksföreståndare.[32]

Gemensamt för makthavarnas metoder att manipulera information är att de vittnar om hur sanningen under medeltiden, precis som idag, var nära förknippat med att själv kunna se eller bevittna. Senmedeltiden var full av bedragare som personifierade bemärkta personer, och det cirkulerade ofta rykten om att levande personer hade dött och om att döda personer i själva verket levde.[33] En skeppare vågade i november 1510 svära på sin dyrbara last av salt, sitt skepp och sitt liv att de andrahandsupplysningar han fått om att Danmarks kung Hans var död var sanna, och de bekräftades också från annat håll; i själva verket levde kungen och dog först drygt två år senare.[34] Det finns också gott om exempel på hur en person kunde fungera som sanningsbärare genom sin blotta åsyn. När det på hösten 1509 cirkulerade rykten om att en statskupp utförts mot riksföreståndaren Svante Nilsson tjänade hans hustrus uppenbarelse på genomresa i sydvästra Uppland som bevis för bönderna att ryktena var osanna.[35] Allmogen i Kalmar län klagade i november 1508 på att de aldrig fick se de svenner de underhöll genom sina skatter; de tvivlade på att svennerna existerade över huvudtaget och misstänkte att deras skattemedel gick till något helt annat än vad de kommit överens om.[36] På samma sätt hotade ungefär samtidigt invånarna både på Salberget i Bergslagen, i Åkerbo härad i Västmanland, i Madesjö i Småland och på flera håll i Västergötland med att hålla inne med sin skatt om de inte fick synlig bekräftelse på att det de betalade för var det överenskomna.[37]

Kansliet: Informationens smedja

Rikets ledning hade en mängd rådgivare och retoriskt kunniga formuleringsexperter till sin tjänst. Åtskilliga brev berättar om hur riksföreståndarna av dem fick goda råd i frågan om hur informationsflödet till allmogen bäst hanterades.

Ett exempel på dessa medarbetares metoder är de skrivelser som gick ut från kansliet i början av 1511. I månadsskiftet januari-februari mottog riksrådet och invånarna i Uppsverige ett brev från frälset och allmogen i Västergötland med allvarliga underrättelser; den danske kungens son, unge hertig Kristian (sedermera kung Kristian II) hade angripit landsänden, och brevutfärdarna förklarade sig oförmögna att själva försvara sig. Därför uppmanades nu brevmottagarna att för den trogna tjänst de var skyldiga Sveriges krona och för Guds och rättvisans skull komma dem till hjälp, annars skulle de komma i danskarnas våld.[38] Några dagar senare, kort efter att det att ovanstående brev ankommit, utfärdade det församlade riksrådet i Västerås en begäran till alla invånare i Gästrikland om att ställa upp med krigsfolk för att mota bort danskarna. Förmodligen har liknande brev utgått till flera landsändar men bara brevet till Gästrikland har bevarats. Kungörelsen motiveras med meddelandet från Västergötland om danskarnas anfall, och sedan följer en beskrivning hur danskarna plundrar kyrkor och kloster, bränner goda mäns gårdar, beskattar orimligt hårt den fattiga allmogen, för ett allmänt okristligt krig och kränker jungfrur och kvinnor.[39]

Men inga av dessa gräsliga detaljer nämns i brevet från Västergötland, de är en produkt av kanslickrivarens stilkänsla. Han har uppenbarligen vävt in detaljer från ett helt annat brev, från bönderna i Sunnerbo härad i Småland, och enligt vilket en dansk här dragit genom häradet och bränt gårdar, plundrat kyrkor och allmoge och våldfört sig på kvinnor och barn.[40] Informationen har här redigerats och förtätats för att uppnå huvudsyftet, att skapa den dramatik som behövdes för att mobilisera gästringarnas solidaritet och försvarslust. Kanske tänkte man sig att grymheter begångna mot västgötar skulle slå an en annan, lämpligare sträng hos gästringarna än om det handlat om smålänningar.

Slutord

Snabbhet, pålitlighet och fullständighet i informationsförmedling var knappare resurser under medeltiden än de är idag. Men de var lika oumbärliga som nu för samhällsinstitutionernas funktionsduglighet, legitimitet och stabilitet, och därmed tilliten till samhällssystemet som helhet. Före framväxten av en lokalt förankrad och lojal ämbetsmannakår kunde förtroendeproblemet förknippat med information, både för kronan och landets övriga befolkning, inte helt avhjälpas. I synnerhet senmedeltiden, med sina omvälvande processer och ökande spänningar, kan därför betraktas som en period då kraven på snabb, säker och sanningsenlig information ökade, krav som inte kunde tillgodoses förrän långt senare och som först istället ledde till ökad osäkerhet och en allmän kris för förtroendet i samhället i stort.

Noter

1. Herman Richter, *Olaus Magnus Carta Marina 1539* (Lund 1967) s. 69; Joachim Lelewel, *Géographie du Moyen Age* Breslau 1852, Vol 2 s. 66 och Vol 3–4 s. 175ff; Joachim Lelewel, *Épilogue de la géographie du Moyen Age* (Breslau 1857), s. 281ff, Dag Retsö, *Människans mobilitet och naturens motsträvighet: Studier kring frågan om reshastighet under medeltiden* (Stockholm 2002) s. 29.

2. Se t ex *Erikskrönikan*, Sven-Bertil Jansson (utg.) (Stockholm 1993) s. 129: "Then bezst kunne weghin aff allom them / jak tror at han kom skiotast [=snabbast] hem". Se även ibid. s. 52, 140, 146.

3. Otto Ahnfelt (utg.), "Per Brahe den äldres fortsättning af Peder Svarts krönika", *Lunds universitets årsskrift* 34:1:1 1898, s. 2,

Konung Gustaf I:s registratur (GR), Johan Alfred Almqust (utg.) (Stockholm 1861–1916) Vol. 23 s. 413f och 370.

4. *Vadstenadiariet*, utg. Claes Gejrot, (Stockholm 1996) nr 137.

5. Se Reinhold Schottin (utg.), *Tagebuch des Erich Lassota von Steblau,* (Halle 1866) s. 177; *Bulstr. Whitelockes Dag-Bok öfver Dess Ambassade til Sverige Åren 1653 och 1654*, (Uppsala 1777) s. 157, 162, 167; *Seigneur A de La Motrayes resor 1711–1725...* Hugo Hultenberg (utg.) (Stockholm 1912) s. 139. Se även Retsö, Stockholm 2002 s. 26f, 44ff.

6. Se t. ex. Dag Retsö, "Senmedeltida pappersbrev som källa för beräkning av restider och rekonstruktion av itinerarier", i Claes Gejrot, Roger Andersson & Kerstin Abukhanfusa (red.), *Ny väg till medeltidsbreven*, Stockholm 2002, s. 313–336. Se äv. É. Schnakenbourg, "Les chemins de l'information: la circulation des nouvelles depuis la périphérie européenne jusq'au gouvernement français au début du XVIIIe siècle", *Revue Historique 638* 2006, s. 293.

7. Hans Hildebrand, *Sveriges medeltid: kulturhistorisk skildring 1*, (Stockholm 1879) s. 1022.

8. Se t. ex. Peter Ståhl, *Johannes Hildebrandi, Liber epistularis (Cod. Upsal. C 6): I. lettres nos. 1 à 109 (fol. 1r à 16r)* (Stockholm 1998) s. 166, nr. 102.

9. *Bidrag till Skandinaviens historia ur utländske arkiver, Vol 5: Sverige under de yngre Sturarne, särdeles under Svante Nilsson, 1504–1520*, Carl Gustaf Styffe (utg.) (Stockholm 1884) nr. 146

10. Karl Gerteis, "Reisen, Boten, Posten, Korrespondenz in Mittelalter und früher Neuzeit", i Hans Pohl (red.), *Die Bedeutung der Kommunikation für Wirtschaft und Gesellschaft*, (Stuttgart 1989), s. 20ff; Georges Livet, *Histoire des routes et des transports en Europe* (Strasbourg 2003) s. 180, 261f.

11. *Kungabrev och andra Roslagens dokument*, Edvin Gustavsson (utg.) (Uppsala 1971) s. 15; Bengt Medin, "Vaddö havsfärja och de svensk-finska förbindelserna över Åland till omkring 1640", *Forum Navale 11* 1952, s. 28.

12. Dag Retsö, "När försvann Sturearkivet från Sverige?" (manuskript).

13. Gerteis (Stuttgart 1989) s. 36.

14. Nils Forssell, *Svenska postverkets historia. Del 1* (Stockholm 1936) s. 1ff, Teodor Holm, *Sveriges allmänna postväsen: ett försök till svensk posthistoria 1: 1620–1642* (Stockholm 1906) s. 11ff.

15. Charles A. J. Armstrong, "Some Examples of the Distribution and Speed of News in England at the Time of the Wars of the Roses", i (red.) R. W. Hunt, W. A. Pantin & R. W. Southen, *Studies in Medieval History presented to Frederick Maurice Powicke* (Oxford 1948) s. 440. Se även Magnus Linnarsson, *Postgång på växlande villkor: det svenska postväsendets organisation under stormaktstiden* (Lund 2010).

16. Forssell (Stockholm 1936) s. 17, 21; Holm (Stockholm 1906) s. 32.

17. Se t. ex. Sturearkivet 434, Riksarkivet; Lars Sjödin (utg.), *Historiska handlingar, Vol 39: Handlingar till Nordens historia 1515–1523, Del 1: 1515-juni 1518* (Stockholm 1967) nr. 406; Gunnar Westin, *Riksföreståndaren och makten: politiska utvecklingslinjer i Sverige 1512–1517* (Lund 1957) s. 552; Ståhl (Stockholm 1998) s. 143–144, nr 40, brev nr. 24422 i http://www.nad.riksarkivet.se/SDHK.

18. Brev nr. 40654 i http://www.nad.riksarkivet.se/SDHK; Lars Sjödin (utg.), *Gamla papper angående Mora socken, Vol 2: Arvid Siggessons* brevväxling (Västerås 1937) s. 300.

19. Se Reinhard Elze, "Über die Leistungsfähigkeit von Gesandtschaften und Boten im 11. Jahrhundert", i W. Paravicini & K. F. Werner (red.), *Histoire comparée de l'administration (IVe-XVIIIe siècles),* (, Zürich & München 1980, s. 3–10; Retsö (Stockholm 2002).

20. Se t. ex. Hedda Gunneng, *Biskop Hans Brasks registratur: textutgåva med inledning* (Uppsala 2003) nr 356. Erik XIV kallade den danske kungen Frederik II:s propagandakrig på 1560-talet för ett 'nytt vapen' (*nouo armorum*) men det var känt sedan 1400-talet, Magnus Karlsson, *Erik XIV: Oratio de iniusto bello regis Daniæ anno 1563 contra regem Sueciæ Ericum 14 gesto* (Stockholm 2003) s. 166–167. En borgare i Stockholm dristade sig till och med till att utfärda ett brev i riksföreståndaren Sten Stures den yngres namn till självaste storfursten av Moskva, Reinhold Hausen (utg.), *Finlands medeltidsurkunder. Del 7: 1509–1518,* (Helsingfors 1933) nr. 5711.

21. Sturearkivet 192 Riksarkivet; Gunneng (Uppsala 2003) nr. 530, 534, 209. Se äv. Sturearkivet 1288 Riksarkivet.

22. Styffe (Stockholm 1884) nr. 135.

23. 9/3 1524, Gunneng (Uppsala 2003) nr. 215.

24. Jfr brevvisaren i William Christensen (utg.), *Missiver fra Kongerne Christiern I:s og Hans's tid, Bd 2: Missiver fra Brevskrivere uden for den danske Kongefamilie*, Köpenhamn 1914, odat. nr. 39, som sägs vara "ett vist bud", och den som nämns i Sjödin, 1937 s. 300, som sinkat sig och därför fick 'ligga i tornet' som straff.

25. GR 15 s. 394f. Se vidare Dag Retsö, "Med hand och mun, med bud och brev: Närvaro och auktoritet i Sverige 1300–1560" i Mats Hallenberg & Magnus Linnarsson (red.), *Politiska rum: Kontroll, konflikt och rörelse i det förmoderna Sverige 1300–1850* (Lund 2014) s. 101–117.

26. På 1600-talet var det dock redan annorlunda: i postförordningen från 1636 sägs explicit att på varje etapp bör helst sättas den postbonde "som läsa och skrifva kan", Forssell (Stockholm 1936) s. 41, faks. §1, samt s. 111.

27. Se t. ex. Styffe (Stockholm 1875) nr. 209; Styffe, Stockholm 1884, nr. 385, GR 3 s. 170ff; Seth Gustafson, *Hemming Gadhs språk* (Lund 1950) s. 20 samt Nils Johan Ekdahl, *Handlingar rörande Severin Norby och de under hans ledning stående krigsföretagen mot Sverige. Afd. 3*, (Stockholm 1836) s. 967ff.

28. Olaus Magnus, *Historia om de nordiska folken* (Uppsala 1909–51) nr. 7:4.

29. Se t ex kung Karl Knutssons brev till domkapitlet i Uppsala 1464 som skulle läsas upp först för prästerskapet som sedan i sin tur skulle påverka allmogen, Johan Hadorph, *Then andra delen til rijm-crönikorne hörande...* (Stockholm 1676) s. 230ff. Se även Bill Widén, *Predikstolen som massmedium i det svenska riket från medeltiden till stormaktstidens slut* (Åbo 2002) och Elisabeth Reutersvärd, *Ett massmedium för folket: studier i de allmänna kungörelsernas funktion i 1700-talets samhälle* (Lund 2001).

30. "...icke latha myckit läse them före, Förty att om än fast så skedde, dhå förstå the liguell neppeligen, hwad som läses...", GR 14 s. 127ff. Se äv. GR 14 s. 150ff och 301f.

31. Styffe (Stockholm 1884) nr 280. Om ryktesspridning som politiskt medel, se Pia Einonen, "The Politics of Talk: Rumour and Gossip in Stockholm during the Struggle for Succession (c. 1592– 1607), *Scandia* 80:2 2014.

32. Styffe (Stockholm 1875) nr. 237; Styffe, *Nya handlingar rörande Skandinaviens historia, Vol.* 9 (Stockholm 1834) s. 3ff.

33. Se t. ex. Styffe (Stockholm 1884) nr. 313. Sammaledes ryktades det f. ö. om kung Erik XIV:s död eftersom folket inte sett honom på länge, Karlsson (Stockholm 2003) s. 144–145.

34. Sturearkivet 1148, Riksarkivet.

35. Dag Retsö, "'Instängdhetens nytta': kvinnors geografiska mobilitet under medeltiden, och Mätta Ivarsdotters resor 1504–1511", *Scandia* 73:2 2008, s. 54.

36. Sturearkivet 585, Riksarkivet.

37. Styffe, Stockholm 1884, nr. 376, Sturearkivet 252, 1590 och 1150a, Riksarkivet. Se även Dag Retsö, "No Taxation without Negotiation: War Economy, Taxes and the Peasantry in Sweden in Early 16th Century" (manuskript).

38. Styffe (Stockholm 1884) nr. 338.

39. Styffe (Stockholm 1884) nr. 343.

40. Styffe (Stockholm 1884) nr. 349.

Makten och moralen
Historieskrivning i det medeltida Spanien
Kim Bergqvist

Så om någon genom det som hänt vill veta vad som skall hända, bör han inte bortse från detta verk, utan ha det i åminnelse. Många gånger passar det sig att läsa detta, för att vi däri kan se många saker, varav du kommer att dra nytta och bli lärd i svåra ting. [...] O Spanien, om du mottar de nådegåvor som kungens vishet skänker dig, kommer du att glänsa, du kommer att växa i rykte och skönhet. Kungen, som är Spaniens skönhet och filosofins skatt, ger lärdomar åt spanjorerna; må de goda motta de goda, och ge de fåfängliga åt de fåfänga.[1]

Citatet ovan är hämtat ur prologen till den spanske kungen Alfonso X:s (kung över Kastilien och León 1252–84) historieverk *Estoria de España*, från 1200-talets andra hälft. Det gestaltar föreställningen om den lärde konungen som folkfostrare, en vis lärare som väljer ut händelser ur det förflutna som kan fungera som sedelärande exempel för värdiga undersåtar. Under medeltiden använde man sig ofta av så kallade *exempla* för att förmedla sedelärande historier, och därmed tradera kunskap.[2] En sådan kort berättelse, ett *exemplum*, lyfte fram en god förebild eller ett varnande exempel för att visa på gott eller ont agerande som borde efterföljas respektive undvikas. Dessa sedelärande berättelser var illustrativa exempel i berättande form, och kan kännas igen i en eller annan form i alla mänskliga samhällen, även om vi bara finner dem i textuell form i skriftkulturer, och är således inte specifika för medeltiden.[3] Vi känner igen tillvägagångssättet från Jesu liknelser. Den berättande formen fungerade meningsskapande, retoriskt övertygande, och mnemoniskt, som stöd för minnet.[4]

Hur du refererar till det här kapitlet:
Bergqvist, K. 2016. Makten och moralen. Historieskrivning i det medeltida Spanien. I: Sandén, A. & Elgán, E. (red.) *Kunskapens tider: Historiska perspektiv på kunskapssamhället.* Pp. 19–42. Stockholm: Stockholm University Press. DOI: http://dx.doi.org/10.16993/bai.c. License: CC-BY 4.0

Periodvis framstår denna typ av berättelse som helt dominerande i den medeltida litteraturen, även om kopplingen mellan historia, moral och retorik var närvarande redan i den klassiska antika historieskrivningen.[5] I det medeltida Spanien, framförallt i kungariket Kastilien och León, hade historieskrivningen en privilegierad position inom den litterära produktionen, en position som på andra håll i det medeltida Europa intogs av riddarromanen.[6] Vi vet oftast inte vilka som var upphovsmännen till dessa spanska historiska krönikor, då det framförallt är kungens person, som beställare eller mottagare av verken, som lyfts fram i texten. I de allra flesta fall finns inte så många uppgifter bevarade kring tillkomsten av texterna, bortsett från det som står i texten. Krönikeskrivandet i det högmedeltida Kastilien skulle komma att bli föregångare till en mer institutionaliserad form av historieverksamhet, då de spanska kungarna började utse officiella krönikörer under senmedeltiden. Det var ett ämbete som utnyttjades flitigt och resultatet blev att det mesta av kunskapen om det förflutna hade sin upprinnelse i kungens eller drottningens ideologiskt färgade bild av denna. Historiker menar att försök att kontrollera historieskrivningens form och innehåll var politiska handlingar, ämnade att utöva kontroll över samhällets gemensamma minne.[7]

Eftersom den Iberiska halvön från år 711 och fram till 1200-talet var dominerad framförallt av muslimska folk, fanns det ett stort behov för de kristna härskarna att skapa en historisk koppling till Antikens romare och det visigotiska (västgotiska) kungarike som föregått den muslimska erövringen. Genom att lyfta fram kontinuiteten, de kristna kungarnas släktskap med visigoterna, legitimerade de spanska kungarna sin ställning medan det man skulle komma att kalla Återerövringen (*Reconquista*) av den Iberiska halvön pågick på flera fronter. Dåtidens historiker organiserade alltså *minnen* av det förflutna i en sammanhängande kedja. De konstruerade en berättelse av det förflutna som etablerade en tydlig *kontinuitet* mellan då och nu, och därmed verkade *identitetsskapande* för den tilltänkta publiken – en kristen identitet med romerska arv som uppfattades som tillräckligt stabil för att övertyga mottagarna om deras egen beständighet i en värld i förändring.[8]

Detta blir tydligt i den historiska diskursen och dess utveckling i de spanska rikena under 1200- och 1300-talet. Min argumentation är förankrad i den tradition av historieskrivning som tog sin början med de av Alfonso X under 1270-talet initierade monumentalverken *Estoria de España* och *General Estoria*. Det sker också förändringar av historieskrivandet under sent 1200- och tidigt 1300-tal, och den historiska kunskapens roll blir även viktig i den didaktiska litteratur (lärodiktning) som producerades vid de kungliga och de aristokratiska hoven under samma period.

Avsikten med denna artikel är att belysa hur historiesyn, kunskap om det förflutna, och moraliska föreställningar går hand i hand med den politiska och ideologiska utvecklingen i det medeltida Spanien. Artikeln behandlar kontrollen och makten över kunskapen om det förflutna genom den kamp om diskursiv hegemoni som pågick. I det medeltida samhället, där det pågick intensiv maktkamp om territorier men också om privilegier och positioner inom de politiska enheterna, rikena, var kontrollen över produktionen av kunskap ett viktigt redskap för makthavarna att försöka göra sin ideologiska bild av samhället gällande.

Det förflutnas funktioner

I forskningen om medeltida historieskrivning har allt mer fokus kommit att hamna på vilken funktion det förflutna har i texterna och i samhället, vilket bruk textproducenter och mottagare gjorde av historien. Från att ha undersökt den medeltida historieskrivningen i första hand på jakt efter hårda fakta som skulle kunna bekräftas med hjälp av dokumentärt källmaterial och därmed öka vår förståelse av de politiska händelseförloppen, har historiker och andra forskare fått upp ögonen för hur krönikorna speglar och formar mentaliteter och föreställningsvärldar. Medeltidsforskare har blivit mer medvetna om hur historieskrivningen kunde spela en aktiv roll i skapandet av identiteter, i upprätthållandet av konkreta politiska program, och i strävan att sprida en ideologisk övertygelse eller åskådning. De medeltida krönikorna var performativa dokument i den bemärkelsen att de lästes upp för aristokratiska publiker vid hoven. Krönikorna kan tänkas ha spelat en viktig roll för rikets främsta män och kvinnor, inte bara i bildningssyfte utan också som underhållning och som bärare av traditionella normer, exemplariska beteendemönster och ideologiska föreställningar.

På vilket sätt och varför brukas då kunskap om det förflutna, hur blir den central i den litterära produktionen, såsom i det medeltida Kastilien? Jag anser att det har att göra med den moraliska funktion historien hade för medeltidens människor; genom att hänvisa till beryktade historiska personer som levt dygdefullt kunde krönikörerna influera folk att leva efter deras exempel, vilket antagligen var mer verkningsfullt än tradigt upprepande av levnadsregler och budord.[9] Sedelärande berättelser, i en eller annan form, genomsyrar de flesta litterära genrer som förekom i kastiliansk medeltid. De användes dock i olika syften. Den tyske historikern Jörn Rüsen, som skrivit mycket om historievetenskapens olika funktioner, hävdar att den exemplariska funktionen är en av de mer framträdande i den västerländska historieskrivningen fram till 1800-talet. Hans konceptualisering av historiskt medvetande och berättande bygger på en uppdelning i traditionellt, exemplariskt, kritiskt och genetiskt berättande.[10] Dessa former av historieberättande, som aktualiserar olika aspekter av ett historiskt medvetande, varierar i olika historiska berättelsetraditioner, men den exemplariska formen var enligt Rüsen dominerande under medeltiden.

Rüsen definierar sina former av narrativ på följande sätt. Det *traditionella* narrativet påminner läsaren eller åhöraren om ursprunget till samtidens system, och skänker det nuvarande giltighet genom denna koppling till det förflutna. Det är i grunden en berättelse om det gemensamma ursprunget. Det *exemplariska* narrativet konkretiserar abstrakta regler och principer och visar på deras (tidlösa) giltighet genom att illustrera dessa med enstaka fall. På så sätt ges moraliska sanningar en tidlös kvalitet. Det *kritiska* narrativet ifrågasätter å sin sida traditionen, problematiserar befintliga versioner av det förflutna och erbjuder mot-berättelser. Det är enligt Rüsen ett nödvändigt led i en förändringsprocess som går mot mer komplexa former av historiemedvetande, vilka kan göra skillnad mellan då och nu, och slutligen betrakta även den egna tiden som föränderlig.[11]

Jag menar att de olika formerna för att skriva historia varierar beroende på vad upphovsmännen ville uppnå med texten. Anledningen till att Rüsens teoretiska modell fruktbart kan appliceras på det medeltida materialet beror på den särställning han ger den moraliska dimensionen. Det historiska medvetandet har nämligen enligt Rüsen en praktisk funktion: det ger nuet en tidsdimension, det orienterar och styr avsikter och handlingar. Rüsen hävdar att det historiska medvetandet omvandlar moraliska värden till tidsbundna föreställningar såsom traditioner, tidlösa beteendekoder, eller utvecklingstankar.[12] Identitetsskapandet är beroende av historiska berättelser för orientering i samtiden, och den som kontrollerar kunskapen om det förflutna har därför möjlighet att styra identitetsskapandet i ett samhälle.

I den spanska 1200- och 1300-talslitteraturen framstår historieskrivningen ofta som ett sätt att lära ut koder för beteende, genom exemplifierande berättelser. Social differentiering, uppdelningen i olika samhällsgrupper och åtskiljandet av dem är en väsentlig process i historiska texter under denna period. Dessa hade en tänkt mottagare, tillhörig samhällseliten. Den amerikanske litteraturvetaren Larry Scanlon har pekat på hur *exempla*-genren förutsatte en identifikationsprocess hos sin publik; genom att med den moraliska lärdomen förmedla en känsla av identitet i den sociala gemenskapen lyckades man övertyga mottagarna – som satte sig själva i berättelsernas huvudpersoners ställe. Ett *exemplum* fungerade således performativt genom att skapa subjektspositioner för mottagaren.[13] Det finns flera nivåer i texterna för sådan identifikation, och i deras performativa karaktär skapas förutsättningar för en diskussion om historiens skilda funktioner, beroende av politiska avsikter hos såväl avsändare som mottagare.

Alfonso X, monarken som folkets lärare

De senaste decenniernas forskning har på ett övertygande sätt visat att Alfonso X, trots realpolitiska misslyckanden på flera områden – bland annat ägnade han förgäves mycket kraft och energi åt att försöka bli ny tysk-romersk kejsare, och han mötte i sina juridiska och politiska reformer stort motstånd från högaristokratin – hade en tydlig politisk vision som kom till uttryck i hans kulturella gärning. I såväl de juridiska som de historiska arbeten som producerades på uppdrag av honom är denna uppenbar. Under Alfonsos regeringstid florerade det språkliga, kulturella, filosofiska och vetenskapliga utbytet mellan arabiska, hebreiska och latinskspråkiga grupper i det kastilianska riket, men det är också nu ett avgörande skifte sker till förmån för kastilianskan, vår tids spanska, som litteraturspråk. På den punkten finns emellertid föregångsmän till de lärda översättare och skribenter som arbetade i Alfonso X:s skriptorier[14] att finna under hans fars och företrädares regering.[15]

Den kanske mest avgörande nydaningen inom historieskrivningen under 1200-talet var alltså övergången från latin till folkspråk som viktigaste språkform, vilken ägde rum kring seklets mitt. Under 1200-talets första hälft dominerades historieskrivningen av latinska krönikor författade av lärda klerker. De tre främsta exemplen är *Chronica latina regum Castellae* (c. 1226–43), den latinska krönika över de kastilianska kungarna som tillskrivs Juan de Osma, biskop av Soria och Fernando III:s kansler, *Chronicon Mundi* (1230–39), biskop Lucas' av Tuy världskrönika, samt *Historia de rebus Hispaniae* (c. 1240–47), ärkebiskopens av Toledo, Rodrigo Jiménez de Rada, krönika. Dessa verk tillkom som synes under en relativt begränsad tidsperiod, och samtliga författades på latin. Fernando III:s regeringstid i Kastilien och León präglades annars av en begynnande övergång till folkspråket, fornkastilianskan (den medeltida formen av dagens spanska), både vad gäller officiella dokument, juridiska texter och lärd skriftproduktion och översättning.

Betydelsen av att Alfonsos historieverk författades på folkspråket kan inte överskattas. Till skillnad från sina källor, varav Lucas av Tuys och Rodrigo Jiménez de Radas krönikor var de viktigaste, utarbetades Alfonsos *Estoria de España* inte på latin. Den grupp människor som kunde förstå texten var därmed mycket större.[16] De historiker som arbetade under Alfonso X var dock traditionella på ett annat sätt; de återberättade i mångt och mycket historien som de fann den. Tidigare författare framstod som orubbliga auktoriteter, och sådana bortsåg man inte ifrån – historikerna som arbetade i Alfonsos skriptorier visste att väga vittnesmål mot varandra på källkritisk grund, men de valde att återberätta en av de befintliga versionerna och höll sig till den – de skapade sällan helt nya berättelser.[17] Alfonsos krönika kan på det stora hela sägas svara mot Rüsens definition av ett traditionellt narrativ, i den meningen att det söker spanjorernas ursprung och följer deras släktsaga från biblisk tid till samtiden. Krönikan inleds med berättelsen om hur sönerna till Noas son Jafet befolkar Europa, och Tubal blir alla spanjorers anfader.[18] Men samtidigt återfinns element av den exemplariska berättelsetypen, som avgör hur berättelserna som samlats från de olika källorna – latinska och arabiska krönikor, episk diktning, vetenskaplig litteratur – framställs: som exempel.[19]

På samma gång som historien språkligt förfolkligades blev den också officiell, i betydelsen kunglig. Som sådan var den dynastisk, den följde den regerande ätten från far till son – samtidigt som den följde en progression av riken och ett överförande av den kejserliga makten, från det romerska imperiet över det västgotiska till det kastilianska (*translatio imperii*). Det dominerande och mest nydanande draget i den alfonsinska historieskrivningen är nämligen försöket att förmedla en bild av det kastilianska samhället där kungen stod ohotad högst upp på stegen, en i det närmaste sakral auktoritet med Guds stöd och förflutna kungars blod i sina ådror, tillika sina infödda undersåtars älskade vän. Kungens moraliska överlägsenhet poängteras i de juridiska texter som producerades för hans räkning.[20]

Vi bör inte se de historiska exempelberättelserna i Alfonsos verk *Estoria de España* som försök att uppnå en suverän maktposition och utöka kungamaktens gränser. Snarare är berättelserna tätt förbundna med kungens juridiska och övergripande politiskt-kulturella projekt. Det rätta agerandet, oavsett vem som står för det, är det som sker i enlighet med lagen och med exemplariska dygdemönster. De personer som fördöms är för det mesta de som inte lytt gällande lag, som svikit eder eller som brutit vänskapsband. Här blir de historiska berättelserna en lärdom om det goda politiska livet där undersåtar och överhet alla tar ansvar för att leva enligt lagens bokstav, förmedlad av kungen genom en traditionell och sedelärande historisk berättelse.

Redan under Alfonso X:s regeringstid började emellertid ett omskrivande av *Estoria de España*, faktiskt redan innan den första versionen färdigställts. Forskningen daterar idag den första versionen, benämnd *Versión primitiva*, till omkring 1270–74. En andra mer koncis version, *Versión crítica*, utarbetades i Sevilla under Alfonsos två sista levnadsår, 1282–84.[21] Orsaken var önskan att anpassa den tillgängliga kunskapen om det förflutna till den realpolitiska situationen. Alfonso hade alltsedan Vilhelm II:s av Holland död 1257 drivit en ytterst kostsam kampanj för att bli vald till tysk-romersk kung på grundval av sin släktskap med ätten Hohenstaufen genom sin mor Elisabet. När hans främste medtävlare och rival Rikard av Cornwall, den engelske kungen Henrik III:s bror, dog år 1272 intensifierades Alfonsos försök att bli krönt till tysk-romersk kejsare av den nye påven, Gregorius X. Alfonso blev alltmer besatt av sina kejserliga ambitioner, varför han i epigrafer till handskrifterna lyfte fram sin släktskap med kejsarna Alfonso VII och Fredrik Barbarossa, medan ett uppror från högadeln 1272 fick honom att söka liknelser mellan sin egen position och de oppositionella tendenser som mötte Herkules och Moses.[22]

Den post-alfonsinska perioden

Alfonsos X:s regeringstid slutade med hans död 1284. Då hade hans näst äldste son, Sancho IV, lyckats tillskansa sig kungatiteln, och de unga arvingarna efter den för tidigt döde Fernando de la Cerda, Alfonsos äldste son, befann sig i landsflykt i Frankrike. Under Sancho IV:s regeringstid omarbetades den alfonsinska krönikan om den spanska historien till den så kallade *Versión amplificada de 1289*, en retoriskt utökad text.[23] Enligt den spanske filologen Francisco Bautista utmärks Sancho IV:s version av vissa ideologiska nymodigheter. Däribland utmärker sig brottet med göticismen, implementeringen av korstågsretoriken, och en förnyad bild av den exemplariske kungen som inte bara tog fasta på de majestätiska kvaliteterna utan även på dennes krigiska förmåga.[24] Återerövringen av Iberiska halvön motiverades under denna period inte utifrån resonemanget att de spanska kungarna var visigoternas arvingar och sökte återta sitt rättmätiga arv, utan som en allmänkristen god gärning och ett gudfruktigt korståg.

Till den post-alfonsinska perioden (c. 1285–1330) hör också de *crónicas generales* som på ett mer genomgripande sätt bearbetade och redigerade de krönikor och utkast som producerats i skriptorierna under Alfonso X:s regeringstid.[25] Inte minst skiljde de sig från Alfonsos verk genom att överge hans universalistiska ambitioner och bara intressera sig för det närmast förflutna, de senaste århundradenas kastilianska historia. Forskningen har också visat att den för tiden rigorösa källvärdering som historieskrivarna i Alfonso X:s regi utsatte sina källor för blev mer slapphänt efter hans död. En av de viktigaste forskarna inom spansk medeltida historieskrivning, Diego Catalán, har visat att exempelvis författaren till *Crónica de Castilla* (c. 1300) inte enbart nöjt sig med att inkorporera episk litteratur (så kallade *cantares de gesta*, på franska *chansons de geste*) i krönikan, utan även ägnat sig åt fiktionaliserande expansion av delar av texten som stammar ur lärda källor, det vill säga att man utökade den historiska berättelsen med nya originella inslag, troligen i syfte att göra berättelserna mer sammanhängande och tilltalande för publiken. Catalán skriver:

> Krönikören som således ägnar sig åt att litterärt klä om den traditionella historien med tillägg som uppfångats från situationen och kontexten, använder andra gånger sin uppfinningsrikedom för att fullständiga historien genom att relatera händelser som fritt fabulerats ihop, i syfte att anpassa de historiska personernas beteende till aktuella normer för idealiskt uppförande.[26]

Diego Catalán har alltså kunnat visa att den historieskrivning som fortsatte att bygga på traditionen efter *Estoria de España* efter Alfonso X:s död styrdes av andra principer. Med Rüsens terminologi blir den post-alfonska historieskrivningen därmed mindre traditionell, eftersom de nya krönikorna inte längre bemödade sig om att söka ursprunget till befintliga system; genealogin förlorar i betydelse. Däremot blev sedelärande berättelser och den exemplariska funktionen mer centrala.[27]

Man kan alltså säga att principerna för historieskrivningen blev mindre vetenskapliga. Historieskrivarna började i allt högre grad att inkludera episkt och annat litterärt material (även fiktivt) i sina verk, som samtidigt blev mer retoriska.[28] Filologen Manuel Hijano Villegas har föreslagit att krönikornas ändrade karaktär inte berodde på att de vände sig till en ny publik; även fortsättningsvis bör de kungliga och högaristokratiska hoven och hushållen ha varit den tilltänkta målgruppen. Tvärtemot, menar han, handlade det om att göra texternas perspektiv alltmer anpassat, såväl estetiskt som ideologiskt, till målgruppen. Istället för att skildra historien som en moralisk eller etisk lektion som undersåtarna erbjöds på uppdrag av kungen blev historien berättelsen om episka hjältars dåd. Således fungerade berättelserna som exempel på idealiskt aristokratiskt uppförande men också som underhållning för läsarna och åhörarna.[29] Man kan uttrycka det i Reinhart Kosellecks och sedermera H.R. Jauss termer, som att litteraturen omstöptes för att bättre passa den förväntningshorisont som präglade publiken, och det erfarenhetsrum som den spanska aristokratin levde i; den nyare historieskrivningen reflekterade på ett mer troget sätt publikens historiska, sociala och kulturella kontext.[30] På det sättet blev aristokratins erfarenheter – det närvarande förflutna som man ännu mindes, omsatt i litterär form – ett mönster för de efterkommande att upprepa. Här samspelar både den heroiska erfarenheten som mönster för aktivt handlande och den höviska etiken med den underhållande litteraturen. Samtidigt får repositoriet av historiska händelser sociala funktioner, både som kollektivt minne för en social grupp och som en uppsättning sociala normer och koder för moraliskt agerande.[31]

Denna underhållningsaspekt har senare uppmärksammats av den brittiske forskaren Aengus Ward i en omfattande studie av den senmedeltida historieskrivningen på Iberiska halvön. Han argumenterar för att historia som uppteckning av ett kollektivt minne kom att ges en lägre ställning till förmån för historia som berättelse och underhållning, vilket fick stora effekter på de författargrepp som historieskrivarna gjorde bruk av.[32] Ett exempel på detta är den utökade användningen av direkt anföring, alltså att karaktärerna talar i repliker, i krönikatexten, vilket är ett av de drag som får Ward att hävda att man framåt slutet av 1200-talet kan tala om en upplösning av krönikegenren som den dittills sett ut.[33]

Jag vill dock hävda att den spanska historieskrivningens ökade fiktionalisering, som alltså tolkats som en fokusering på underhållningsfunktionen, inte nödvändigtvis bör ses som ett tecken på att dessa texter fick mindre politisk eller ideologisk betydelse – och detta är centralt. Istället är det enligt min åsikt rimligt att tolka utvecklingen som så att en annan ideologisk positionering och andra politiska intressen hamnade i förgrunden. Denna nya politiska linje gynnades av en historieskrivning som var mer tillvänd den aristokratiska publiken, med i huvudsak exemplariska narrativ.[34] Den ideologiska och politiska skiftningen i historieskrivningen under Sancho IV:s regeringstid var framförallt ett avståndstagande från det kulturellt-politiska program som Alfonso X representerade, och i grunden ett nytt politiskt program som framhävde nödvändigheten av utökat samarbete mellan kungamakt och aristokrati. Endast på så sätt kunde riket undvika sönderbrytande konflikter i framtiden.

Att sedelärande berättelser iscensätter föreställningar om ideologi har tidigare hävdats av den ovan nämnde Scanlon, som definierar *exemplum* som ett narrativt iscensättande av social och kulturell auktoritet, och menar att "[i]n its narrative the exemplum reenacts the actual, historical embodiment of communal value in a protagonist or an event, and then, in its moral, effects the value's reemergence with the obligatory force of moral law". Han menar att avsikten med de sedelärande berättelserna är att förena två skilda sätt att iscensätta auktoritet – nämligen att ideologisk representera den inför den sociala gemenskapen, eller att faktiskt utöva den inom gemenskapen – för att ge den ideologiska bilden av auktoritet en specifik historisk källa och därmed legitimitet. Scanlon menar att vi bör undvika att separera den narrativa formen från det exemplariska agerandet, då ett *exemplum* alltid är både en talakt och en handling; den både säger och gör något. Med andra ord, den moraliska berättelsen skapar en moralisk obligation att handla i enlighet med denna, medan den exemplariska handlingen är ett meningsbärande uttalande som förmedlar auktoritet och rättesnöre till den sociala och kulturella gemenskapen, det vill säga den tilltänkta publiken, i vårt fall de aristokratiska läsarna eller åhörarna.[35]

Det aristokratiska draget i historieskrivningen visar sig framförallt genom heroiserande skildringar av vissa riddarfigurer och ridderligt uppförande. Aristokratin, eller åtminstone vissa tongivande aristokratiska karaktärer, får större utrymme (ofta på bekostnad av kungarna själva) i dessa krönikor. Till skillnad från Alfonso X:s monarkistiskt färgade historieskrivning ges ofta exempel på svaga kungar som styrs av sina affekter, och situationer där aristokrater får träda in som rationella och visa rådgivare som leder kungen i rätt riktning. Här betonas alltså att samhället eller riket är en organism vars fortlevnad är beroende av samarbetet mellan dess delar – vilket ju också kan förstås som ett erkännande av aristokratins rätt att delta i rikets styrelse. Betonandet av den aristokratiska erfarenheten kan också betraktas som ett sätt att skriftfästa ett slags aristokratins hjälteålder, då denna grupp stod på sin höjdpunkt vad gällde privilegier och rättigheter, politisk och militär relevans.[36] Detta var något helt annorlunda än den alfonsinska ideologins hierarkiska syn på aristokratin som helt underordnad monarkin.

Den moraliserande aspekten av historieskrivningen i förhållande till aristokratins levnadsregler och uppförande har i den post-alfonsinska historieskrivningen mindre av kontrollfunktion och kan mer ses som ett reformatoriskt verktyg som riktas mot den egna gruppen från någon inom dess egna led. Detta blir uppenbart i fallet Don Juan Manuel som vi nu ska analysera.

Don Juan Manuel

Den högsta aristokratin i det kastilianska samhället hade nära blodsband till kungamakten. En av de mest tongivande bland dessa var Don Juan Manuel (1282–1348), son till *infanten* (kungasonen) Manuel, Alfonso X:s yngste bror, och därmed sonson till Fernando III, som enat de två kungarikena Kastilien och León år 1230. Juan Manuel var en av sin tids mäktigaste och rikaste män, och han var inblandad i storpolitiken på den Iberiska halvön under större delen av sitt liv, för att därefter ägna sig åt sina litterära ambitioner.

Juan Manuel har lämnat efter sig ett brett spektrum av texter, varav åtta bevarats in i modern tid.[37] Av de bevarade verken brukar framförallt det första, *Crónica abreviada* (färdigställt senast 1325), och det sista, *Libro de las tres razones* (1342–45), räknas som historiska verk. Det första är till en del ett sammandrag av Alfonso X:s *Estoria de España*.[38] Forskarna är dock ense om att

Juan Manuel i sin version lyckas vända en hel del av historien till högaristokratins fördel. Hans sista verk är en mer självbiografisk berättelse, där författaren gör en egen tolkning av det nära förflutna där han förklarar att en förbannelse vilar över den regerande dynastin, och att hans egen gren av ätten är mer rättfärdig och legitim. Juan Manuels förkortade krönika tillkom under en första fas i hans författarskap då hans verk reflekterade redan väl etablerade genrer.

Juan Manuel kom i senare verk att förnya den kastilianska litteraturen, och ses idag som en av den spanska litteraturens främsta medeltida författare. Under 1330-talet skapade han flera didaktiska verk med dialogisk struktur, däribland *Libro de los estados* (1330) och hans allra mest kända verk *Libro del conde Lucanor* (1335).[39] Dessa bägge verk anses av många vara den mest sofistikerade didaktiska litteratur (lärodiktning) som författades på spanska under medeltiden.[40] Den litterära verksamhet som Don Juan Manuel ägnade en stor del av sitt liv åt har av eftervärlden tillskrivits stor vikt. Man har likställt hans verk med ett andra stort framsteg i den kastilianska prosans utveckling, där Alfonso X:s historiska och vetenskapliga verksamhet ses som det första.[41]

El libro de las armas, eller *Libro de las tres razones*, som den på senare tid kommit att benämnas, är ett delvis självbiografiskt verk, ofta kallat ett politiskt testamente. Det är ett exempel på förekomsten av en icke-officiell historieskrivning i det medeltida Kastilien, och ett exempel på en kritisk berättelse i Rüsens mening, då den har till syfte att rasera den kontinuitet som byggts upp i den officiella historieskrivningen.[42] Juan Manuels text iscensätter Alfonso X:s sons, Sancho IV:s, dödstillfälle, då denne berättar för Juan Manuel att fadern fördömt honom, och att hans arvingar därmed inte har rätt till den kastilianska tronen. Juan Manuel kunde på så sätt skapa en version av historien där han själv, som arvinge till Alfonso X:s yngre bror Manuel, framträdde som rättfärdig arvtagare till kungatiteln.[43]

Juan Manuels historieskrivning gör klart för läsaren att han betraktade historia som ett av den litterära diskursens många uttryck, och hans framställning drar sig inte för att vara pseudo-historisk eller parodierande. Det står klart att det urval han gjort och det sätt varpå han framställer det förflutna är grundade i politiska överväganden.[44] Detta har även att göra med att Juan Manuel med tiden mer och mer frångick ett skrivande grundat på auktoriteterna (likt dvärgar sittande på jättars axlar) och började väva in kunskaper och erfarenheter han förvärvat sig under sin egen livstid och i sin politiska bana.[45] Kanske har vi där svaret på hur historieskrivningen hos denna unika personlighet kunde bli mer kritisk. Man har därtill velat se Juan Manuels författargärning som en kamp i textuell form för den politiska makt från vilken han marginaliserats. Inte längre i händelsernas centrum övergick han till att plädera för kunskapen, den bokliga lärdomen, som det som borde legitimera makt, kunskapen som tecken på moralisk överlägsenhet.[46] Genom att konstruera denna relation mellan moralen, kunskapen och makten kunde han kritisera den kaotiska situationen i det kastilianska riket och agerandet hos de makthavare vars fiende han blivit, som hispanisten Eloísa Palafox påpekat. Därigenom kunde han, om så bara i textuell form, återupprätta sin plats i den högsta politiska sfären.[47]

Alfonso XI, återupprättandet av den monarkiska ideologin och historikerns nya roll

Sancho IV:s sonson, vilken kom till tronen som ettåring efter sin far Fernando IV:s död 1312, bar också namnet Alfonso (XI). Under hans omyndighetstid stred olika presumtiva regenter om kontrollen över regeringsmakten, varav den mest kraftfulla tycks ha varit kungens farmor, Sancho IV:s änka María de Molina. Efter hennes död och före Alfonsos myndighetsförklaring vid fjorton års ålder var den politiska situationen under några år kaosartad, med muslimska militäraktioner i de södra landsändarna och upproriska adelsmän som motsatte sig de nya förmyndarnas, Don Juan Manuel och Juan de Haro *el Tuerto* (den Enögde), försök att dela upp riket mellan sig. Alfonso XI skulle senare komma att betydligt stärka kungamakten och flytta fram positionerna militärt, och hans regeringstid varade fram till seklets mitt. Han tvekade inte att bruka de yttersta våldsmedel för att stävja upproriska adelsmän – han lät 1326 lönnmörda sin tidigare förmyndare Juan de Haro – och han riktade sin fulla styrka mot den muslimske kungen av Granada. Alfonso avled i pesten vid belägringen av Granada 1350.

Alfonso XI visste också att bruka historieskrivningen för att föra sina politiska projekt framåt. Med de kungakrönikor som gemensamt benämns *Crónica de tres reyes*, eller *cuatro reyes* om man inkluderar Alfonso XI:s egen krönika, lät denne monark återuppväcka den kungligt inspirerade historieskrivningen genom sin kansler Fernán Sánchez de Valladolid. Under denne Alfonsos regeringstid konsolideras den genre som i historiografin benämns *crónica real*, det vill säga kunglig krönika. Till skillnad från den tidigare historieskrivningen fokuserar dessa texter på en enda kungs regering, och ger alltså ingen komplett bild av rikets historia sedan urminnes tider.

Dock bör man inte bortse från att denna satsning på kunglig historieskrivning samtidigt var fortsättningen på en historiografisk tradition. Alfonso X:s historieverk hade ju inte behandlat samtiden (eftersom det aldrig fördes till sitt slut); fadern Fernando III:s regeringstid är den sista som behandlas i hans *Estoria de España*.[48] Att Fernán Sánchez sedermera på uppdrag av Alfonso XI börjar skriva en krönika om Alfonso X är således inte en slump. Det kan inte heller förklaras med att Alfonos X:s regeringstid ansågs särdeles viktig eller framstående – utan denna form av historisk berättelse gjorde att man måste fortsätta där tidigare historieskrivare tappat tråden.

Den spanske filologen Fernando Gómez Redondo är en av dem som pekat ut kontinuiteten mellan den alfonsinska historieskrivningen och de krönikor som har Fernán Sánchez de Valladolid som upphovsman.[49] Bland annat pekar Gómez Redondo på hur Fernán Sánchez följer upp och återanvänder Alfonso X:s sätt att skriva historia; han är mottagare av den tradition av historieskrivning som föregått honom, och försett honom med arbetsmaterial för hans egna projekt. Den narrativa teknik och de källkritiska tillvägagångssätt som utmärkte den alfonsinska historieskrivningen ekar i Sánchez produktion.[50]

Gómez Redondo har samtidigt identifierat en förändring i den historiska diskursen, som innebär att historieskrivningen i och med Fernán Sánchez blir mer exemplifierande, medan bilden av kungen som förmedlare av kunskap (*saber*) får stå tillbaka, trots att man under perioden ifråga bevittnade konsolideringen av kungamakten. I denna process utvecklades historikerns (*el estoriador*) roll. Genom Fernán Sánchez de Valladolid blev historikern en *razonador*, den vars uppgift det var att välja ut passande episoder ur den historiska dokumentationen, berättelser som kunde representera historien, ge dessa en lämplig form och förmedla de lärdomar som kunde dras ur dessa berättelser. Historikern som lärare träder här fram på ett helt nytt sätt, och för första gången har vi en namngiven historieskrivare som upphovsman till verket, istället för kungen som övergripande ansvarig.[51] Däri menar jag att vi kan identifiera en stor skillnad från den intention Alfonso X hade med sin *Estoria de España*, prologen till vilken jag citerade i början av artikeln.

Dessa krönikor framhävde fortfarande riddararistokratins beteende som exemplariskt, såsom i den episod i Fernán Sánchez' *Crónica de Alfonso X* som berättar om Garcí Gómez Carrillos försvar av borgen i Jérez, då den anfölls av stadens muslimer:

> Morerna begav sig till tornet som Garcí Gómez Carrillo höll, och de kämpade så hårt för att inta det att de brände dörrarna och dödade männen som var med honom i tornet, och Garcí Gómez Carrillo försvarade dörren med all sin kraft så att de inte skulle komma in. Och morerna, som inte ville döda honom på grund av hans stora godhet, hämtade järnkrokar som de fäste i hans hull, och han lät sig bli sönderliten hellre än tillfångatagen.[52]

Det finns alltså tydliga paralleller mellan Alfonso X:s sätt att skriva historia och Fernán Sánchez krönikor, och också mellan denne och den post-alfonsinska historieskrivningen. Naturligtvis var Sánchez inte helt nydanande utan utgick ifrån vad han kände till. Men till skillnad från den tidigare refererade Gómez Redondo vill jag alltså framhålla att det samtidigt också sker en annan utveckling och övergång i genren. Om vi bortser från krönikans form och tänker på dess innehåll och funktion, måste vi ifrågasätta Gómez Redondos slutsats om den starka kontinuiteten mellan Alfonso X:s och Alfonso XI:s historiska projekt. För i och med Fernán Sánchez' *Crónica de Alfonso X* får vi på allvar en officiell historieskrivning som också är *kritisk*. Den är kritisk i Rüsens mening på så sätt att den presenterar en alternativ bild av det förflutna i jämförelse med andra tillgängliga källor; det är ett kritiskt narrativ såväl i sitt porträtt av Alfonso X, som utmålas som en svag monark, som i sitt i fria förhållande till sitt källmaterial, som ofta lämnas därhän. Här kan vi ta som exempel berättelsen om den norska kungadottern Kristina, som kom till Spanien för att gifta sig med Alfonsos bror Felipe. I Fernán Sánchez' kritiska återberättande av episoden har Alfonso låtit skicka efter den norska kungligheten för att själv gifta sig med henne och åsidosätta sin egen hustru. Men när hon anländer är Alfonsos hustru Violante gravid, och för att undvika skammen får Alfonso övertyga sin bror, som egentligen var ämnad åt en kyrklig karriär, att gifta sig med Kristina. Berättelsen är föga trovärdig, då de dokumentära källorna visar att Alfonso och Violante hade flera barn redan innan det norska kungahuset kontaktades, och en mer samtida norsk-isländsk historisk text ger en annan och mer med verkligheten överensstämmande version av händelseförloppet. Men episoden i Fernán Sánchez krönika visar hur långt historieskrivningens upphovsmän kunde gå för att svartmåla en tidigare regent, och hur ett kritiskt narrativ kunde uppstå även då motsatta berättelser fanns dokumenterade sedan tidigare i arkiven. För att framställa sig själv och sin regering i god dager var Alfonso XI beredd att låta sin historieskrivare smutskasta en tidigare kung av hans egen ätt, stick i stäv med sakuppgifter som måste ha varit kända i samtiden, åtminstone i de kretsar krönikan var tänkt att läsas. Traditionen och genealogin hade förlorat sin framträdande plats, och tidigare kungar framställdes inte längre huvudsakligen som dygderika exempel, utan som moraliskt underlägsna föregångare.

Avslutning

Historieskrivningen i Kastilien på medeltiden kunde alltså tjäna till att sprida normer, genom sedelärande berättelser, men också till att vinna politiska poänger. Kanhända mer än man tidigare trott, och även efter genrens fiktionalisering. Till dessa funktioner kan läggas en identitetsskapande. Historisk kunskap, i form av *exempla*, var givetvis under medeltiden ofta ett sätt att förmedla traditionella värderingar och normer, samt att förmedla föreställningar om moral, dygd och levnadssätt. Men inte enbart. Historisk kunskap kunde också användas i kritiskt syfte, för att genomdriva ett politiskt program eller framföra en ideologisk föreställning om den ideala samhällsorganisationen. Vi har sett några exempel på hur sådana narrativa fenomen förekom i historiska berättande texter från 1200- och 1300-talets Kastilien. Innebar dessa förändringar i diskursen en anpassning efter en ny verklighet, eller kan diskursen antas ha påverkat den sociala verkligheten? Finns evidens för hur relationen mellan text och kontext ser ut? Det är rimligt att anta att relationen var dialektal; historieskrivningen påverkades av förändringar i sociala och politiska förhållanden, men den kunde också verka som ett politiskt och kulturellt verktyg för att påverka föreställningar hos den tilltänka publiken, och därmed på sikt påverka den socio-politiska ordningen. Vi vet i flera fall att historieskrivningen anpassats efter realpolitiska överväganden, men det är alltså troligt att kunskapen om det förflutna och det sätt på vilken denna förmedlades också fick betydelse för hur den tilltänkta publiken föreställde sig sin identitet och sitt samhälleliga sammanhang.

Noter

1. Min översättning av följande avsnitt ur prologen till Alfonso X:s *Estoria de España*: "Onde si por las cosas pasadas quiere alguno saber las venideras, non desdenne esta obra, mas tengala en su memoria. Muchas vezes conviene esto leer, ca podemos muchas cosas ver, por las quales te aprouecharas et en las cosas arduas ensennado te faras [O] Espanna, si tomas los dones que te da la sabiduria del rey, resplandeçeras, otrosi en fama et fermosura creçeras. El rey, que es fermosura de Espanna et thesoro de la filosofia, ensennanças da a los yspanos; tomen las buenas los buenos, et den las vanas a los vanos" (Ms. Escurialense Y-i-2, f. 1v).

2. Denna latinska term motsvaras på fornspanska (kastilianska) av *enxiemplo* (modern spanska *ejemplo*). En mycket använd definition av genren är den hos Claude Brémond, Jacques Le Goff & Jean-Claude Schmitt, *L'Exemplum. Typologie des sources du Moyen Âge occidental* (Turnhout 1982) s. 37–38: "[...] un récit bref donné comme véridique et destiné à être inséré dans un discours (en général un sermon) pour convaincre un auditoire par une leçon salutaire". Många forskare menar dock att *exempla*-genren var mycket spridd även utanför predikningar, och jag vill hävda att lektionen inte alltid är ämnad åt personens frälsning när ett *exemplum* hör till den profana

litteraturen, dock var den alltid ämnad som en moralisk lärdom. Fritz Kemmler identifierade ett stort problem i den moderna litteraturen kring *exempla* och dess försök till definition därav, nämligen att man till skillnad från de medeltida skribenterna själva fokuserat på formen, när den medeltida kulturen intresserade sig för textens funktioner i första hand. Se Fritz Kemmler, *"Exempla" in Context: A Historical and Critical Study of Robert Mannyng of Brunne's "Handlyng synne"* (Tübingen 1984) s. 60–67, 155–192. Tack till Eva-Marie Letzter som varit mig behjälplig med litteraturtips.

3. Om *exempla*-genren som ett transkulturellt fenomen, se Wanda Ostrowska Kaufmann, *The Anthropology of Wisdom Literature*, (Westport 1996) s. 119–123. Den romerska antikens historieuppfattning präglades också av exempeltänkandet, enligt Larry Scanlon, *Narrative, Authority and Power: The Medieval Exemplum and the Chaucerian Tradition* (Cambridge 1994) s. 33.

4. Eva-Marie Letzter, "Teaching by Example: *exempla* used in Birgitta's *Revelations* and in Old Swedish popular sermons", i Claes Gejrot, Mia Åkestam & Roger Andersson (red.), *The Birgittine Experience: Papers from the Birgitta Conference in Stockholm 2011* (Stockholm 2013) s. 288–306; Catherine Koher Riessman, *Narrative Analysis* (Newbury Park 1993) s. 17–18.

5. John Burrow, *Ricardian Poetry: Chaucer, Gower, Langland and the Gawain Poet*, (London 1971), s. 82; Bernard Guenée, *Histoire et culture historique dans l'Occident médiéval* (Paris 1980) s. 27–28.

6. Leonardo Funes, "Las variaciones del relato histórico en la Castilla del siglo XIV. El período post-alfonsí", i Germán Orduna et. al. (red.), *Estudios sobre la variación textual. Prosa castellana de los siglos XIII a XVI* (Buenos Aires 2001a) s. 111–134; Inés Fernández-Ordóñez, "La historiografía alfonsí y post-alfonsí en sus textos – nuevo panorama", *Cahiers de Linguistique Hispanique Médiévale* 18–19 (1993–1994) s. 101–132.

7. Gabrielle M. Spiegel, *Romancing the Past: The Rise of Vernacular Prose Historiography in Thirteenth-Century France* (Berkeley och Los Angeles 1993) s. 215–216.

8. Jörn Rüsen nämner dessa tre kursiverade egenskaper som utmärkande för historiska narrativ i *History: Narration – Interpretation – Orientation* (New York och Oxford 2005) s. 11.

9. Prästernas predikningar och texter i monastiska predikosamlingar tog också ofta formen av moraliserande *exempla*, och många av de exempelberättelser som användes iscensatte det förflutna. Se Roger Andersson, "Användningen av exempla i den svenska medeltidspredikan", i Olle Ferm (red.), *Kyrka och socken i medeltidens Sverige. Studier till Det medeltida Sverige 5* (Stockholm 1991) s. 265–296, samt Roger Andersson, "Att predika och berätta historier", i Inger Larsson et al (red.), *Den medeltida skriftkulturen i Sverige: genrer och texter* (Stockholm 2010) s. 155–170.

10. Rüsen (New York och Oxford 2005), särskilt kapitel 1 och 2. Jag vill tacka fil.dr. Johannes Heuman för diskussion kring denna begreppsbildning och dess applicering på empiriska historiska studier, i vilket sammanhang bör nämnas dennes doktorsavhandling *The Quest for Recognition: The Holocaust and French Historical Culture, 1945–65* (Stockholm 2014) under utgivning som monografi på Palgrave Macmillan 2015.

11. Rüsen (New York och Oxford 2005) s. 13–15. Rüsen tänker sig alltså en fjärde typ, det *genetiska* narrativet, som inte likt det kritiska ersätter ett gammalt mönster med ett nytt, utan skänker mening åt förändringen; genom att identifiera förändring med utveckling – och därigenom omvandla förändringen till en meningsfull process – kan man således se ett slags kontinuitet även genom förändringen. Detta är dock svårförenligt med det medeltida historiska medvetandet, och utmärker ingen av de historier jag studerat.

12. Rüsen (New York och Oxford 2005) s. 24–25.

13. Scanlon (Cambridge 1994) s. 35.

14. Förutom att låta skriva en universalkrönika och en spansk nationalkrönika, samt sammanställa juridiska verk (bl.a. *Siete Partidas*) och författa poesi på galicisk-portugisiska (*Cantigas de Santa Maria*), var Alfonso X ansvarig för inrättandet av översättarskolor som översatte filosofiska och vetenskapliga verk från arabiska och hebreiska till latin och spanska. På svenska har ganska nyligen utkommit en bok om denne monark, Michael Nordberg, *Diktaren på tronen* (Stockholm 2011). En klassiker är Joseph F. O'Callaghan, *The Learned King: The Reign of Alfonso X of Castile* (Philadelphia 1993) medan den senast utgivna biografin är Simon R. Doubleday, *The Wise King: A Christian Prince, Muslim Spain, and the Birth of the Renaissance* (New York 2015).

15. Den spanska filologen Inés Fernández-Ordóñez har föreslagit att den främsta förklaringen till denna tvåfaldiga lingvistiska situation bör sökas inom fältet för texternas mottagande. I dessa skriftbruksmiljöer kan vi tänka oss två skilda receptioner, där en folkspråklig form i första hand bör ha utnyttjats om texterna var ämnade att läsas högt inför en åhörarskara, medan texter som var till för tyst läsning även fortsättningsvis avfattades på latin, se Inés Fernández-Ordóñez, "De la historiografía fernandina a la alfonsí", *Alcanate* 3 (2002–2003) s. 93–133. Se även Funes (Buenos Aires 2001a) s. 112.

16. Peter Linehan, *History and the Historians of Medieval Spain*, (Oxford 1993), s. 423.

17. Linehan (Oxford 1993) s. 421–424.

18. *Primera crónica general de España, que mandó componer Alfonso el Sabio y se continuaba bajo Sancho IV en 1289*, (utg.) Ramón Menéndez Pidal (Madrid 1955) s. 5–6.

19. Leonardo Funes, *El modelo historiográfico alfonsí: una caracterización* (London 1997) s. 71–72.

20. Antonella Liuzzo Scorpo, "The King as Master and Model of Authority: The Case of Alfonso X of Castile", i Lynette Mitchell & Charles Melville (red.), *"Every Inch a King": Comparative Studies on Kings and Kingship in the Ancient and Medieval Worlds* (Leiden 2012) s. 269–284, här s. 273–274.

21. *La* Estoria de España *de Alfonso X. Estudio y edición de la* Versión crítica *desde Fruela II hasta la muerte de Fernando II*, (utg.) Mariano de la Campa Gutiérrez (Málaga 2009).

22. Linehan (Oxford 1993) s. 467.

23. Francisco Bautista har i *La* Estoria de España *en época de Sancho IV: sobre los reyes de Asturias* (London 2006a) s. 85, argumenterat för att denna utförligare framställning bör ses som ett eko av Alfonso X:s universalkrönika, *General Estoria*, och att det är troligt att redaktören/författaren till 1289 års version tidigare ingått i det arbetslag som komponerade nämnda verk.

24. Bautista (London 2006a) s. 86.

25. Till denna kategori brukar räknas den utökade versionen av Alfonsos historieverk *Versión amplificada de 1289* (även känd som

Sancho IV:s version *Crónica de veinte reyes*), (utg.) César Hernández Alonso (Burgos 1991) (som numera inte betraktas som en självständig krönika utan som en handskriftsfamilj av textvittnen till andra krönikor), *Crónica de Castilla* (c. 1300), (utg.) Patricia Rochwert-Zuili (Paris 2010) samt *Crónica de 1344*. Texthistorien bakom dessa krönikor är oerhört invecklad och är fortfarande inte helt klarlagd. Stora delar av arbetet med att kartlägga den spanska historieskrivningen under medeltiden och de handskrifter som bevarats till idag har gjorts av Ramón Menéndez Pidal och Diego Catalán, vars forskargrupp fortfarande arbetar i hans fotspår; Funes (London 2001a) s. 113–117.

26. Diego Catalán, *La Estoria de España de Alfonso X. Creación y evolución* (Madrid 1992) s. 151. Min översättning.

27. Se Funes (Buenos Aires 2001a), för en diskussion om den juridiska formen (*fazañas*) som många sedelärande berättelser tog i den post-alfonsinska periodens historieskrivning.

28. Diego Catalán, "Poesía y novela en la historiografía castellana de los siglos XIII y XIV", *Melanges offerts a Rita Lejeune I* (Gembloux 1969) s. 423–441, här s. 423–424.

29. Manuel Hijano Villegas, "Continuaciones del Toledano: el caso de la *Historia hasta 1288 dialogada*", i Francisco Bautista (red.), *El relato historiográfico: textos y tradiciones en la España medieval* (London 2006b) s. 123–148, här s. 141.

30. Reinhart Koselleck, "'Erfarenhetsrum' och 'förväntningshorisont' – två historiska kategorier", *Erfarenhet, tid och historia: om historiska tiders semantik*, övers. Joachim Retzlaff (Göteborg 2004) s. 165–195; Hans Robert Jauss, *Toward an Aesthetic of Reception*, övers. Timothy Bahti (Minneapolis 1982).

31. Jfr. Jauss (Minneapolis 1982) s. 82–87.

32. Aengus Ward, *History and Chronicles in Late Medieval Iberia: Representations of Wamba in Late Medieval Narrative Histories* (Leiden 2011) s. 101.

33. Ward (Leiden 2011) s. 181–182.

34. I en tidigare artikel har jag analyserat ett exempel på denna skiftning i politisk inriktning inom historieskrivningen, *Crónica de Castilla*, genom att studera hur det politiska språkbruket och de

politiska begreppen växlar och ges nya innebörder, se Kim Bergqvist, "Poder nobiliar, lenguaje político y representación ideológica del pasado en la historiografía post-alfonsí: el caso de la *Crónica de Castilla*", *Roda da Fortuna* 2:1-1 (2012) s. 47-70. Se även Diego Catalán, "Monarquía aristocrática y manipulación de las fuentes: Rodrigo en la *Crónica de Castilla*. El fin del modelo historiográfico alfonsí", i Georges Martin (red.), *La historia alfonsí: el modelo y sus destinos (siglos XIII-XV)* (Madrid 2000) s. 75-95; Manuel Hijano Villegas, "Fuentes romances de las crónicas generales: el testimonio de la *Historia menos atajante*", *Hispanic Research Journal* 12:2 (2011) s. 118-134.

35. Scanlon (Cambridge 1994) s. 34.

36. Funes (Buenos Aires 2001a) s. 121.

37. Don Juan Manuel, *Obras completas*, (utg.) Carlos Alvar & Sarah Finci (Madrid 2007).

38. På grund av vissa skillnader mellan Juan Manuels förkortade krönika och de kända versionerna av Alfonsos krönika har vissa forskare velat identifierade en idag förlorad *Crónica manuelina** som Juan Manuel sammanfattat. Den var med stor sannolikhet en handskrift som har mycket gemensamt med den (*Br*) som idag finns på British Library i London under beteckningen Egerton 289. Se Manuel Hijano Villegas, "La materia cidiana en las crónicas generales", i Alberto Montaner Frutos (red.), *"Sonando van sus nuevas allent parte del mar": El Cantar de Mio Cid y el mundo de la épica* (Toulouse 2013) s. 141-167.

39. Originaltiteln är *Libro de los enxiemplos del conde Lucanor et de Patronio*. Verket finns att läsa både i aktualiserad spansk utgåva och i översättning till modern engelska, den senare som *The Book of Count Lucanor and Patronio: A Translation of Don Juan Manuel's "El Conde Lucanor"*, övers. John E. Keller & L. Clark Keating (New York 1993).

40. Leonardo Funes, "Las *palabras maestradas* de don Iohan: peculiaridad del didactismo de don Juan Manuel", i Leonardo Funes & José Luis Moure (red.), *Studia in honorem Germán Orduna* (Alcalá 2001b) s. 261-270, här s. 261.

41. Funes (Alcalá 2001b) s. 261.

42. Leonardo Funes & María Elena Qués, "La historia disidente: el *Libro de las Armas* de don Juan Manuel en el contexto del discurso historiográfico del siglo XIV", *Atalaya* 6 (1995) s. 71–78.

43. Se Derek W. Lomax, "El padre de Don Juan Manuel", i *Don Juan Manuel VII centenario* (Murcia 1982) s. 163–176; Georges Martin, "Alphonse X maudit son fils", *Atalaya* 5 (1994) s. 153–178; Germán Orduna, "El *Libro de las* armas: clave de la justicia de Don Juan Manuel", *Cuadernos de Historia de España* 47–48 (1982) s. 230–268.

44. Kring Don Juan Manuel, se Carmen Benito-Vessels, *Juan Manuel: Escritura y recreación de la historia* (Madison 1994) s. 119, 125.

45. Eloísa Palafox, *Las éticas del* exemplum. *Los* Castigos del rey don Sancho IV, El conde Lucanor *y el* Libro de buen amor (Mexico City 1998) s. 149, 152.

46. Palafox (Mexico City 1998) s. 140.

47. Palafox (Mexico City 1998) s. 144.

48. Somliga forskare anser dock att historien om Alfonsos egen regering funnits i skissartad form i de alfonsinska skriptorierna, och att sådant material nyttjats av Fernán Sánchez de Valladolid och andra senare historieskrivare.

49. Fernando Gómez Redondo, "De la crónica general a la real. Transformaciones ideológicas en *Crónica de tres reyes*", i Georges Martin (red.), *La historia alfonsí: el modelo y sus destinos (siglos XIII-XV)* (Madrid 2000) s. 95–123.

50. Gómez Redondo (Madrid 2000) s. 119.

51. Gómez Redondo (Madrid 2000).

52. "E los moros fueron a la torre que tenía Garcí Gómez et tan afincadamente le conbatieron que quemaron las puertas e mataron los omnes que estauan con él en la torre, et él defendía la puerta quanto podía para que gela non entrasen. E non lo queriendo matar por la gran bondat que en él auía, troxieron garfios de fierro […] en algunos lugares de la carne e él dexáuase rasgar por non se dar a prisión." *Crónica de Alfonso X. Según el MS. II/2777 de la Biblioteca del Palacio Real (Madrid)*, (utg.) Manuel González Jiménez (Murcia 1998) s. 31. Min översättning.

Stat, städer och urbanisering i östersjöområdet under tidigmodern tid

Sven Lilja

År 1500 hade östersjöområdet 32 städer med över 5000 invånare vardera.[1] Knappt trehundra år senare, omkring år 1790, hade antalet städer ökat till 120. Den totala folkmängden i städerna växte under samma tid från nära 450 000 till över 1,6 miljoner. En kraftig expansion hade ägt rum och den kom att påverka samhällsutvecklingen på ett genomgripande sätt. Östersjöområdets stater förändrades, och relationen mellan stater, städer och urbanisering förändrades. Hur påverkade dessa samhällsfenomen varandra? Vad betydde statsmaktens tillväxt för städerna och urbaniseringsprocessen, och vad betydde urbaniseringen för staternas förmåga att bygga upp sin makt och kontrollera och hantera nya territorier? Hur kan förändringarna förklaras?

Urbanisering ses normalt som en strukturell förändring av samhällen, men den har historiskt även varit ett resultat av staters politiska och militära mål; av deras ambitioner att kontrollera och styra samhällsresurser för att öka centralmaktens styrka och stärka dess säkerhet. Stater organiserar sina territorier utifrån egna behov. Territoriella tillgångar behöver användas och utvecklas till resurser för maktutövning. Det kräver att värden, som produkter, varor och människor, flyttas från en plats till en annan och omvandlas från ett tillstånd till ett annat, och det är en process som förutsätter en utbyggd infrastruktur. Staten behöver därför bygga upp ett system av ekonomiska samlingspunkter och ett nätverk för att sätta dessa i förbindelse med varandra.

Framväxten av städer och nationella urbaniseringsprocesser har genom historien varit en del av staternas försök att organisera

---

Hur du refererar till det här kapitlet:
Lilja, S. 2016. Stat, städer och urbanisering i östersjöområdet under tidigmodern tid. I: Sandén, A. & Elgán, E. (red.) *Kunskapens tider: Historiska perspektiv på kunskapssamhället*. Pp. 43–61. Stockholm: Stockholm University Press. DOI: http://dx.doi.org/10.16993/bai.d. License: CC-BY 4.0

sådana system av ekonomiska knutpunkter och deras nätverk. Urbaniseringen kan därför inte ses som enbart en autonom, strukturell förändring av samhället. Den har också varit en produkt av medveten handling och uttalade ambitioner. Den har organiserats fram av strategiskt tänkande eliter av byråkrater, innovatörer och specialister, som under processens gång formulerat och omformulerat sina mål i takt med att den samhälleliga nationella och internationella miljön förändrats. I den meningen är urbaniseringsprocessen inte bara en anonym samhällelig förändring utan även en lärprocess som bygger på iakttagelse, erfarenhet, reflexion och handlingsberedskap; den är en aspekt av ett föränderligt kunskapssamhälle.

Jag kommer i den här artikeln att särskilt betona urbaniseringen som kunskapsprocess. I vilken mån kan stadstillväxt och stadsgrundningar ses som resultatet av en lärprocess där staten och dess bärande skikt var engagerade i territoriell kontroll och maktexpansion?

Territorier, befolkningar och städer

Att tala om östersjöregionens stater ställer naturligtvis vissa krav på definitionen av staterna i fråga.[2] Det är ingen lätt fråga, men den förenklas på sätt och vis genom den politiska utvecklingen i regionen under tidigmodern tid.[3] Omkring år 1500 dominerades regionen av tre väldiga unioner, Kalmarunionen, det polsk-litauiska samväldet och det tysk-romerska riket samt ett stort och mäktigt furstendöme, storfurstendömet Moskva i öster. Utöver dessa giganter var området geopolitiskt splittrat i mindre enheter, som små eller medelstora furstestater i söder, korsfararstaterna i öster och sydost, samt stadsförbundet Hansan, som sträckte ut sitt senmedeltida nätverk från Sydtyskland till Bergen, från London till Novgorod.

Nära 300 år senare, 1790, hade den politiska kartan förenklats. Då var regionen nästan i sin helhet uppdelad mellan fem tidigmoderna stater, Sverige (med Finland), Danmark-Norge, Polen-Litauen, Preussen och Ryssland.[4] De fem staterna var inbördes helt olika till sina inre karaktärer och de kom att utvecklas efter mycket olika historiska spår. Två av dem, Preussen och Ryssland, fick en starkt expansiv utveckling, dock med Preussen som en sårbar historisk aktör, med några kraftiga militära bakslag som hotade att utplåna staten. Ryssland å andra sidan var redan år 1500 en stark och territoriellt omfattande furstestat, som under tidigmodern tid lyckades förmera sitt territorium och sin folkmängd på ett spektakulärt sätt. De båda skandinaviska staterna, Danmark-Norge och Sverige (med Finland), var invecklade i en het territoriell konkurrens och en återkommande kamp om herraväldet i Östersjön. Polen-Litauen sticker ut genom dess uppseendeväckande tillbakagång och slutliga utplåning som självständig stat.[5]

Urbaniseringsförloppen i staterna blev därför helt olika. I Ryssland styrdes urbaniseringen både av den ryska statens expansionssträvanden och dess centraliseringsbehov och krav på modernisering av samhällsstrukturen. Resultatet blev en omfattande ökning av statsterritoriet, rikets befolkning och stadsbefolkningen. Ryssland, som redan år 1500 var den territoriellt största statsbildningen i östersjöområdet, med sina 2,3 miljoner kvadratkilometer, växte till en territoriell gigant som efter napoleontiden inneslöt inte mindre än 17 miljoner kvadratkilometer land. Befolkningen hade samtidigt ökat från 3,9 miljoner invånare år 1500 till drygt 34 miljoner år 1790. Antalet städer i det ryska riket ökade kraftigt under samma tidsskede. I början av 1500-talet hade Ryssland 2–3 städer med mer än 5 000 invånare.[6] År 1790 hade antalet vuxit till 93 städer, samtidigt som stadsfolkmängden växte från drygt 93 tusen till 1,4 miljoner.

De båda skandinaviska staterna spelade i ungefär samma storleksdivision, och hade liknande strukturella utvecklingstendenser. Under den tidigmoderna tiden var de båda staterna territoriellt jämförbara, med det danska riket omfattande drygt 500 000 kvadratkilometer år 1500 och drygt 600 000 kvadratkilometer omkring 1790, då Norge ännu hörde till riket. Motsvarande utveckling i Sverige gick från knappt 350 000 kvadratkilometer till nära 740 000 kvadratkilometer. De båda rikena hade jämförbara befolkningstal. Den danska befolkningen ökade från knappt 1 miljon omkring år 1500 till knappt 2,2 miljoner 1790. Sveriges folkmängd låg på knappt 510 000 år 1500, men nådde nära 3,2 miljoner 1790. Urbaniseringen i Danmark gick något snabbare än i Sverige. I städer med över 5 000 invånare ökade den svenska stadsfolkmängden från ca 6000–7000 i den enda staden Stockholm till drygt 120 000 i 7 städer omkring 290 år senare, medan Danmark-Norge under samma tid hade 2 städer med sammanlagt kanske 10 000–15 000 invånare år 1500 och 8 städer med drygt 150 000 invånare 1790.[7]

Den stora kontrasten i territoriell utveckling, befolkningsutveckling och urbanisering ser vi i en jämförelse mellan Preussen och Polen, där Preussen gick från en svag och underordnad situation till självständighet och stormaktsstatus, samtidigt som Polen-Litauen, ett av de största länderna i Europa vid den tidigmoderna periodens början, gradvis försvagades och försvann. Ländernas folkmängdsutveckling och urbanisering speglade denna kontrast. I början av perioden var Brandenburg/Preussens folkmängd jämförbar med de båda skandinaviska ländernas. Den lilla furstestaten som omkring 1500 omfattade bara knappt 50 000 kvadratkilometer hade då en folkmängd runt 860 000, men expansionen var kraftig. År 1790 hade territoriet vuxit till knappt 270 000 kvadratkilometer och befolkningen nått över 9,2 miljoner. Polen å andra sidan hade en stagnerande utveckling, som förde landet från ett väldigt territorium på 1,7 miljoner kvadratkilometer år 1500 med mer än 13 miljoner invånare i det som då var den Jagellonska dynastins välde, till ett kraftigt förminskat polsk-litauiskt välde på knappa 530 000 kvadratkilometer 1790, strax före de två sista delningarna. Folkmängden var fortfarande imponerande med 8,8 miljoner, men den hade då passerats av Preussen. Den preussiska stadsbefolkningen i städer med över 5 000 invånare steg samtidigt från kanske 4 städer med totalt omkring 32 000 invånare[8] till inte färre än 107 städer och 875 000 invånare, medan den i Polen föll från 425 000 i 23 städer till 230 000 i 19 städer. Under den tidigmoderna tiden växte Preussen från att ha varit en stat som befolkningsmässigt och i stadsutveckling var av samma storleksordning som de båda skandinaviska staterna till att bli den stormakt som bidrog till att Polen utplånades från den politiska kartan. Polen å andra sidan reducerades i ett antal dramatiska steg från en position jämförbar med Moskvafurstendömets till eliminering och inordnande som reststat i det ryska väldet.

Denna utveckling innebar samtidigt förskjutningar i maktresurser staterna emellan. Relationen mellan staterna och städerna kom därigenom att förändras. De nationella stadssystemen omstrukturerades som en följd av staternas maktutveckling och deras växande resursbehov. Jag kommer i fortsättningen att lyfta fram två strukturella förändringar, som var direkt influerade av statsutvecklingen i regionens stater. Det två förändringarna kan enkelt sammanfattas med uttrycken centralisering respektive perifer expansion.

Huvudstädernas århundrade

Den skando-baltiska regionen hade inget urbant centrum; ingen huvudstad. Ingen av regionens ledande städer stack ut som dominerande under hela den tidigmoderna tiden. I stället ägde stora förändringar rum i sammansättningen av ledande städer. I början av perioden dominerade västryska stadsstater som Novgorod och Pskov, ett par polsk–litauiska städer och den södra östersjökustens ledande hansestäder, med invånartal på upp emot 30 000 invånare. Novgorod var den största staden med en uppskattad folkmängd på drygt 40 000 invånare. De övriga städerna i toppskiktet hade invånarantal på 25 000–30 000.[9]

Trehundra år senare hade stadslandskapet i Östersjöregionen omgestaltats radikalt. Stadsväsendet hade expanderat kraftigt och de ledande städerna vuxit till en helt ny storleksordning. Regionens åtta största städer låg alla över 50 000 invånare, med den unga ryska huvudstaden St Petersburg främst, med sina kanske 220 000 invånare. St Petersburg var inte den enda staden som hade passerat nivån 100 000. I den kategorin hittar vi även Berlin med ca 150 000, och möjligen även Hamburg, med kanske 100 000. Bland de åtta ledande östersjöstäderna vid denna tid låg också Köpenhamn, Stockholm, Kaliningrad/Königsberg, Wroclaw och Warszawa.[10]

De geografiska tyngdpunkterna försköts mellan 1500 och 1790, men stadslandskapet präglades fortfarande av sjöfarten och långdistanshandeln. Hansan hade under 1600-talet visserligen gått tillbaka som stadsförbund och maktfaktor i östersjöområdet, men de gamla sjöfarts- och hansestäderna Hamburg och Königsberg spelade fortfarande en ledande roll. Båda ingick i det extensiva handelsnätverk som vuxit fram på 1600- och 1700-talen, och som förband östersjöområdet med den ekonomiskt dynamiska regionen runt Engelska kanalen. Bland de hansestäder som fortfarande hörde till östersjöområdets större städer omkring 1790 fanns även Gdansk/Danzig och Bremen, med befolkningstal mellan 35 000 och 40 000.[11] Ett än mer framträdande drag, som skiljer året 1790 från året 1500, var det starka inslaget av nationella huvudstäder bland de ledande städerna i östersjöregionen mot slutet av 1700-talet. Inte färre än 5 av de åtta största städerna var huvudstäder, och samtliga hade haft en mycket expansiv utveckling på 1600- och 1700-talen. St Petersburg stod i särklass som den stad som gått från grundningen på svenskt territorium 1703 till regionens ledande stad på mindre än ett sekel. Men även de andra huvudstäderna, Berlin, Köpenhamn, Stockholm och Warszawa, hade spektakulära tillväxttal från något tiotusental invånare till storleksordningen 50 000 till över 100 000.[12]

Huvudstädernas starka expansion under den tidigmoderna tiden var ett fenomen som inte var begränsat till östersjöregionen. På många andra håll i Europa hände samma sak. London fortsatte en långsiktig tillväxt från medeltiden och hade år 1700 nått 575 000 invånare, för att hundra år senare passera 1 miljon. Paris hade 500 000 omkring 1700 och växte vidare till 570 000 strax före revolutionstiden. Andra exempel på huvudstäder med en uppseendeväckande befolkningsutveckling var Wien, som mer än tiodubblade sin befolkning mellan 1500 och 1800 då staden tangerade 247 000 invånare, och Madrid som växte i samma storleksordning som Wien upp till 168 000 invånare.[13]

Huvudstadsexpansionen är ett av de mest framträdande dragen i Europas urbanisering under tidigmodern tid. Östersjöregionen genomgick i det avseendet samma utveckling som stora delar av det övriga Europa; kanske t.o.m. ännu mer utpräglat än i övriga Europa. Sambandet mellan huvudstädernas expansion och staternas makttillväxt är ett av de tydligaste exemplen på hur den tidigmoderna staten präglade och strukturerade urbaniseringsprocessen. Statsmaskineriet i länder som Sverige, Danmark, Preussen och Ryssland genomgick under den tidigmoderna tiden omfattande reformeringar. Syftet var att möta den allt hårdare internationella maktkampen med en effektivare och resursstarkare stat. Man byggde upp nya typer av administrativa organisationer;

Stat, städer och urbanisering i östersjöområdet under tidigmodern tid   49

man effektiviserade systemen för skatte- och tulluppbörd; försökte sig på att reglera och styra ekonomiska flöden i en politik som i historiens ljus döpts till merkantilism; man byggde upp sina militära resurser av arméer, flottor, artilleri och befästningar. Hela processen pågick inom ramen för en allt intensivare maktkamp och militär konkurrens, och den resulterade i en kraftig ökning och centralisering av statens maktresurser.

Detta var också en centralisering som hade en mycket påtaglig rumslig aspekt. Den ledde till att statsmaskinerierna förvandlades från ambulerande medeltida furstendömen till stationära maktapparater lokaliserade till en ort. Centraliseringen av maktresurser till statsapparaterna och staternas styrande eliter fick därmed till effekt en centralisering av resurser till de städer som blev residensorter för de nationella maktinstitutionerna, de nationella huvudstäderna. Detta kom i hög grad att påverka befolkningsutvecklingen i huvudstäder som Stockholm, Köpenhamn, Berlin, samt Moskva och St Petersburg. Huvudstadsexpansionen blev i grunden ett resultat av de nya staternas hårt förvärvade insikter om behovet av en stark och centraliserad makt i en omvärld av rovgiriga konkurrentmakter. Den var därigenom produkten av en lärprocess i vardande.[14]

Den enda stat som egentligen sticker ut i sammanhanget är Polen. Polens huvudstadsutveckling präglades av väldets ambivalenta politiska utveckling. Visserligen hade huvudstaden Warszawa, sedan staden 1596 hade övertagit rollen som huvudsäte för den nationella makten, en stark utveckling särskilt på 1700-talet, men staden var inte den entydigt ledande staden i riket. Wroclaw hade nästan samma folkmängd och städer som Danzig/Gdansk, Jaroslav och den gamla huvudstaden Krakow hade befolkningstal som inte låg så långt efter.[15]

Skälet till att den polska huvudstaden inte blev lika dominerande i sitt rike som de andra östersjöländernas huvudstäder ska sökas i samma behov av maktcentralisering. Polen är i stället det omvända exemplet på hur de styrande eliterna inte kunde enas om en centralisering av maktresurserna. I Polen fick de valda kungarna aldrig den maktposition som koncentrerades till arvkungadömena i de andra östersjöstaterna. I sin samtid kunde Polen vara beundrat för sin kulturella förfining, sin inre maktbalans och sina kollektiva beslutsmetoder, men den polska staten blev i stället en försvagad aktör i den internationella maktkampen. Det polska maktsystemet blockerades av inre motsättningar mellan olika grupperingar och den adliga elitens kollektiva rädsla för en alltför stark kungamakt. På 1700-talet blev denna svaghet ödesdiger, när Polen under loppet av ett par decennier mellan 1772 och 1795 stegvis styckades upp och slukades av sina mäktigare grannar Preussen, Ryssland och det habsburgska Österrike. Bristen på en dominerande huvudstad i Polen kan därför förklaras med en bristande centralisering av maktresurser till kungamakten. De polska makteliterna läste inte av sin tid och dess processer på rätt sätt. De levde kvar i en medeltida föreställningsvärld om maktbalans mellan kungamakt och adel, där kungen sågs som den främsta bland likar och hindrades från att samla tillräckliga maktresurser för att möta de reformerade, centraliserade expansiva grannstaterna.

Kännetecknande för de övriga huvudstäderna i regionen var att de helt dominerade befolkningsmässigt inom sina respektive nationella stadssystem. Berlins folkmängd var ca 5 gånger större än sin närmaste konkurrent omkring 1800, som kan ha varit Magdeburg. I Sverige var huvudstaden nära 6 gånger större än huvudkonkurrenten Göteborg. I Danmark var huvudstadens dominans förkrossande. Köpenhamn var nästan 16 gånger större än den näst största staden Odense.[16]

Ryssland hade en viss likhet med Polen genom att stadssystemet var bipolärt med två nästa likvärdiga huvudstäder. Samtidigt som St Petersburg kan ha haft minst 220 000 invånare tycks Moskva ha inhyst 300 000.[17] Men dessa båda giganter stod isolerade i sin egen division. De ryska andrarangsstäderna hade befolkningstal i storleksordningen 30 000–40 000.[18] Den artificiella grundningen av St Petersburg och Moskvas tidigare expansion var båda uttryck för Rysslands centraliserade politiska strukturer. De var både resultatet och en spegling av autarkin som styrelseform, och faller därför väl in i bilden av den europeiska huvudstadsexpansionen.

Städer i periferin

Huvudstadsexpansionen var ett av de strukturella särdrag som följde av staternas politiska, finansiella och militära maktuppbyggnad.

Men även andra förändringar ägde rum under samma förtecken. En av de viktigaste var den geografiska expansionen av det urbana landskapet. Nya städer grundades i områden som tidigare saknat städer. Mellan åren 1580 och 1660 fick Sverige ett drygt trettiotal nya städer.[19] Den svenska statsmakten grundade, eller lät grunda, städer i Bergslagsområdet, längs Bottniska vikens kuster och i Finlands inland. Några av dessa städer fick tidigt problem med sin överlevnad och förlorade snart sina stadsprivilegier, men de flesta överlevde efter en initial och tvekande period, och de kunde etablera sig som knutpunkter för handel och sjöfart. Delvis innebar nygrundningarna att stadsväsendet förtätades i områden dit urbaniseringen redan nått. Det gällde i första hand Bergslagsområdet. Men flertalet av de nya städerna låg i områden som hitintills hade saknat städer. Städerna längs Bottenvikens kust kom att utvecklas till uppsamlings- och utförselplatser för hela det vida området i norra Skandinavien och Norra Finland. Städerna i östra Finland, fick visserligen större svårigheter att etablera sig permanent, men de var inte desto mindre uttryck för en statlig vilja att kontrollera och utnyttja perifera resurser.

Nya städer grundades även söder om Östersjön, men där handlade det om förtätningar av redan befintliga stadsbestånd. De nya städerna i Tyskland och Polen var snarare ett uttryck för en allmän tillväxt, som skapade ett växande behov av lokala marknader. Den statliga expansionismen fick i stället sitt främsta uttryck i det ryska väldet. Här ser vi samma strävan efter territoriell kontroll och resursutnyttjande som i Sverige, och det ägde rum vid ungefär samma tid.

Moskvafurstendömet hade befunnit sig i territoriell expansion i stort sett oavbrutet från dess uppkomst på 1200-talet. Vid 1500-talets början var Moskva centrum för en av norra Europas territoriellt största statsbildningar, men expansionismen fortsatte och inom loppet av mindre än 100 år hade man inte bara överskridit Uralbergen utan även nått fram till Stilla Havet där man grundade staden Okhotsk som stödjepunkt för de ryska intressena i Ostasien. Okhotsk, som anlades redan på 1640-talet var bara en av en mängd nya städer som grundades av ryssar under den ryska expansionismen in i Sibirien.[20]

Den ryska territoriella expansionen i Sibirien gick hand i hand med nygrundningen av städer och små tätorter. De flesta av dessa s.k. ostroger anlades som militära stödjepunkter (fort) till skydd för ryska lokala och regionala intressen, men också som knutpunkter för handeln med och uppbörden av bl. a. pälsar. Först efterhand utvecklades jordbruk på breddgrader som kunde bära upp spannmålsproduktion och boskapsskötsel, och så småningom började även bergshantering, och protoindustri i anknytning till bergshanteringen, att spela en viss roll för den sibiriska urbaniseringen. Några av ostrogerna utvecklades till betydande regionala centra, med flera tusen invånare. Vid början av 1800-talet hade sibiriska städer som Krasnoyarsk, Omsk, Petropavloski-Kamchatskiy, Tara och Yeniseysk uppnått befolkningstal nära eller över 5000 invånare. De främsta städerna Irkutsk, Tobolsk, Tomsk och Tyumen hade passerat 10 000. Flertalet av ostrogerna var dock mindre, om än inte sällan med mer än 2000 invånare.[21]

Liksom i Sverige handlade det här om en statligt initierad och stödd expansionism som hade till främsta syfte att exploatera perifera resurser och skaffa sig kontroll över avlägsna områden. Den väldiga territoriella erövringen organiserades i stor utsträckning av privata intressen och genomfördes av militariserade kosackförband, men den skulle inte ha varit möjlig, och fått en sådan rörelsekraft, utan den ryska statens stöd. Det handlade, särskilt i Sibiriens norra och centrala delar, om en urbanisering av områden som tidigare varit utan städer, men nu lades under ett nätverk av urbana orter inom ramen för en administrativ infrastruktur. De trakter som på detta sätt koloniserades genomgick som en följd av koloniseringen omfattande sociala, kulturella och ekonomiska förändringar. Samtidigt som urbaniseringen trängde fram omvandlades de ursprungliga samhällena gradvis till underordnade och beroende ekonomier i den ryska statens tjänst. Det var ett klassiskt koloniseringsmönster som bredde ut sig, och som vi sett på många andra håll i världen; Amerika, Afrika, Australien. Ursprungsbefolkningarnas sedvänjor marginaliserades eller utplånades, och in fördes i stället erövrarstaternas språk och kulturer. I grunden var det liknande händelseförlopp bakom urbaniseringen av norra Skandinavien och Ryssland, som samtidigt och senare utvecklade sig i andra delar av den imperialistiska världen.

Maktkamp och urbanisering som lärprocesser

När man ställer staterna i fokus för drivkrafterna bakom urbaniseringsprocessen är det samtidigt ett val av perspektiv som ser staterna som aktiva agenter i historien. I senare historieforskning kring statsbildningsprocessen i Europa har man starkt betonat staten som en form av organisation.[22] Debatten har pendlat mellan två ytterligheter i synen på statsorganisationens styrka och sammanhållning. Å ena sidan har man betonat de tidigmoderna statsbildningarna som starkt centraliserade, militariserade, territoriellt förankrade och effektiva maskinerier för maktutövning och krigföring, och å andra sidan samma staters karaktär av uppsplittrade territoriella konglomerat, med underliggande politiska entiteter som ofta var framgångsrika i sina strävanden att försvara egna intressen och stärka den egna positionen gentemot centrums resurs- och kontrollkrav.[23] Båda perspektiven är fruktbara sedda ur olika aspekter, men mycket talar för att centralismperspektivet säger mer om man vill förstå sambandet mellan statsmakt och urbanisering och stadssystemens struktur i olika typer av statsorganisationer.

Centraliseringsgraden framstår då som avgörande för stadssystemens utseende och utveckling. Det fanns under den tidigmoderna tiden ett historiskt samband mellan östersjöstaternas urbanisering och deras maktutveckling. Eftersom den tidigmoderna tiden var en historisk epok där den starka territorialstaten blev en drivkraft bakom historisk förändring, kom dess växande betydelse för kontrollen och fördelningen av samhällets resurser att stimulera stadstillväxten. Detta skedde både i de stora städer som blev nationella maktcentra, huvudstäderna, och i de många nya småstäder som grundades i rikenas utmarker för att stärka statens territoriella kontroll över periferin. Det handlade om en betydande centralisering av makt även i en renodlad konglomeratstat som Preussen, där Berlin växte till helt nya dimensioner från 1600-talets början och framåt. De båda skandinaviska huvudstädernas spektakulära befolkningsökningar på 1600-talet var uttryck för samma centralisering av maktresurserna. Den intensiva maktkonkurrensen mellan Sverige och Danmark innebar en kraftig skjuts för tillväxten av Stockholm respektive Köpenhamn.

Samtidigt innebar den ryska huvudstadsutvecklingen på 1700-talet att väldet fick ett bipolärt stadssystem med två konkurrerande centra, som dock var kraftigt dominerande inom det ryska stadssystemet. Bakom denna utveckling låg det ryska kejsarrikets motsägelsefulla spänning mellan moderniseringssträvanden och västorientering å ena sidan och ett rysk-ortodoxt försvar för det genuint ryska och slaviska i samhällsutveckling och kultur å den andra. De båda huvudstäderna speglade varsin sida av denna inre spänning i det ryska imperiet; en spänning som skulle ligga latent och utvecklas fram till den ryska revolutionen och som fortfarande präglar delar av den ryska befolkningens självuppfattning.

Den starka staten kom till uttryck även i den perifera expansionen av stadsväsendet. Den var till sin essens en strävan från de berörda staterna, främst Sverige och Ryssland, att ta kontroll över utmarker och därigenom öka möjligheterna att exploatera resurser i tidigare outnyttjade landsdelar. Den ingick också som en strategisk del i ländernas hävdande av nya territorier. De nya städerna blev landmärken för sina staters expansionssträvanden, och de kom att spela viktiga roller som militära stödjepunkter och administrativa noder i statskontrollens och uppbördens infrastrukturer.

Det gick en oregelbunden tidslinje mot ökad maktkoncentration genom den nordeuropeiska politiken, från de senmedeltida renässansfurstarnas machiavelliska härskartekniker till den fullskaliga absolutismen och dess finputsade variant i den upplysta despotismen på 1600- och 1700-talen. Det handlade också om att sträcka ut statens tentakler till områden och avlägsna trakter som tidigare hade legat utanför urbaniseringens räckvidd. Nya städer grundades och nya regioner drogs in i det statligt initierade och dirigerade resursutnyttjandet. Samtidigt är det värt notera att vare sig staternas organisatoriska styrka som urbaniseringsprocessen i stort kan jämföras med moderna förhållanden. Som anhängarna av konglomeratstaten påpekat var den tidigmoderna staten långt ifrån den inre koherens, styrka och effektivitet som präglar dagens stater. Detsamma gällde städerna och stadssystemen. Det tydligaste tecknet på detta var den, vid modern jämförelse, mycket låga urbaniseringsgraden under tidigmodern tid. De europeiska samhällen som idag har upp till drygt 80% av sina invånare boende i städer, hade under tidigmodern tid urbaniseringsgrader som låg klart under 10%. Det var samhällen vars bärkraft på sin höjd bara kunde försörja 1 stadsbo på 9 landsbygdsbor, mot dagens drygt 8 stadsbor på 2 landsbygdsbor i det högst urbaniserade länderna.

Men även om den tidigmodern staten var avsevärt svagare som organisation än våra moderna stater, så är det tydligt att den hade en förmåga att påverka stadsväsendet. Staterna drev på och omformade sina samhällen för att öka sin styrka. Man var involverad i en permanent maktkamp om internationella positioner och territorier. Den stat som misslyckades med centraliseringen av sina resurser hamnade i underläge och riskerade att utplånas; de stater som tog lärdom av hårda erfarenheter och byggde upp sina maktstrukturer klarade sig någorlunda väl, om än med många bakslag, reträtter och återhämtningar. I den meningen drevs urbaniseringsprocesserna i de kämpande staterna fram av deras lärprocesser, deras förmåga att se förändringarna i tiden och anpassa sig till dessa. Perception, kunskapsinhämtning och förmåga till avvägning av medel mot mål var minst lika viktiga instrument för statsorganisationernas styrande eliter, som deras faktiska militära förmåga. Att gå från en förståelse av omgivningens förutsättningar till framgångsrikt försvar av den territoriella integriteten förutsatte att kunskaperna omsattes i praktisk handling; en aspekt av denna praktiska maktuppbyggnad var styrningen och kontrollen av staternas städer och stadssystem.

Noter

1. De statistiska uppgifterna i artikeln kommer från en databas till det pågående projektet *Peoples, Towns and States*. (förk. PTS-databas) Databasen baserar sig på ett flertal källserier och är under utbyggnad. Vissa av sifferuppgifterna kan därför komma att revideras i slutversionen, men det är inte troligt att eventuella revisioner kommer att förändra dokumentationen och slutsatserna i den här artikeln i någon större grad. Befolkningstalen som redovisas gäller huvudsakligen städer med 5 000 invånare och uppåt. De anlitade huvudkällorna är: Paul Bairoch, Jean Batou & Pierre Chevre, *La population des villes européennes de 800 à 1850/The Population of European Cities*

from 800 to 1850. (Centre of International Economic History/Centre d'histoire economique internationale (Université de Genève 1988). I forts. förk. BBC/); Jan de Vries, *European Urbanization 1500–1800* (London 1984). I forts. förk. de Vries /); kompletterande folkmängdsdata har även hämtats från de engelska och tyska versionerna av Wikipedia. Data över tyska städer finns i *Deutsches Städtebuch* (I forts. förk. DSB). Data över ryska städer har kompletterats med uppgifter från Thomas Stanley Fedor, *Patterns of Urban Growth in the Russian Empire During the Nineteenth Century,* The University of Chicago, Department of Geography, research paper no. 163 (1975), och Gilbert Rozman, *Urban Networks in Russia, 1750–1800, and premodern periodization* (Princeton UP 1976). De svenska uppgifterna över städerna har hämtats från statistikpublikationen Sven Lilja, *Städernas folkmängd och tillväxt. Sverige (med Finland) ca 1570-tal till 1810-tal*. (Historisk tätortsstatistik, del 2. Stads- och kommunhistoriska institutet. Stockholm 1996. Tillgänglig digitaliserad i förf. ägo; ingår även i den digitala databasen "Städtesystem und Urbanisierung im Ostseeraum" http://www.baltictowns.com/rostock/index.htm), kompletterad med bl. a. Lars Nilsson, *Historisk tätortsstatistik. Del 1: Folkmängden i administrativa tätorter 1800–1970* (Stockholm 1992.) För källorna till data från de andra nordiska länderna hänvisas till PTS-databas. Allmänna befolkningsdata kommer dels från rekonstruktioner med utgångspunkt i uppskattade befolkningstätheter, huvudsakligen från nationella källor kompletterade med B. R. Mitchell, *European Historical Statistics 1750–1975* (London and Basingstoke 1981). Staternas territoriella utvecklingar har rekonstruerats med hjälp av kartprogrammet Arc View kombinerat med moderna territoriella data över inomnationella regioners ytor.

2. För enkelhetens skull talar jag i fortsättningen om östersjöregionen eller östersjöområdet synonymt. Där det klart framgår av sammanhanget nöjer jag mig med det kortare uttrycket regionen eller området. Östersjöområdet kan beskrivas som en historisk region, men det vore fel att se området som en klart definierad och sammanhållen region. Som namnet antyder omfattar regionen landområden med direkt kontakt med Östersjön och Bottniska viken, men jag innefattar även den skandinaviska halvön i begreppet. Östersjöregionen är således innesluten av hav i väster och norr och i dessa båda riktningar därför väl definierad, men i söder och i öster saknas naturliga gränser. En möjlighet är att följa vattendelaren som avskiljer floder

som rinner mot Östersjön från floder som rinner åt det motsatta hållet. Då får vi en oregelbunden gräns i söder som sträcker sig en bit upp i de sammanhängande bergsområdena i Centraleuropa. I öster kommer däremot gränsen att gå rakt över det flacka och av skog och träskmarker överdragna området i dagens Karelen och Vitryssland. När jag här arbetar med östersjöområdet som en geografisk enhet utgår jag visserligen från dessa förutsättningar, men gör ändå en mer pragmatisk avgränsning av regionen i söder och öster. Gränserna för regionen har där i praktiken dragits tämligen rätlinjigt, där den östliga gränslinjen sammanfaller någorlunda med vattendelaren, medan den södra gränslinjen har dragits rakt igenom centrala Polen och Tyskland, och ut till Atlanten strax söder om Jylland. För regionens omfattning se Sven Lilja, "Peoples, towns and states. Structural power resources and state power in the Scando-Baltic region (1500–1820)", s. 35, Map 1, i Hanno Brand & Leos Müller (red.), *The Dynamics of economic Growth in the North Sea- and Baltic Region in the Late Middle ages and Early Modern Period* (Hilversum 2007) s. 24–45.

3. Perioden definieras här som tiden mellan ca 1500 till ca 1790, strax innan Polens upphörande som oberoende statsbildning.

4. Några få år senare hade antalet minskat till fyra stater, efter upplösningen av det polsk-litauiska samväldet under de tre delningarna på 1770- och 1790-talen. Det är 1790 års fem stater som jag har valt för jämförelsen i den här artikeln.

5. En fyllig översikt över utvecklingen i östersjöområdet finns i David Kirby, *Östersjöländernas historia 1492–1772* (Stockholm 1994). Mer svepande översikter hittar man i Harald Gustafsson, *Nordens historia. En europeisk region under 1200 år* (Lund 1997) särskilt kapitel 5–7 och Matti Klinge, *Östersjövärlden* (Stockholm 1994) se särskilt s. 57–101. De nordiska krigen behandlas även i Robert I. Frost, *The Northern Wars 1558–1721. War, State and Society in Northeastern Europe, 1558–1721* (London 2000). Se även Jan Lindegren, *Maktstatens resurser*, opubl. manuskript. (Odense UP 1993). Fylliga och matnyttiga översiktsverk över rysk, polsk och preussisk historia är Nicholas V. Riasanovsky & Mark D. Steinberg, *A History of Russia*, (Oxford & New York 2011), Norman Davies, *God's Playground. A History of Poland. Volume I, The Origins to 1795*, (Oxford & New York 1981), och Christopher Clark, *Iron Kingdom. The Rise and Downfall of Prussia 1600–1947* (Cambridge 2006). Norskt och danskt stadsväsende har nyligen fått

välmatade översikter i Knut Helle, Finn-Einar Eliassen, Jan Eivind Myhre & Ola Svein Stugu, *Norsk Byhistorie: urbanisering gjennom 1300 år,* Oslo 2006, och Sören Bitsch Christensen & Jörgen Mikkelsen, *Danish Towns during Absolutism: Urbanisation and Urban Life 1660–1848* (Aarhus 2008).

6. Moskva (36 000), Novgorod (42 000) enligt BBC. Jaroslavl kan ha haft ca. 10 000. (osäker extrapolering från senare data; 15 000 mot slutet av 1600-talet, enl. uppg i engelska Wikipedia) Källa: PTS-databas.

7. År 1500 Danmark-Norge: Bergen ca 5–7000, Köpenhamn 5–10 tusen (mycket osäkra siffror). År 1790 Danmark-Norge: Bergen ca 19 000, Flensburg ca 10 000, Kiel ca. 6000, Köpenhamn 90 tusen, Odense knappt 6000, Oslo ca. 8000, Trondheim ca. 8000, Ålborg drygt 5000; Sverige m Finland 1790: Falun knappt 6000, Gävle ca. 5000, Göteborg knappt 15 000, Helsinki drygt 8000, Norrköping drygt 8000, Stockholm ca. 72 000, Turku/Åbo knappt 9 000. Källa: PTS-databas.

8. Frankfurt Oder (11 000), Berlin (9000), Stendal (6000) och Brandenburg (knappt 6000 uppskattn.). Källa: PTS-databas.

9. Novgorod (42 000), Pskov (29 000; Pskov erövrades av Moskva först 1510), de polska städerna Poznan (32 000), Polotsk (30 000), Vilnius (25 000), Wroclaw (25 000), samt hansestäderna Danzig/Gdansk (30 000) och Lübeck (25 000). Källa: PTS-databas.

10. Siffrorna över St Petersburg divergerar starkt i olika källor, men storleksordningen med ett minimum omkring 220 000 måste anses rimlig. Rozman, Princeton 1976, anger 297 000 för år 1782, medan BBC har 220 000 för 1800. Mitt intryck är att Rozman ofta ligger högt i sina befolkningsuppskattningar. Berlin hade uppskattningsvis 10 000 invånare omkring år 1500, men växte till nära 150 000 strax före 1790 och Hamburg nådde vid samma tid upp till 100 000 invånare. Köpenhamn kan ha haft 10–15 000 invånare på 1500-talet innan staden började sin stora expansion på 1600-talet till 90 000 invånare omkring 1790. Stockholm låg hela tiden något men inte långt efter Köpenhamn, med ca 6–7 000 invånare omkring 1500 och 57 000 runt 1700. På 1700-talet fick Stockholm en svag utveckling och hade omkring år 1780 inte nått högre än till knappt 70 000 invånare. Königsberg (dagens Kaliningrad; 60 000 år 1800; uppsk.

60 000 även år 1790). Wroclaw (59 000 uppsk. år 1790; 60 000 invånare 1800). Den polska huvudstaden Warszawas stora expansion kom först på 1700-talet då staden växte från 15 000 till kanske 55 000 år 1790. Warszawa (63 000 år 1800; uppsk. 55 000 1790) För jämförelse mellan Köpenhamn och Stockholm se Lilja, "Central Power and Urban Development in the 17th Century: Comparative Perspectives on Scandinavian Urbanization" i M. Ruiz & M. de Pazziz Pi Corrales (red.), *Spain and Sweden during the Baroque epoch (1600–1660)* International congress records, (Fundacion Berndt Wistedt 2000a). För Stockholm se också Lilja, "Stockholms befolkningsutveckling före 1800: problem, metoder och förklaringar." *Historisk tidskrift 1995:3* och Lilja "Stockholm under huvudstädernas sekler: Stockholms befolkningsutveckling i jämförande perspektiv", *Historisk tidskrift 1996b:3*

11. Gdansk/Danzig (ca. 39 000 uppsk. år 1790); staden hade av allt att döma nedgångsperiod under 1700-talets senare del (47 000 år 1750, 37 000 år 1800); Bremen (ca. 34 000 uppsk. år 1790; 36 000 år 1800) Källa: PTS-databas. För hansans utveckling se exempelvis Philippe Dollinger, *Die Hanse* (Stuttgart 1966). En aktuell översikt över europeisk urbanisering och europeiska städer från 400 till idag ges i Peter Clark, *European Cities and Towns, 400–2000* (London 2009). Se särskilt s. 117, 125.

12. För befolkningstalen se not 10.

13. BBC.

14. de Vries 1984, s. 141f. Se även Sven Lilja, *Tjuvehål och stolta städer: urbaniseringens kronologi och geografi i Sverige (med Finland) ca 1570-tal till 1810-tal* (Stockholm 2000b) s. 342ff och där anförda referenser, samt Lilja (Fundacion Berndt Wistedt 2000a), som är en direkt jämförelse av Köpenhamn och Stockholm med huvudstadsexpansion på 1600-talet som problemställning.

15. För Gdansk se not 10 ovan, Jaroslav (uppsk. 21 000 år 1790), Krakow (uppsk. 22 000 år 1790). Källa: PTS-databas.

16. Magdeburg (uppsk. 32 000 år 1790), Göteborg (uppsk. ca. 15 000 år 1790), Odense (uppsk. knappt 6000 år 1790). Källa: PTS-databas.

17. Liksom för S:t Petersburg har vi påtagligt divergerande data över Moskva. För Moskva har jag använt Rozman, Princeton 1976. BBC

stöder Rozmans data, men notera att Fedors data, Chicago 1975, ligger påtagligt lägre. Rozman anger 213 000 för 1782, medan Fedor har 181 000 för 1811, dvs. nära 30 år senare och året före Napoleons 1812. BBC har 300 000 för 1800, medan Fedor anger 242 000 för 1825.

18. Tula (ca 39 000 uppsk. år 1790), Kazan (ca. 36 000 uppsk. år 1790), Astrakhan (ca 33 000 uppsk. år 1790), Izmail (ca. 30 000 uppsk. år 1790). Källa: PTS-databas.

19. Birgitta Ericsson, "De anlagda städerna i Sverige ca. 1580–1800" i Grethe Authén Blom (red.), *Urbaniseringsprosessen i Norden, 2: de anlagte steder på 1600–1700 tallet*. Det XVII nordiske historikermöte i Trondheim 1977. För en kvantitativ studie av de svenska nygrundningarna se även Lilja (Fundacion Berndt Wistedt 2000a) och där anförda källor.

20. James Forsyth, *A History of the Peoples of Siberia. Russias North Asian Colony 1581–1900* (Cambridge UP 1992) är ett standardverk över den sibiriska expansionen. Den ryska urbaniseringsprocessen behandlas utförligt i Fedor (Chicago 1975) och Rozman (Princeton 1976). Särskilt Fedor presenterar utförlig statistik över ryska städers befolkningstal i början av 1800-talet.

21. Biysk (1811: 2183), Irkutsk (1811: 12 533), Krasnoyarsk (1811: 8000), Khyatka (1825: 2490), Nerchinsk (1825: 2310), Omsk (1811: 4577; 1825: 8496), Petropavloski-Kamchatskiy (1811: 5056), Tara (1811: 3509; 1825: 4298), Tobolsk (1811: 16 934; 1825: 16 994), Tomsk (1811: 8631; 1825: 10 867), Tyumen (1811: 8782; 1825: 10 771), Verkhoture (1811: 2226), Yakutsk (1825: 2438), Yeniseysk (1811: 5746), Kuznetsk (1811: 2438), Verkhne-Udinskiy (1811: 2168). Källa: PTS-databas (data från Fedor).

22. Se Jan Glete, *War and the State in Early Modern Europe. Spain, the Dutch Republic and Sweden as Fiscal-Military States, 1500–1660* (London and New York 2002) och där anförd litteratur.

23. Harald Gustafsson, *Makt och människor: europeisk statsbildning från medeltiden till franska revolutionen* (Göteborg & Stockholm 2010). Gustafsson argumenterar övertygande för konglomeratstatstesen. Den motsatta uppfattningen har länge tagits för given i historieforskningens analyser av de europeiska staternas politiska system från renässansmonarkierna via absolutismen till

den upplysta despotismen. Ett typiskt exempel i handbokslitteraturen är R. R. Palmer & Joel Colton, *Nya tidens världshistoria*. Del 1 och 2, (red.) Torvald Höijer (Stockholm 1969) som följer utvecklingslinjen från "de nya monarkerna", via "absolutismens triumf" till "Upplyst despotism" i öst och väst. För en marxistisk tolkning av absolutismen utifrån ett klassperspektiv se Perry Anderson, *Den absoluta statens utveckling*, Malmö 1980. Jmf Sven Lilja, *Europa, Sverige, Världen: europeisk integration och expansion 1500–1800* (Lund 2001) kap. 3, 4 och 9, och där anförd litteratur.

Kommunerna
Självstyrelsen, makten och kompetensen
Lars Nilsson

Kommunal självstyrelse

Det lokala självstyret brukar ofta framhållas som centralt för den svenska demokratin. Och självstyret bärs upp av kommunernas rätt att beskatta sina invånare. Det ger dem en egen ekonomi oberoende av staten. Men hur omfattande har självstyret varit? I vilka ärenden har städer, köpingar och landskommuner ansetts ha tillräcklig kunskap och kompetens för att fatta egna beslut mer eller mindre oberoende av staten och omvärlden i övrigt. Vilka personer har ansetts behöriga att delta i de kommunala valen och vilka har haft makt och inflytande över den lokalpolitiska verksamheten? Hur har man skolat de kommunalt anställda så att de kunnat utföra sina uppgifter på bästa sätt?

Den här artikeln vill belysa hur det kommunala självstyret utvecklats i ett samhälle som med tiden ställt allt större krav på kunskap, kompetens och utbildning. För kommunerna med deras breda verksamhet behövs numera specialistkunskaper inom många områden. Experterna har ibland till och med kommit att uppfattats som ett hot mot den lokala demokratin. Periodvis har staten genom skärpta förordningar kring nämnder och tillsyn genom sakkunniga länsorgan sökt garantera kvaliteten i de kommunala besluten. Artikeln baseras på min tidigare forskning om kommunal utveckling, och särskilt "Kommunboken" från 2013.[1] Den läsare som vill veta varifrån de enskilda uppgifterna är hämtade och vilken litteratur som anlitats hänvisas dit.

Kommunerna, som vi känner dem idag, tillkom i början av 1970-talet efter omfattande sammanläggningar av mindre lokala

---

Hur du refererar till det här kapitlet:
Nilsson, L. 2016. Kommunerna. Självstyrelsen, makten och kompetensen.
I: Sandén, A. & Elgán, E. (red.) *Kunskapens tider: Historiska perspektiv på kunskapssamhället*. Pp. 62–79. Stockholm: Stockholm University Press.
DOI: http://dx.doi.org/10.16993/bai.e. License: CC-BY 4.0

enheter. Anledningen till denna ombildning var att det, enligt regeringen, behövdes större kommuner med fler invånare och ökad skattekraft för att man lokalt skulle kunna fullgöra sina uppgifter inom främst välfärdspolitiken och samhällsplaneringen. Folkmängd och skatteunderlag var också de faktorer regeringen utgick ifrån, när 1952 års storkommunreform planerades.

Den senaste kommunreformen startade på frivillighetens grund och med en försäkran om kommunal vetorätt. Reformförslaget blev dock starkt ifrågasatt, såväl i riksdagen som lokalt, och kunde därför genomföras först efter tvångslagstiftning. Flertalet sammanslagningar ägde rum per den 1 januari 1971, men vissa dröjde ytterligare tre år, till 1 januari 1974. Antalet kommuner uppgick därefter till 278. Av de drygt 2.400 kommuner som fanns när Sveriges första kommunallagar utfärdades 1862 var det bara några få som kvarstod inom i stort sett oförändrad areal. En första omfattande reducering hade ägt rum genom storkommunreformen 1952, då antalet kommuner mer än halverades.

När kommunalförordningarna tillkom på 1860-talet fanns det betydande olikheter mellan stad och land. Man skiljde därför mellan tre typer av kommuner beroende på deras stadsmässighet. Där fanns städer blandade med köpingar och landskommuner. Olika rättsregler och olika kommunala uppgifter gällde för de tre. De mest långtgående kraven ställdes på städerna med över 3.000 invånare. Efter hand öppnades dessutom möjligheten att inom en landskommuns tätare bebyggelse bilda municipalsamhällen med viss begränsad självständighet. Uppdelningen i städer, köpingar och landskommuner kvarstod fram till 1970-talet, även om den stadigt fortgående urbaniseringen gradvis suddade ut gränserna. När kommunerna blev mer likartade behövdes inte längre den gamla uppdelningen. Med 1970-talets kommunreform fick vi därför rättsligt enhetliga kommuner, som kunde innehålla såväl stadsbygd som landsbygd. Alla kommuner hade nu att följa samma regelbok.

Kommunalförordningarna 1862

Genom de första kommunalförordningarna, som utfärdades 1862 och trädde ikraft 1863, skedde en försiktig omfördelning av makt från staten och kyrkan till lokalsamhällets invånare.

Städerna, utom Stockholm, fick till exempel rätten att själva välja ordförande till det nyinrättade stadsfullmäktige, och inte liksom tidigare sammanträda på allmän rådstuga inför borgmästaren.[2] I Stockholm, som löd under särskild förordning, var däremot överståthållaren självskriven som ordförande.[3] Borgmästaren, som utsågs av regeringen, fick visserligen delta och yttra sig på stadsfullmäktiges sammanträden, men han hade inte rösträtt. Det var dock bara i städer med minst 3.000 invånare som fullmäktige var obligatoriskt. Och endast ett drygt 30-tal städer av knappt 90 nådde sådan storlek i mitten av 1860-talet. Tillsammans representerade de bara några få procent av hela Sveriges befolkning. Många av de mindre städerna insåg snart fördelarna med ett fullmäktige och införde det på frivillig väg. Fördelarna var framförallt att man genom fullmäktige fick en mer kraftfull och beslutsför institution. Många angelägna projekt, till exempel kommunalt vatten och avlopp, renhållning och annan infrastruktur, hade tidigare fått anstå, då enighet inte kunde nås.

På landsbygden blev genom förordningarna kommunalstämman det högsta politiska organet. Fullmäktige kunde frivilligt införas, men det behövdes ny tvingande lagstiftning innan fullmäktige blev mer allmänt förekommande. Kommunalstämman gavs dock liksom stadsfullmäktige rätten att välja sin egen ordförande. I den gamla sockenstämman hade prästen varit ordförande i egenskap av sitt ämbete. Präster och borgmästare var således förlorare i den omfördelning av makt som kommunalreformen innebar.

Enligt tidens uppfattning skulle de som genom skatten mest bidrog till finansieringen av de kommunala utgifterna också ha störst makt och inflytande över besluten om medlens användning. Rösträtten var därför graderad efter inkomst och förmögenhet. Till en början fanns ingen övre gräns för hur många röster en person kunde ha, varför skillnaderna kunde bli enorma. Även kvinnor som betalade kommunalskatt hade rösträtt, liksom bolag. Och det fanns ingen åldersgräns för rösträtt. Det var penningen som räknades. Efter hand begränsades dock mängden röster per person, först till hundra och 1909 infördes en 40-gradig skala. Den graderade rösträtten innebar att kommunreformens vinnare fanns bland städernas mer välbärgade borgerskap jämte landsbygdens hemmansägare.

Intresset för de kommunala angelägenheterna var vanligen lågt i varje fall som det kommer till uttryck i valdeltagandet och närvaron på kommunalstämmor och allmänna rådstugor. Av de 20–25 procent av städernas befolkning som överhuvudtaget hade rösträtt intill sekelskiftet röstade som mest uppemot 20 procent. Men det var inte helt ovanligt med ett valdeltagande på under 10 procent. Praktiska omständigheter, som att valen förrättades under arbetstid på vardagar och nära julhelgen, bidrog knappast till att stimulera röstandet. Den graderade skalan uppmuntrade inte heller till högt valdeltagande. Först med införandet av den 40-gradiga skalan 1909 förbättrades valdeltagandet mer markant. Inkomsterna hade då också ökat så att fler personer blev röstberättigade.

Vanligen var det inte heller så många som mötte upp till sammanträdena inför borgmästaren på den allmänna rådstugan eller på kommunalstämmorna. Det krävdes ärenden utöver de vanliga för att stämmorna och rådstugorna skulle bli livligt besökta. Den sparsamma närvaron gjorde att ett fåtal personer valdes och omvaldes till kommunalstämmans och kommunalnämndens ordförande och alla övriga förtroendeuppdrag. Det utmönstrades en liten elit som anförtroddes att sköta kommunens affärer. Och arbetet för det gemensammas bästa var ideellt, inga arvoden utbetalades.

Även i städerna utvecklades en styrande elit, och medlemmarna av stadsfullmäktige kunde genom omval behålla sina platser under många år. Valen till stadsfullmäktige var inledningsvis rena personval. De ledande männen inom borgerskapet träffades och kom överens om vilka som skulle kandidera och i vilken ordning de skulle stå på valsedeln. Med tiden utvecklades inom fullmäktige olika intressegrupperingar. Företrädare för investeringar i hamnen kunde till exempel ställas mot de som förespråkade satsningar på järnvägen. I andra städer kunde mer konservativt sinnade personer ställas mot liberaler, eller handlare mot hantverkare. Grupperingar av detta slag var ofta tillfälliga och kortlivade.

Ett lokalt partiväsende dröjde fram till att nationella politiska partier började bildas vid sekelskiftet 1900. Partiskiljande listor kunde därefter förekomma på sina håll och konkurrera med samlingslistorna. De kommunala frågorna uppfattades dock inte som partipolitiska utan det var "stadens bästa" som gällde.

Allmän och lika rösträtt

Med införandet av allmän och lika rösträtt för män och kvinnor inleddes en ny period med ändrad kommunal maktbalans och ökad makt åt medborgarna. I slutet av 1918 antog riksdagen det framlagda förslaget till kommunal rösträttsreform. För att få rösta krävdes förutom svenskt medborgarskap, att man var 23 år, myndig och ostraffad. Man skulle också ha betalt sin kommunalskatt och fick inte vara omhändertagen för fattigvård. De första kommunalvalen för män och kvinnor, enligt den nya ordningen, ägde rum redan på våren 1919. Då hade också gränsen för fullmäktiges införande sänkts från 3.000 till 1.500 invånare och den tillämpades för såväl städer och köpingar som landskommuner. Flera småstäder hade redan frivilligt infört fullmäktige. Endast Skanör-Falsterbo behöll rådstugan efter 1919. Ungefär en tredjedel av de cirka 2.400 landskommunerna var så befolkningsrika att fullmäktige var obligatoriskt. Andra bytte frivilligt från stämma till fullmäktige.

År 1938 sänktes gränsen för obligatoriskt fullmäktige till 700 invånare. Efter storkommunreformens genomförande 1952 var det bara en enda landskommun, Holmön, som kunde behålla stämman. Och den möjligheten försvann 1955, när en ny kommunallag trädde ikraft.

Valdeltagandet ökade genom rösträttsreformen 1919 till över 60 procent i städerna men med stora lokala variationer. Och i det närmast följande valet sjönk deltagandet kraftigt. Det dröjde till 1930-talet innan man var tillbaka på 60-procentsnivån. Därefter steg deltagandet i valen till stadsfullmäktige gradvis upp till 80 procent på 1950- och 1960-talen. På landsbygden var valdeltagandet inledningsvis lägre än i städerna. Utvecklingsförloppet var dock detsamma med låga siffror under 1920-talet. Och i slutet av 1950-talet hade landskommunerna kommit ikapp städerna ifråga om valdeltagande. De lokala variationerna har samtidigt varit framträdande såväl i stad som på land.

De kommunala valen ägde ännu inte rum samtidigt som valen till riksdagens andra kammare, inte ens samma år. Däremot hölls från 1938 landstingsval samtidigt med kommunalvalen. De partier som tävlade om platser i stadsfullmäktige var inte riktigt desamma som i andrakammarvalen. Samlingslistor var till exempel länge gängse förekommande för de borgerliga kandidaterna och ibland kunde även socialdemokrater och kommunister ingå. Annars var det bara de två senare partierna som deltog med egna partilistor. Det förekom i de första kommunalvalen att alla ledamöter valdes in från en enda gemensam lista. Lokala partier var inte alldeles ovanligt. På 1920- och 1930-talen fanns i stadsfullmäktige 70–80 rent lokala partier fördelade på 20–30 städer. Flera städer hade således mer än ett lokalt parti. Det var dock bara några få procent av mandaten som tillföll de lokala partierna.

När de valda ledamöterna till stadsfullmäktige fördelas på de partier som var representerade i andrakammaren fick högerpartiet vid valet 1919 en knapp övervikt över socialdemokraterna. Resultatet överraskade samtiden, då många väntat sig en mycket kraftigare framryckning för socialdemokraterna och vänstersocialisterna. Och vid de närmast följande kommunalvalen stärkte högern sin ställning. Men vid valet 1926/27 började en period av socialdemokratiska framgångar. Efter kommunvalet 1938 hade partiet egen majoritet i mer än hälften av alla stadsfullmäktige och var största parti i nästan varje enskild stad. Den dominansen bestod fram till 1966. Endast ett fåtal städer hade således fram tills dess borgerlig övervikt i stadsfullmäktige.

Oavsett valresultaten var samlingsstyre vanligt förekommande. De socialdemokratiska valframgångarna på 1920- och 1930-talen följdes således inte av något omedelbart maktskifte i stadsfullmäktige. Det var inte ovanligt att borgerliga ordföranden i stadsfullmäktige, drätselkammare och andra viktiga nämnder satt kvar på sina poster även efter valförluster. På motsvarande sätt kunde städer med fortsatt borgerlig majoritet släppa fram socialdemokrater till tunga uppdrag efter valframgångar för arbetarpartier. Det kommunala samlingsstyret fortsatte i princip fram till 1970-talet även om det började luckras upp under 1950- och 1960-talen.

Samlingslistor var länge vanliga i landskommunerna. Där förekom till en början inte heller alltid konkurrerande listor utan alla som kandiderade var uppförda på en gemensam lista. Partiväsendet trängde dock så småningom in även i landskommunerna och från 1950 års kommunalval är ledamöterna fördelade efter partier i den officiella statistiken. Samlingsstyre var dock fortsatt vanligt ända fram till 1970-talet. Samtidigt skiftade förhållandena starkt mellan olika landskommuner och olika delar av Sverige. I köpingarna, liksom i städerna, var socialdemokraterna med eller utan stöd av kommunisterna i majoritet. När valresultaten för alla landskommuner summerades fick de borgerliga partierna flertalet mandat till följd av bondeförbundets starka ställning. Men det fanns stora lokala skillnader mellan till exempel bruksorter och jordbruksbygder.

Enhetskommunen

Genom den kommunreform som trädde ikraft 1 januari 1971 fick Sverige rättsligt enhetliga kommuner. Den tidigare uppdelningen i städer, köpingar och landskommuner upphörde att gälla. Samtidigt minskades antalet kommuner på nytt ordentligt genom sammanslagningar. Efter de sista sammanläggningarna 1974 bestod Sverige av 278 kommuner. Antalet har därefter ökat till dagens 290. En kritik mot reformen var att den hotade den lokala demokratin genom den kraftiga reduceringen av antalet förtroendevalda. Allt färre skulle sköta allt mer. Med olika medel som till exempel kommundelsnämnder har man senare försökt bemöta oron för demokratiskt underskott.

Den partipolitisering av det kommunala livet som inleddes efter storkommunreformen 1952 förstärktes nu. Samlingslistorna försvann och ersattes genomgående av partilistor. Valdagen blev gemensam för val till riksdagen, landstingen och kommunerna. Det kallades för det kommunala sambandet och ansågs av många som angeläget att upprätthålla. Likaså upphörde samlingsstyret av det gamla slaget. Istället infördes en form av majoritetsstyre, vanligen kallat samlingsstyre med majoritetsmarkering. Det innebär att det eller de största partierna tillsätter alla ordförandeposter. Kommunerna blev miniatyrer av riksdagen. Partierna var dock fortfarande inte helt desamma lokalt som nationellt.

Fram till 1960-talet fanns ofta bara tre större partier i stadsfullmäktige: högern, folkpartiet och socialdemokraterna. I vissa, främst norrländska städer, kunde kommunisterna vinna framgångar, men fick i övrigt mest enstaka mandat. På landsbygden tillkom bondeförbundet, senare centerpartiet. Därefter har partierna blivit många fler genom tillkomsten av Kristdemokraterna, Miljöpartiet, Ny Demokrati och Sverigedemokraterna. Till dessa nationella partier kommer så alla de lokala partier som bara ställt upp i den egna kommunen. De har med åren blivit allt fler. Idag har ungefär hälften av alla kommuner ett eller flera rent lokala partier representerade i fullmäktige. Den tilltagande mängden av partier har inneburit att det ofta varit svårt att finna starka majoriteter. Samverkan mellan två eller flera partier har visat sig nödvändigt. Små partier har på så sätt kunnat få inflytande långt utöver vad deras andel av väljarkåren berättigat till. Påtvingad samverkan av detta slag är dock något annat än det frivilliga samlingsstyre, utan majoritetsmarkering, som tidigare praktiserades. Partipolitiseringen av det kommunala livet har mer eller mindre omöjliggjort den formen av samlingsstyre. Istället har blockstyre tillsammans med mångstyre blivit vanligt förekommande.

Varje enskild kommun består i dag av en blandning av tätorter och glesbygd. I den tidigare indelningen, med städer, köpingar och landskommuner, var den politiska uppställningen enkel. Generellt var städerna och köpingarna röda och landsbygden blå. I kommunvalen efter 1970 har de politiska majoriteterna ständigt skiftat mellan de två stora blocken. En försmak gav kommunalvalet 1966 med stora borgerliga framgångar, och särskilt för centerpartiet, i städerna.

Kommunala förtroendeuppdrag är inte längre ett ideellt och oavlönat arbete. År 1913 fick kommunerna rätt att arvodera de tyngre och mer arbetsamma uppdragen. Även traktamenten och reseersättningar kunde utgå i vissa fall efter länsstyrelsens medgivande. Arvoden blev efter hand allt vanligare och med början i de större städerna övergick man så småningom till att arvodera politiker på heltid eller deltid. Det var åtminstone till viss del förorsakat av vad som uppfattades som ett ökat tjänstemannavälde över de kommunala besluten. Genom arvoden på hel- eller deltid ville man stärka fullmäktiges och de förtroendevaldas ställning i den kommunala beslutsprocessen.

Vid övergången till enhetskommuner i början av 1970-talet hade nästan alla kommuner minst en heltidsarvoderad politiker, och i flera fall mer än en. Trots det kunde tjänstemännens inflytande ibland upplevas som alltför stort. När marknads- och managementreformerna blommade upp på 1990-talet ökade dessutom delegeringen av beslut från politiker till tjänstemän. De folkvalda gavs en mer kontrollerande och övervakande roll.

Det kommunala uppdraget

De första kommunalförordningarna angav bara helt kort att kommunens uppgift var att sköta gemensamma ordnings- och hushållningsfrågor. Men det fanns också annan lagstiftning som lokala myndigheter var underställda, som till exempel folkskolestadgan och fattigvårdsförordningarna. Folkskolan var dock länge en kyrklig och inte en kommunal uppgift. Med början i de större städerna skedde under 1900-talet en successiv överföring av folkskolan från kyrkan till kommunen. Det dröjde dock fram till mitten av 1950-talet innan det juridiska bandet mellan kyrka och folkskola helt upplöstes. Då var det bara i tolv kommuner som kyrkan fortfarande var huvudman för folkskolan.

För landskommunernas del var fattigvården till en början den klart viktigaste och mest kostsamma uppgiften. Folkskolan drog dock ofta högre kostnader än fattigvården, varför kyrkans budget var större än kommunens. I städerna var bilden en helt annan. Där användes en stor del av skatteintäkterna till förbättringar och utbyggnader av den fysiska infrastrukturen. Det handlade till exempel om vatten, avlopp, renhållning, gator, vägar, parker, brandförsvar, kommunala byggnader, hamnar och lokaltrafik. Utläggen för fattigvård och folkskola kunde per person vara väl så höga som på landet, men de utgjorde likväl en mindre del av budgeten.

De kommunala uppgifterna förändrades med tiden genom bland annat urbaniseringen och politiska beslut i riksdagen. Kommunerna fick till exempel ansvaret att bygga välfärdssamhället. För städernas del innebar det att skola, vård och omsorg tog allt större resurser i anspråk, varför den fysiska infrastrukturens andel av budgeten minskade. På landsbygden var det tvärtom. Till följd av den fortgående urbaniseringen ökade investeringarna i den fysiska infrastrukturen mer än vad kostnaderna för skola, vård och omsorg gjorde.

Samtidigt som staten gav kommunerna i uppdrag att bygga välfärdssamhället eller folkhemmet ökade också den statliga kontrollen. Nya lagar och förordningar som reglerade och begränsade de kommunala friheterna utfärdades. Det gällde till exempel nämndorganisationen och sammansättningen av kommunala nämnder. Minst en kvinna skulle till exempel ingå i barnavårds- respektive nykterhetsnämnden. Redan tidigare fanns krav på en eller flera sakkunniga ledamöter i bland annat byggnads- och hälsovårdsnämnderna. Länsstyrelserna fick i uppdrag att se till att kommunerna tog sitt ansvar för välfärdsbygget. Inom varje län skulle organ som bland andra länsnykterhetsnämnd, länsskolnämnd och länsbostadsnämnd inrättas. Den ökade kommunala självständighet som de första kommunalförordningarna innebar tycks nu ha inskränkts till förmån för den statliga auktoriteten.

Bilden är dock inte helt entydig. När kommunernas makt över skolan minskade genom länsskolnämndernas tillkomst 1958 fick de å andra sidan ansvar för all skolverksamhet i kommunen och inte bara folkskolan. Vidare gav det kommunala planmonopolet (1947) kommunerna själva rätten att bestämma vad som skulle byggas och var i kommunen det skulle ske. Efterkrigstidens sociala bostadsprogram gav också särskilda fördelar för kommunala bostadsbolag och stiftelser. Kommunal näringspolitik var däremot inte tillåten och inte heller konkurrens mellan kommuner. Kommuner i ekonomisk kris kunde istället vända sig till staten och begära hjälp.

Uppgifter har dessutom flyttats från landstingen till kommunerna. Reformer inom socialvården i början av 1990-talet gav således kommunerna ensamma ett samlat ansvar för långvarig service, vård och omsorg av äldre, sjuka och handikappade. En större överföring tog vägen från kommunerna till staten. Det gällde polis-, åklagar- och exekutionsväsendet som förstatligades 1965. Åtgärden var en följd av samhällsutvecklingen i stort som till exempel urbaniseringen, växande bilism, ny typ av brottslighet, polisens alltmer komplicerade tekniska utrustning och en förändrad syn på polisarbetet.

Den nyliberalism som växte fram mot slutet av 1900-talet som en reaktion mot tidigare vänstervindar innebar till viss del ökad kommunal självständighet gentemot staten. Men bilden är åter splittrad. Ökad kommunal frihet på ett håll balanseras av minskad självständighet på ett annat. Med 1977 års kommunallag ersatte mål- och resultatstyrning i princip den tidigare statliga detaljregleringen av kommunerna. Inom skolan och socialtjänsten kvarstod dock detaljstyrningen, och inom andra områden tycks den åter ha ökat mot seklets slut. Statsbidrag kunde ges mer generellt än tidigare vilket inte hindrade att riktade bidrag periodvis ökade i omfattning.

De olika länsorgan som funnits för att övervaka och assistera kommunerna avvecklades successivt. Länsskolnämnderna upplöstes till exempel 1991, vilket brukar kallas för "skolans kommunalisering". Det som upphörde var således den statliga tillsynen via länsnämnderna. Ansvaret för skolan har dock alltid varit lokalt alltsedan den första folkskoleförordningen 1842, först kyrkan och senare den borgerliga kommunen. Länsbostadsnämnderna fanns kvar till 1993, medan länsnykterhetsnämnderna lades ned 1981.

Genom 1991 års kommunallag blev det tillåtet för varje enskild kommun att själv bestämma över sin nämndorganisation. Samtidigt utökades rätten att delegera beslut. Enligt tidens uppfattning skulle kommuner skötas som privata företag. Privatiseringar av kommunal verksamhet och konkurrensutsättning blev därmed allt vanligare. All kommunal verksamhet som inte innebar myndighetsutövning skulle i princip upphandlas i konkurrens mellan privata aktörer och kommunala förvaltningar. Den kommunala verksamheten kom att ändra karaktär. Allt mindre resurser avsattes till fysisk infrastruktur, när kommunala bolag och privata företag tog över ansvaret. Skola, vård och omsorg blev istället de största posterna i den kommunala budgeten. Och kommunerna finansierade även upphandlad privat verksamhet inom dessa och andra områden. Många ärenden som kommunerna själva tidigare beslutat om, och som handlagts av kommunala tjänstemän, övergick nu i privata händer. Det kan ses som en självpåtagen inskränkning av den kommunala kompetensen till förmån för den privata sektorn.

Konkurrens skulle också råda mellan kommuner. Staten till och med uppmuntrade kommuner att tävla mot varandra. Tidigare restriktioner mot kommunal marknadsföring och kommunalt stöd till privata företag övergavs under 1970- och 1980-talens ekonomiska besvärligheter, när staten inte längre på samma sätt som förr kunde hjälpa krisande kommuner. Nu fick var och en söka rädda sig själv genom egna åtgärder. Kommunala näringslivsorgan och marknadsföringsinsatser, som dessförinnan inte varit tillåtna, blev nu legio. Nya slogans och logotyper antogs. Den egna kommunen skulle, som det så gärna framställdes, "sättas på kartan", vad man nu menade med det.

Någon ny reform med ytterligare reducering av antalet kommuner har inte varit aktuell. Reformerna har istället riktats mot länen och landstingen som i några fall ombildats till regioner. För kommunerna har samarbete varit nyckelordet. Och det har gällt samverkan inte bara med andra kommuner utan även partnerskap med landsting, län, föreningar, privata företag med flera, i form av till exempel projekt och nätverk. På så sätt har nya gemensamheter bildats för att bland annat stärka regionala identiteter. Samtidigt tycks möjligheterna till offentlig kontroll av och insyn i sådana nya samarbetsorgan ibland vara begränsade.

De kommunalt anställda

De svenska kommunerna sysselsatte 2013 nästan 800.000 personer och därtill kom landstingen med uppemot 250.000 anställda. Av alla förvärvsarbetande i hela riket svarade kommuner och landsting för över 20 procent. Kvinnorna var i klar övervikt och uppgick till ungefär 80 procent av samtliga sysselsatta. Andelen var densamma för såväl kommuner som landsting. Det kan jämföras med ett genomsnitt på strax under 50 procent kvinnor på hela arbetsmarknaden. Kvinnorna fanns till stor del inom sjuk- och hälsovården, förskolorna, hemtjänsten, äldreomsorgen och socialtjänsten.

Bakom siffrorna finns en mångfald av yrken med mycket skiftande krav på boklig skolning. Vissa tjänster kräver akademisk examen och visad yrkeskompetens. I andra fall, bland annat inom vård och omsorg, ställs ibland rätt låga krav på utbildning. De arbetsuppgifter med låga utbildningskrav, som förr utfördes av gatu- park- och renhållningsarbetare med flera är numera ofta utlagda på privata entreprenörer och personerna ifråga därmed inte längre kommunalt anställda. Så kan det också vara inom till exempel hemtjänsten.

Jämfört med dagens förhållanden framstår 1800-talets kommunala förvaltning som tämligen enkel och okomplicerad. I landskommunerna förväntades de folkvalda själva sköta administrationen. De anställde barnmorskor och folkskollärare efter att kommunen tagit över ansvaret för skolan. De skötte taxering och bokföring, utbetalningen av fattigvård och löner, skrev protokollen och mycket mer därtill. Ordföranden hade kommunalkontoret "på fickan". Det var nog inte helt ovanligt att hustrurna ryckte in och hjälpte till med kontorsarbetet.

I takt med växande arbetsbörda blev det nödvändigt att med kommunens medel avlöna sekreterarhjälp eller kontorsbiträden. Kommunalkamrer blev efterhand en viktig post och den ledande tjänstemannen i landskommunerna med ansvar för bland annat den kommunala bokföringen, skatteindrivningen och budgeten. Sådana tjänster började tillkomma kring sekelskiftet 1900, blev allt vanligare efter 1920, allmänt förekommande mot slutet av 1940-talet för att försvinna genom 1970-talets kommunreform. Arbetsuppgifterna togs då över av andra med ansvar för den kommunala ekonomin.

I städerna var förhållandena annorlunda. Deras större folkmängd och mer omfattande kommunala uppgifter medförde tidigt visst behov av förvaltning och administration, men också av manuella yrken. Kommunalarbetare anställdes för gatuarbeten, renhållning, parkskötsel, de kommunala tekniska verken med mera. Poliser upprätthöll ordningen. Arkitekter, ingenjörer och andra yrkesutbildade anlitades för stadsplanering och stadsbyggande och all annan infrastruktur. För att inhämta den senaste kunskapen inom till exempel vatten, avlopp och renhållning kunde betrodda högre tjänstemän sändas på studieresor till tyska, brittiska eller andra utländska städer.

Svenska Fattigvårdsförbundet och Centralförbundet för socialt arbete (CSA) ordnade redan kring sekelskiftet 1900 kurser för yrkesmässig utbildning inom det sociala området. Det gällde bland annat diakonissor och föreståndare för ålderdomshem och barnhem. En mer allsidig utbildning av socialarbetare startade CSA 1910 och studietiden ökade efterhand upp till ett och ett halvt år. För de som ägnade sig åt den kommunala förvaltningen fanns vid den tiden ingen motsvarande utbildning. Uppfattningen att arbetet för det gemensammas bästa var av ideell natur stod stark.

Ännu i 1930 års kommunallag stadgades till exempel att kommunalnämnden utser kassaförvaltare inom sig. Akademiskt skolad personal förekom bara på de större städernas avlöningslistor och var inte vanligt där heller.

Behoven av mer utbildad personal ökade i takt med urbaniseringen och nya statliga krav på kommunerna. Genom sina intresseorganisationer började både kommuner och landsting med kursverksamhet på 1920-talet. Landskommunernas förbund arrangerade sin första kommunalkurs 1924 i Sundsvall. Den följdes omedelbart av nya kurser på andra orter runt om i Sverige. Landstingsförbundet var dock först med kursgivningen genom den sysslomanskurs man ordnade i Stockholm 1923. Liknande kurser följde 1932 och 1942.

Stadsförbundet valde en annan väg och engagerade sig i bildandet av Institutet för socialpolitisk och kommunal utbildning och forskning. Verksamheten startade 1921 i Stockholm och syftet var att ge högskolekompetens åt studerande som ville ägna sitt yrkesliv åt socialvård och kommunalförvaltning. På 1940-talet tillkom socialinstitut i Göteborg och Lund och 1962 i Umeå. Instituten omvandlades till socialhögskolor 1964 och utbildningen förlängdes samtidigt. Strax därefter fick Örebro och Östersund socialhögskolor. Genom högskolereformen 1977 inordnades de dittills självständiga socialhögskolorna under universiteten som institutioner för socialt arbete.

Många kommunaltjänstemän har genom åren fått sin utbildning vid socialhögskolorna och deras föregångare. Socialsekreterare och kommunalkamrerare är två exempel på yrken med examen från skolornas sociala gren respektive förvaltningslinje. En annan akademisk väg in på den kommunala arbetsmarknaden kunde vara genom en pol. mag. examen. Den utbildningen infördes 1935. Statskontorets utbildningar har också varit inriktade mot dem som velat göra en karriär inom offentlig förvaltning. Andra former av akademiska examina har naturligtvis också förekommit bland den kommunala personalen. Inom stadsbyggnad, planering, parker och annan infrastruktur har det till exempel efterfrågats arkitekter, ingenjörer och andra yrkesutbildade personer.

För Stadsförbundets del var det således viktigt att stärka de kommunalanställdas akademiska kompetens. I landskommunerna var uppgifterna inte av den arten att de krävde akademisk examen. Landskommunernas förbund valde därför att utbilda och vidareutbilda medlemmarnas personal via återkommande kurser. Förbundet startade även blankett- och förlagsverksamhet på 1920-talet. Genom standardiserade blanketter och räkenskapsböcker kunde arbetet på kommunalkontoren underlättas och skapa bättre ordning inom den ekonomiska redovisningen. Vidare utgav förlaget bland annat handböcker och lagtexter i syfte att underlätta kommunalmännens arbete.

Förbunden anställde efterhand konsulenter som medlemmarna kunde få råd av. Vissa konsulenter tycks ständigt ha varit på resande fot och besökt medlem efter medlem. Utredningsuppdrag kunde likaså beställas och utföras av förbundens experter. Genom sina tidskrifter informerade förbunden medlemmarna fortlöpande om utvecklingen inom kommunalförvaltningen. Länsförbunden bistod på motsvarande sätt med råd och dåd i både förvaltningsärenden och kommunaltekniska frågor.

På 1950-och 1960-talen byråkratiserades och professionaliserades de kommunala förvaltningarna alltmer. Storkommunreformen 1952 skapade större landskommunala enheter både till folkmängd och yta och därmed ökad administration. En förutsättning för reformerna kan ha varit att det fanns en kommunaltjänstemannatradition att bygga vidare på. Vid mitten av 1950-talet beslöt riksdagen dessutom att de tidigare särskilda stadsstadgorna skulle vara nationella stadgor gällande i alla kommuner. Byggnation, brandförsvar, hälsovård och ordning blev därmed stadigt återkommande ärenden även på landskommunernas dagordningar. De kommunala uppgifterna växte dock inte bara genom statliga direktiv utan även genom egna initiativ. Fritid, sport och kultur är några exempel på sådana områden som kommunerna började engagera sig i.

I takt med att utbildningsnivån generellt höjdes i hela riket ökade den också på kommunalkontoren. Socialassistenter och kommunalkamrerare hämtades i ökad omfattning från socialinstituten. Samtidigt fanns säkert länge i mindre kommuner på landet fortfarande många dugliga och kompetenta tjänstemän som var självlärda och hade folkskola som högsta formella utbildning.

Inspirerad av de politiska partiernas kursgårdar och med tysk förebild startade Landskommunernas förbund 1954 tillsammans med Stadsförbundet Kommunskolan. Den placerades i Sigtuna och där ordnades kortare och längre kurser för såväl förtroendevalda som tjänstemän. Skolan kompletterade Stadsförbundets brevkurser. Kommunförbundet, som bildades 1968, fortsatte med kursverksamheten. Mer än två av tre chefstjänstemän och kommunstyrelseordförande deltog i slutet av 1980-talet i minst en av förbundets kurser och konferenser. På 1970- och 1980-talen gavs exempelvis kurser i lokal näringspolitik. Även för dagens organisation, Sveriges Kommuner och Landsting, är kurs- och konferensverksamhet en viktig angelägenhet. Under april 2015 ordnades till exempel över 30 kurser på olika platser i riket, bland annat den årligen återkommande demokratidagen.

I städerna växte den kommunala byråkratin alltmer. Inslaget av akademiskt skolad personal fortsatte att öka, och tjänstemännen blev snart experter inom sina områden med större kunskaper än de folkvalda. I den mån kommunerna saknade egen kompetens kunde externa konsultbyråer anlitas för olika uppdrag. Tjänstemän och externa specialister med sin höga kompetens i sakfrågor upplevdes ibland som ett hot mot den kommunala demokratin. Politikerna kunde i trängda lägen försvara sig med att de var fångna i experternas garn. För att hantera den situationen räckte det inte i längden med arvoderade politiker. De folkvalda skaffade sig därför en grupp av så kallade politiska tjänstemän som ett slags filter mellan sig och kommunaltjänstemännen. På så sätt skulle frågorna kunna få en utgång som de folkvalda lättare kunde försvara.

Sammanfattning

För att bevara och vidareutveckla det kommunala självstyret är det nödvändigt med en välutbildad och kompetent personalstyrka. Det gamla idealet med oavlönade förtroendevalda som även sköter förvaltningen är sedan länge övergivet. Med växande uppgifter behövde städerna snart anställa folk både på kontoret och ute i verksamheterna. Genom sina organisationer började kommunerna under 1900-talet alltmer engagera sig i utbildningsfrågor. Stadsförbundet uppmärksammade behovet av akademiker och bidrog till socialinstitutens tillkomst. Många kommunalt anställda inom socialvård och förvaltning har sedan dess rekryterats den vägen. Landskommunernas förbund och Landstingsförbundet inledde den rika kurs- och konferensverksamhet som sedan dess varit ett kännemärke för den kommunala sektorn, inklusive landstingen. Tidskrifter, rådgivning, handböcker och cirkulär har varit andra medel som framgångsrikt använts för att informera förbundens medlemmar om det senaste inom den kommunala utvecklingen. Den allmänt höjda utbildningsnivån märks naturligtvis både bland politiker och bland tjänstemän i kommunerna, liksom på alla andra håll i samhället. Den ökade kompetensen bland de kommunalt anställda har samtidigt upplevts som ett hot mot den lokala demokratin. Politikerna har dock fortfarande sista ordet. Och avgörande för alla de ledamöter som valts till uppdrag i kommunala fullmäktigeförsamlingar, styrelser och nämnder är att man har folkets förtroende.

Staten har försökt garantera den kommunala kompetensen via krav på vilka nämnder som skall finnas och i vissa fall periodvis preciserat vilka befattningar som skall ingå. Vidare har staten genom länsstyrelserna och andra länsorgan velat försäkra sig om att kommunerna sköter sitt uppdrag, men även vid behov ge råd. Den statliga kontrollen har samtidigt växlat över tid och därmed utrymmet för kommunalt självstyre. Statens förtroende för kommunerna visar sig bland annat i det växande kommunala uppdraget. Det kommunala handlingsutrymmet bestäms dock inte enbart av staten utan här finns också aktörer som privata företag och EU tillsammans med strukturella krafter i samhället.

Noter

1. Lars Nilsson & Håkan Forsell, *150 år av självstyrelse: kommuner och landsting i förändring*, (Stockholm 2013). Se även: Peter Aronsson, Thord Strömberg & Lars Nilsson (red.), *Storkommunreformen 1952: striden om folkhemmets geografi* (Stockholms 2002); Mats Hayen, *Ett sekel i självstyrelsens tjänst: Sveriges kommuner och landsting 100 år* (Stockholm 2008); www.ortshistoria.se.

2. Allmänna rådstugan var stadens högsta politiska organ dit alla röstberättigade hade tillträde. Den leddes av borgmästaren, som ansvarade för den lokala förvaltningen, men utsågs av regeringen.

Allmänna rådstugan motsvarades på landet av sockenstämman och dess efterföljare kommunalstämman. Rådstugans, stämmans och borgmästarnas betydelse och kommunala befogenheter minskade successivt för att helt upphöra på 1950-talet. Titeln borgmästare levde dock officiellt kvar fram till kommunreformen 1971. Inofficiellt använder vissa kommuner fortfarande titeln borgmästare i samband med internationella kontakter.

3. Överståthållaren var statens representant i Stockholms kommunala förvaltning och motsvarades i övriga Sverige av länens landshövdingar. Ämbetet avvecklades i samband med 1970-talets kommunreform, då Stockholms stad upphörde som eget län och lades samman med Stockholms län.

Elit och bredd
Makten i Metall och Svenska Fotbollförbundet sedan 1950-talet
Bill Sund

Två svenska folkrörelser

Att studera och jämföra folkrörelseorganisationer är onekligen en utmaning för vad har egentligen hänt med och i den svenska folkrörelsen från 1950-talet till 2000-talet när det industriella samhället successivt började övergå till ett postindustriellt samhälle i en påtagligt allt globalare värld? Såväl folkrörelseorganisationerna Svenska metallindustriarbetareförbundet, i dagligt tal Metall och sedan 2006 formellt IF Metall, som Svenska fotbollförbundet är två traditionellt stora och mäktiga organisationer som uppfyller kriterierna för en folkrörelse, alltså exempelvis grad av självständighet, varaktighet och frivillighet samt typ av organisatorisk uppbyggnad med stor anslutning och geografisk utbredning.[1] Både Metall och fotbollförbundet som är representativa för svenska folkrörelser har också sedan länge och då särskilt Metall haft många kvinnliga medlemmar.[2] Av dessa anledningar är de representativa som studieobjekt och har därför valts i denna analytiska essä om relationen mellan elit och demokrati i den svenska folkrörelsen. De är vidare strängt centraliserade, men på en demokratiskt, ideologisk grundval, där medlemmarna alltid i sista hand har makten och de verkar med all kraft på varsitt maktfält, för att

---

Hur du refererar till det här kapitlet:
Sund, B. 2016. Elit och bredd: Makten i Metall och Svenska Fotbollförbundet sedan 1950-talet. I: Sandén, A. & Elgán, E. (red.) *Kunskapens tider: Historiska perspektiv på kunskapssamhället.* Pp. 80–95. Stockholm: Stockholm University Press. DOI: http://dx.doi.org/10.16993/bai.f. License: CC-BY 4.0

tala med den franske sociologen Pierre Bourdieu.³ De påverkar utifrån sina styrkeförhållanden i varierande grad arbets- respektive idrottslivet.

Svenska fotbollförbundet har en välkänt stark position inom Riksidrottsförbundet och IF Metall företräder särskilt efter samgåendet först med Gruvarbetarförbundet (1993) och sedan med Industrifacket (2006) många arbetare i den viktiga exportindustrin och är en avtalsslutande part som tecknar flera viktiga kollektivavtal. Dessutom har detta fackförbund länge haft en självpåtagen och av det socialdemokratiska partiet stödd roll i den viktiga samhällsdebatten. Förbundet har också tagit sitt ansvar och drivit den svenska modellens ideologi.⁴

Den mäktiga svenska arbetarrörelsen, med Metall i spetsen, insåg tidigt betydelsen av att bilda stora, centraliserade organisationer eftersom det innebar starka, samlade maktresurser som kunde mobiliseras vid behov. Landsorganisationen, LO, drev med Metalls kraftfulla stöd igenom dess vetorätt i avtals- och konfliktfrågor över sina medlemsförbund i samband med Saltsjöbadsavtalet 1938; ett avtal som sedan dess har varit en viktig och bärande grund för hela den svenska modellen.

Det fanns med andra ord en tydlig uppfattning om vad som gällde – om makt och inflytande skulle kunna vinnas på arbetsmarknaden och i hela samhället. Också i Sverige fanns således en maktdiskurs, vilken åtminstone i någon mening var kopplad till den stora, främst italienska och tyska internationella diskussionen om makt och elit utifrån Niccolo Machiavelli, Vilfredo Pareto och Max Weber. Även om Webereleven Robert Michels klassiska verk från 1911 om den demokratiska problematiken i organisationer utifrån tesen om oligarkins järnlag aldrig under årens lopp har lästs och diskuterats i Sverige på samma genomgående sätt som i andra länder. Ett undantag utgörs dock av tiden kring demokratins genombrott i Sverige. Michels hade själv politisk erfarenhet från den syndikalistiska rörelsen med dess krav på direkt demokrati och var kritisk till den inhemska, tyska socialdemokratins autokratiska ledarskap. Denna bok översattes till svenska först i början av 1980-talet, vilket är anmärkningsvärt.⁵ År 1997 publicerades också en uppsats av Klas Borell om hur Michels tes togs emot och användes av de politiska debattörerna i Sverige perioden

1911–1920. Borell intresserar sig främst för hur olika debattörer förhöll sig till den framväxande samhällsvetenskapen, alltså om man så vill till kunskapen om demokratiska organisationsprinciper. Han kan också visa, att debattörer inom såväl vänstern som högern tog ställning till Michels tes och använde den för sina egna syften för eller mot demokratiska organisationer.[6]

Metall, som har kopplingar till internationella organisationer, har alltsedan 1950-talet stått för och drivit LO: s solidariska lönepolitik som dels innebär lika lön för lika arbete oavsett bransch och företag, dels en utjämning av löneskillnader genom särskilda låglönepåslag.[7] Denna lönepolitik, som åtminstone till viss del även tillkom kvinnorna, drevs i tre förhandlingsled: alltså ett centralt, normerande första led, följt av ett branschled och sedan ett lokalt avslutande led med dithörande löneglidning.[8] Sedan 1990-talet har dock det centrala ledet, alltså det mellan LO och SAF, senare Svensk Näringsliv, upphört. Men i och med det normerande Industriavtalet, som tillkom i samband med 1990-talskrisen, har Metall behållit sin maktposition. Detta avtal innehåller ett "märke", en siffra, för löneökningar, vilket sedan alla andra avtalsslutande organisationer har att följa. Metall har också drivit arbetsmiljöfrågor hårt. Under en period på 1970-talet lanserades till exempel konceptet "Det goda arbetet". Förbundet har dragit på sig kritik under årens lopp och då särskilt för sin hållning i frågan om kvinnolöner och sin syn på kvinnligt ledarskap. Mäktiga Metall har aldrig haft någon kvinnlig ordförande, trots ett betydande antal kvinnliga medlemmar. Nu 2015 är dock dess viceordförande en kvinna.

Svenska fotbollförbundet, som är den svenska delen av en omfattande global rörelse, har monopol på att organisera och genomföra fotbollsmatcher och turneringar i Sverige. Det är på denna organisatoriska och regelmässiga grund fotbollssporten vilar. Alla spelare över 14 år måste ha licens för att få delta i matcher. Fotbollen är den största enskilda sporten i Sverige liksom i många andra länder, och den har i takt med den samhälleliga globaliseringen blivit alltmer kommersialiserad, vilket lett till stora ekonomiska och sportsliga problem för den svenska fotbollens elitbaserade del.[9] På den globala fotbollsmarknaden kan – kort sagt – inte svensk herrfotboll längre konkurrera. Den har förlorat sin kraft.[10] Däremot har förbundets breddverksamhet inte alls drabbats på samma sätt. Tvärtom har den stärkts. Damfotbollen har också fått sitt definitiva genombrott under senare år, vilket blev tydligt under EM i Sverige 2013. Detta är en intressant utveckling som även förekommer i andra sporter, alltså att svensk damsport alltmer hävdar sig klart bättre än herrditon i den innevarande globala epoken.

Maktanalys

Både Metall och Fotbollförbundet är således inflytelserika organisationer och deras potential och förmåga att få sina vilja igenom utgår ifrån deras maktresurser – kunskap, ekonomi, organisation, ledarskap och prestige – samt position i respektive maktfält, det vill säga arbetsmarknaden respektive idrottsamhället, men också utifrån deras roller och prestationer på den samhälleliga arenan. Men vilka egentliga likheter och olikheter finns det mellan dessa två mäktiga folkrörelser, förutom det uppenbara att de är demokratiskt-hierarkiskt uppbyggda och verkar på olika samhällsarenor?

Jag vill genom en maktanalys, utifrån klassiker som Machiavelli, Weber, Michels och Gramsci samt Bourdieu, huvudsakligen här kortfattat studera vad som hänt inom dessa organisationer och se vad de genomfört på arbetsmarknaden eller inom fotbollen liksom i samhället i övrigt sedan 1950-talet.[11] Detta eftersom de har en sådan viktig roll i vårt samhälle. Jag vill även ta tillfället i akt och göra en jämförande studie mellan dessa två som kan tyckas helt olika organisationer, men de är tillräckligt lika för att metodologiskt kunna jämföras i ett modernhistoriskt folkrörelseperspektiv. Makt- och organisationsproblematiken liksom ledarskapsfrågorna har givetvis uppmärksammat av många forskare under årens lopp och i första hand har jag här använt kunskaper och analyser som publicerats av följande forskare L. G. Bolman och T. E. Deal (1997), S. Christensen, P. E. Daugaard Jensen L. Lindkvist (2014) och P. Thompson och D- McHugh (2009). Dock har här inte ledarskapsfrågorna fokuserats så mycket.

Grunden i båda organisationerna är lokala klubbar och föreningar, vilka styrs demokratiskt av medlemmarna på årsmöten. På denna grundstomme reser sig sedan en hierarki som dock ända upp är möjlig att påverka och styra för medlemmarna, direkt via kongresserna eller indirekt via motioner och opinionsbildning.

Detta är organisatoriskt sett kärnan i den berömda svenska modellen – "le modéle Suédois" – alltså en kombination av lokal demokrati och från central maktutövning med bastant ledarskap, om så erfordras. Endast stora organisationer med en representativ och viktig samhällelig bas var välkomna till de viktiga förhandlingsborden i den svenska samhälls- och kunskapsmodellen – precis som endast ståndens representanter till kungens rådsbord på den tiden det begav sig. Det finns med andra ord en tydlig kontinuitet i den svenska samhällsutvecklingen, där statens och samhällets ledarskap utövar sin makt genom förhandlingar med de stora gruppernas, ståndens, klassernas och organisationernas representanter.

Under den nu pågående globala epoken har fackföreningar världen över tappat medlemmar "en masse", så även i Sverige: Organisationsgraden har sjunkit och ligger nu under 80 procent, vilket ändå med internationella mått mätt är en påtagligt hög siffra. Fotbollen med sin omfattande breddverksamhet för bägge könen har däremot växt. Metall hade år 2014 cirka 325 000 medlemmar, varav nära 70 000 pensionärer. Fotbollsförbundet är klart mycket större med drygt en miljon medlemmar fördelade på över 3 000 föreningar.[12] Metalls position är dock alltjämt stark på arbetsmarknadens maktfält och fotbollförbundet har fortfarande hegemoni på fotbollens dito, men detta gäller givetvis enbart nationellt. Arbetsmarknadens maktfält kännetecknas i det historiska perspektivet av en tydlig dominans för Metall och dess motparter Verkstadsföreningen och Järnbruksförbundet, senare ombildade till Teknikföretagen. Även storföretag som Volvo och Sandvik med flera, liksom Metallklubbarna på dessa företag, har haft ett stort inflytande på lönebildningen. Politiken finns i bakgrunden och står för lagstiftning och penning- och finanspolitik, helt enligt den svenska samhällsmodellens norm om relationen mellan staten/politiken och arbetsmarknadens avtalsslutande intresseorganisationer. Arbetsmarknadsparterna träffar således de viktiga riksomfattande kollektivavtalen och det gör de utan direkt, påtaglig statlig inblandning. Minimilöner blir inte lag som i EU-länderna Frankrike och Tyskland. Dessa avtal och rådande arbetsmarknadslagstiftning i form av arbetsrätt, som exempelvis lagen om anställningsskydd (LAS) och medbestämmandelagen (MBL) reglerar sedan relationerna mellan arbetsgivare och löntagare i företag och offentliga organisationer. En viktig poäng i denna, den svenska modellen är just det att parterna själva tar sitt fulla ansvar för avtal och lönebildning. Denna frihet under ansvar har således inneburit en speciell maktposition för arbetsmarknadens parter och för Metall.

Fotbollens maktfält kännetecknas i sin tur av en mycket stark ställning för förbundet och dess distrikt. Dessa utmanas, särskilt sedan slutet av 1960-talet när amatörbestämmelsen togs bort, dock av de stora, kända fotbollsklubbarna och deras kartellorganisation Svensk Elitfotboll. Numera finns också fackliga partsorganisationer för spelarna och tränarna, alltså Spelarföreningen respektive Tränarföreningen. Det som gäller för båda dessa maktfält är att makten i huvudsak är koncentrerad till stora organisationer. Här handlar det alltså om centraliserad makt – vilket också är ett ledmotiv i den svenska samhällsmodellen: endast stora, starka inflytelserika aktörer har getts och ges möjlighet att delta i förhandlings- och beslutsprocessen när det gäller fördelning av resurser och nyskapande reformer.[13]

Metall och Svenska Fotbollförbundet har båda två, under övergången från det industriella samhället till det postindustriella samhället, försökt bevara sin breda folkrörelse- och massorganisationsbas, samtidigt som de byggt upp en mer elitiserad topp, särskilt vad gäller fotbollen. Frågan är hur denna process sett ut och om det skett några reella förändringar inom respektive organisation: Vad har skett eller inte skett när det gäller samhällsroll, maktfördelning, ledarskap, kunskapsgenerering och studieverksamhet?

Metall

Metallindustriarbetareförbundet är i princip sedan 1950-talet i det närmaste en helt intakt organisation, trots samgåendet med Gruvindustriarbetareförbundet och Industrifacket. Efter detta samgående gjordes som sagt en namnändring till IF Metall, alltså

Industriförbundet Metall.[14] Metall har en demokratisk organisation och organiserar klassmedvetna arbetare. Organisationen är också djupt förankrad i arbetarrörelsekulturen med tillhörande normsystem.[15] Den är fortfarande en av världens mäktigaste fackföreningar, trots ett påtagligt medlemstapp under senare år vilket huvudsakligen berott på den tekniska utvecklingen och strukturomvandlingen. Anledningen till dess starka ställning är den viktiga roll Metall spelar i avtalsrörelserna, där dess vältajmade organisation är med och sätter "märket", alltså nivån och ökningstakten i lönebildningen för samtliga sektorer på arbetsmarknaden. Dessutom har Metall en framträdande position i LO och en stark röst i samhällsdebatten. Det är och har varit prestigefyllt inom arbetarrörelsen att komma ifrån och tillhöra Metall. Inte för intet är numera såväl socialdemokratins nye ledare, den förhandlingsinriktade Stefan Löfven som LO:s ordförande, den agitatoriske Karl-Petter Thorwaldsson metallare. Båda har gått den långa vägen för att nå dit där de är idag och har dessutom tillhört det maktförberedande, socialdemokratiska ungdomsförbundet SSU i sin ungdom, vilket har varit en viktig nätverksbyggande merit för den som vill uppnå en ledande position inom arbetarrörelsen och det socialdemokratiska partiet. Undantag har annars alltid gjorts när det gäller den sociala klassbakgrunden, alltså för sådana som Olof Palme. Den tidigare svetsaren Löfven har dock viss erfarenhet från socialhögskolestudier, så normstrukturen förändras men långsamt. Relationen mellan verkstadsgolvet och akademin har varit en stående problematik för socialdemokratin, men har huvudsakligen lösts genom att akademikerna erhållit viktiga positioner som experter och utredare på olika nivåer inom rörelsen. "Att lyssna till rörelsen" har dock alltid varit viktigt för partiets ledarskap, vilket bland andra Tage Erlander underströk.

Metalls förbundsorganisation är, även efter det att kollektivanslutningen av medlemmar till Socialdemokraterna har upphört, nära knuten till socialdemokratin och dess breda och djupa samhälleliga organisationsnät. Detta brukar betecknas facklig-politisk samverkan. Ledarskapet i Metall är patriarkalt med tydlig manlig dominans. Ombudsmännen finns där med sin kompetens, som byggts genom fackliga förtroendeuppdrag och fackföreningsrörelsens studieverksamhet. Studiecirkel- och kursverksamheten har en genuint, grundläggande dimension inom förbundet. Ombudsmännen, som finns centralt eller i distrikten, har som regel varit internt rekryterade från förtroendeposter i en distriktsstyrelse och/eller i en verkstadsklubb som ordförande utom då det gället personal till utredningsavdelningen och till tidningen *Metallarbetaren*, då också andra speciella krav ställts på kompetens i ekonomi eller i journalistik.

Tämligen små förändringar har ägt rum i organisationen sedan 1950-talet. Det finns, vilket visat sig förhållandevis lyckosamt avtalsmässigt, en påtaglig konservatism inom förbundet. Vanans makt är stor. Metall försöker sig inte på några större äventyrligheter utan följer sin stadgemässiga kurs, att tillvarata medlemmarnas intressen, alltså i äldre tider främst männens intressen. Så har det sett ut. Förbundet är en klar avspegling av de traditionellt separata arbetsmarknaderna i Sverige: en för kvinnor inom huvudsakligen vård, skola och omsorg och en för män inom industri-, bygg- och transportsektorerna. Metall har trots detta dock haft kvinnliga medlemmar; efter samgåendet med Industrifacket har deras andel ökat och numera utgör kvinnorna cirka en fjärdedel av medlemmarna. Förbundets kvinnliga medlemmar är oftast sysselsatta med traditionellt fabriksarbete av enklare slag, men undantag finns från denna regel.[16]

Metall har av tradition byggt upp sin kunskapsbas internt genom att dess medlemmar utbildats inom den egna studieverksamheten.[17] Detta har ägt rum såväl i studiecirklar som på regelrätta internatkurser på förbundets kursgårdar. Kurserna har gällt arbetsrätt som 1970-talets offensiva arbetsrättslagar MBL och LAS samt om solidarisk lönepolitik och om arbetsmiljölagstiftningen, inklusive skyddsombudens rätt att stoppa farliga jobb. När LO:s utredare, nationalekonomerna Gösta Rehn och Rudolf Meidner, numera mest känd för sin senare klart socialistiska löntagarfondsutredning, under 1950-talet lanserade och förankrade sin nationalekonomiska modell – Rehn-Meidner-modellen – fick förbundet en stabil grund att agera utifrån i lönerörelserna och i strukturomvandlingen.

Det bör även noteras i detta sammanhang, att löntagarfonderna var en Metallidé som LO antog 1971. Ett viktigt argument var att de delar som inte togs ut till löner på grund av den solidariska lönepolitiken utan blev vinster skulle gå till löntagarfonder, vilka skulle överta företagen. Rehn-Meidner-modellen innehöll tre viktiga delar: solidarisk lönepolitik, aktiv arbetsmarknadspolitik och en internationellt anpassad penning- och finanspolitik. Denna modell utgör fortfarande kärnan i Metalls och arbetarrörelsens löne- och arbetsmarknadspolitik: alltså att industrin och näringslivet ständigt skall rationaliseras och anpassas till de internationella förhållanden och använda bästa möjliga teknologi och ligga i framkant. Tillväxten som genereras skall följaktligen fördelas enligt modellens solidariska löneprinciper. Uppstår arbetslöshet skall de arbetslösa utbildas och via kurser genom den aktiva arbetsmarknadspolitiken uppnå ny kompetens, så att de kan få jobb igen.[18]

Medlemmarnas studiecirklar, som hålls regelbundet centralt och lokalt utifrån gällande avtal och lagstiftning, är särskilt intressanta eftersom Metall med kraft hävdar att de är icke-akademiska till sin pedagogiska struktur; ett påstående som knappast är sant eftersom det akademiska seminariet, med sitt tyska ursprung, var organiserat på samma jämlikt prövande sätt som Metalls studiecirklar. Men myten om den icke-akademiska pedagogiken hålls vid liv inom Metall, liksom inom ABF, Arbetarnas bildningsförbund. Man är mån om att behålla skiljelinjen gentemot akademin. Till posterna på sin egen utredningsavdelning har Metall som nämnts däremot sedan länge anlitat och anställt akademiskt utbildad personal, särskilt sådana med grundläggande kunskaper i ekonomi.

Länge gav man också med hjälp av journalistisk kompetens ut en egen tidning *Metallarbetaren*. Numera ingår den av publicistiska och ekonomiska skäl i *Dagens Arbete*. Under en period pågick också en förhållandevis skarp, främst extern diskussion utifrån publicerad forskning, som handlade om att Metall och övriga stora fackföreningar "byråkratiserats", vilket medfört att de vanliga medlemmarna förlorat i makt och inflytande. Ombudsmän och utredare skulle alltså ha tagit makten inom och över förbundet.[19] Denna diskussion utgick, vilket sällan nämndes, egentligen ifrån Robert Michels 1910-talsteori om oligarkins järnlag, alltså att internt uppkomna eliter tenderar att ta över arbetarklassens organisationer genom andra värderingar utifrån sina nya borgerliga inkomster och levnadsvanor. Denne i Sverige inte så välkände

Robert Michels var sålunda elev till Max Weber och studerade makten i den tyska arbetarrörelsen. År 1911 kom som sagt hans bok ut där han publicerade sina rön om oligarkins järnlag, alltså att det även inom demokratiska organisationer tenderar att uppstå eliter eftersom det alltid krävs en kompetensbaserad administration i en bred organisation och att denna administration ökar makten hos de dagliga, anställda beslutsfattarna. Makt korrumperar, löd hans budskap.[20] Ett budskap som ju har blivit mycket välkänt och fått stor spridning under årens lopp.

Svenska fotbollförbundet

Svenska fotbollförbundet har genomgått betydligt större förändringar än Metall sedan 1950-talet, även om den paternalistiska metaforen "fotbollsfamiljen" fortfarande används för att beteckna den egna verksamheten. Förbundet har en demokratisk organisation precis som Metall, istället för verkstadsklubbar som grundstomme har fotbollsförbundet lokalföreningar. I övrigt är det likt med distrikt och sedan förbundets topporganisation med kommittéer och kansli. Högsta beslutande organ är med dess term givetvis årsmötet. Några direkta politiska kopplingar har inte fotbollförbundet. Det är dock påfallande att flera förbundsordföranden under årens lopp har varit socialdemokrater, varav Gunnar Lange som också hann med att vara minister eller folkpartister med erfarenheter från näringslivets högsta managementnivå som Elof Ericsson från Facit i Åtvidaberg och senare hans son Gunnar Ericsson. Ledarskapet i fotbollsförbundet har traditionellt sett också varit paternalistiskt med tydliga auktoritära drag. Ledarna inom fotbollen har också ofta fokuserats av media och många "fotbollsexperter" har under årens lopp gjort att fotbollens ledarskap varit lika utsatt och påpassat som politikens dito. En av de tidiga förbundskaptenerna för herrlandslaget, Lars "Laban" Arnesson, som med sina högskolekunskaper om pedagogik byggde upp och fördjupade förbundets utbildningsverksamhet och utvecklade ett kontinentalt spelsystem, blev till exempel närmast mobbad av många sportjournalister för sin vetenskapliga ansats med pulsmätning etcetera och sina kontinentala spelsystemsidéer.[21]

Förbundet var långt fram i tiden helt präglad av doktrinen att fotbollen skulle vara en ideell fritidssysselsättning för inte minst arbetare. Men långt innan amatörbestämmelsen togs bort 1967 förekom arvoden till spelarna på elitnivå i Allsvenskan, och landslaget gav ersättning för förlorad arbetsförtjänst. Det stora trendbrottet kom i början av 1970-talet när fotboll på elitnivå alltmer mer blev ett yrke. Banérförare var Malmö FF och Östers IF.[22] Svensk fotboll befinner sig faktiskt än idag i detta övergångsskede, hårt trängd av den internationella konkurrensen. Och har blivit en slags underleverantör av spelare till andra länder med ekonomiskt starkare klubbar och med betydligt mer prestige.

Förbundets tränarutbildning släpade länge efter; länge hade man litat till utländska tränare och deras kompetens – och först egentligen på 1980-talet blev den genom den redan nämnde Lars Arnessons försorg systematisk och nådde tillräcklig konkurrensmässig nivå. Det handlade då om att bland annat lära ut de precisa och krävande spelsystem, vilka krävde mycket mer av spelarna, som blivit allt viktigare inom fotbollen.

Denna tränarutbildning, såväl teoretisk som praktisk, lades upp i flera steg och där de första stegen också gällde för fotbollen på icke-elit nivå. Sedan 1970-talet har fotbollens spelsystem blivit alltmer baserade på systematiska vetenskapliga studier av anfalls- och försvarsspel. Vid Norges idrottshögskola utvecklades vid denna tid dessa studier av den kontroversielle, vänstermannen Egil "Drillo" Olsen, som utvecklade ett extremt defensivt, kollektivt kontringssystem. Någon gladfotboll var det verkligen inte fråga om. Smeknamnet fick han som aktiv elitspelare eftersom han då gärna helst dribblade och behöll bollen själv på ett individualistiskt sätt. Men som tränare satsade han på en kollektiv "safety first"-fotboll, vilket många fotbollsälskare ogillade och aggressivt kritiserade.[23]

Det finns till och med forskning, signerad sociologen Tomas Peterson, som åberopar den amerikanske marxisten Harry Braverman som menar att fotbollens utveckling när det gäller spelsystem och relationerna mellan spelarna och tränaren är jämförbar med industrins när det gäller spelarnas utbytbarhet och inflytande över spelet; en degradering skulle alltså ha ägt rum.[24] Detta har dock inte kunnat verifieras utan det var mest hypoteser.

Länge var det alltså så att även de ledande tränarkrafterna saknade akademisk pedagogisk och fysiologisk högskoleutbildning. De var istället i princip självlärda och hade innan tränarkarriären spelat på toppnivå; det räckte på den tiden, alltså fram till 1970-talet. Fotboll ansågs närmast vara ett hantverk och då särskilt för tränarna. Detta var också den rådande normen i England som svensk fotboll av tradition utgick ifrån.

Ett mycket viktigt trendbrott skedde emellertid på 1980-talet när flera topptränare hade skaffat sig konkurrensmässig högskoleutbildning på GIH i Stockholm eller på motsvarigheten i Örebro. Bland dessa fanns sådana framgångsrika tränare som alltså Lars "Laban" Arnesson, liksom Tommy Svensson och Tord Grip samt Sven-Göran "Svennis" Eriksson, Lars Lagerbäck och Pia Sundhage. Ingen enda av dem kom från en storstad utan från mindre orter. De fyra sistnämnda kom också att göra uppmärksammade, internationella karriärer. Att tränarutbildningen akademiserades gällde inte bara för fotbollens del utan även för andra sporter som exempelvis längdskidåkning och ishockey. Idrottshögskolorna i Stockholm och Örebro såg också det som viktiga uppgifter att integrera denna utbildning i den ordinarie idrotts- och gymnastiklärarutbildningen. Fotbollstränarna blev således gymnastikdirektörer och fick en akademisk examen som innehöll viktiga ämnen som fysiologi och pedagogik.[25]

Under denna övergångsprocess när fotbollen även i Sverige blev alltmer professionaliserad och kommersialiserad började det stå allt klarare att fotbollförbundet analytiskt kunde förstås genom två verkande skilda logiker: å ena sidan en folkrörelselogik – enligt mottot idrott och fotboll åt alla - å andra sidan en marknadslogik, för att kunna förstå och hantera den ökande professionaliseringen och kommersialiseringen inom elitfotbollen för såväl kvinnor som män. Fotbollförbundet var å ena sidan en folkrörelse med en bred barn- och ungdomsverksamhet samt en betydande verksamhet för icke-elit spelare av båda könen. Å andra sidan fanns där en tydlig, av media och fotbollspublik uppmärksammad elit av anställda spelare. Många av dem kom från andra länder även bortom Europa och tränade och spelade på professionella grunder i utbyte mot prestige och påfallande höga löner. I samband med detta växte det fram fackliga organisationer för spelare och tränare, helt enligt de internationella normerna. Fotbollen fick en reglerad arbetsmarknad, men med aktiva spelaragenter. Kollektivavtal kom att träffas på 1990-talet; till skillnad från de enskilda spelarkontrakt som funnits sedan slutet av 1960-talet.

Elitklubbarna hade sedan slutet av 1920-talet haft en egen kartell som tillvaratog deras intressen gentemot förbundet och de mindre klubbarna. Denna kartell eller intresseorganisation: Föreningen Svensk Elitfotboll blev avtalsslutande på arbetsgivarsidan. Senare tillkom även Föreningen Svensk Damelitfotboll med samma roll. I denna övergångsprocess ingick även att damfotbollen blev allt betydelsefullare, väckte alltmer intresse och fick en allt större publik i Sverige. Någon helt öppen och skarp konflikt mellan herr- och damfotboll kan man knappast se. Däremot finns det och har funnits en diskussion om hur förbundet och föreningarna skall fördela sina tillgängliga resurser mellan dam- och herrlag.

Forskning visar nu, att trots att fotbollförbundet delvis lyder under marknadens lagar med tillgång och efterfrågan på elitspelare för både kvinnor och män samt ett betydande beroende av sponsorer och agenter, så domineras hela förbundet antalsmässigt på ledarsidan av ideella krafter och då huvudsakligen på de lägre nivåerna och särskilt inom ungdomsfotbollen. Svenska fotbollsförbundet är alltså en stor, mäktig organisation med två helt motsatta sidor, ungefär som blandekonomins Sverige med den dynamiska relationen mellan stat/politik och marknad.

Under de senaste åren har fotbollförbundet ställts inför särskilt två svåra frågor, nämligen huliganismen i storstadsklubbarna: ett problem som kräver såväl kunskap som resurser för att kunna lösas och den strategiska frågan om makten i föreningarna. Om en förening ombildas till aktiebolag, kan då aktiemajoriteten ligga utanför föreningen? Denna sista fråga har hittills besvarats med ett klart nej. Endast föreningen och dess medlemmar skall i demokratisk anda ha det avgörande ordet, löd det tongivande budskapet år 2013 – som också Riksidrottsförbundet höll fast vid när beslutet fattades samma år. Supportgrupperna, som numera är synnerligen välorganiserade och inte bara består av löst sammanhängande nätverk, har drivit denna fråga hårt. De vill absolut inte lämna över beslutsrätten till krafter som kanske inte helt och fullt har "sitt hjärta" i klubben.

Folkrörelserna består

Avslutningsvis kan vi konstatera att det idag finns såväl tydliga likheter som olikheter mellan de två folkrörelseorganisationerna IF Metall och Svenska fotbollförbundet. En av olikheterna gäller elitismen, där framför allt fotbollförbundet har en tydligare kommersialiserad elit. Även inom Metall finns förvisso en elit med höga marknadsmässiga löner, men den har fått utstå mycket kritik under debatterna om byråkratiseringen som fördes inom och utom förbundet. Den viktiga studiefrågan inom dessa förbund ser också ganska annorlunda ut: Metall utbildar via studiecirklar och kurser medan fotbollförbundet huvudsakligen utbildar direkt på eller vid sidan fotbollsplanen och via kurser för sina tränare. Fotbollen har också internationellt baserade kurser för sina topptränare. En "metallare" kan visserligen gå ILO-kurser, alltså Internationella arbetsorganisationens kurser i Schweiz, men det är ovanligt. Kursverksamhet finns också i båda förbunden för kassörer och övrig styrelseledamöter.

En intressant likhet mellan de två förbunden är det historiskt motsägelsefulla förhållande till akademisk kompetens. Man både ville ha och inte ha den, ty trots att den behövdes innebar den att organisationens normer om ideella och självlärda krafter delvis fick överges. Men "til syvende og sidst" blev de båda organisationerna övertygade om nödvändigheten av att ha tillgång till denna på kort och lång sikt helt avgörande kunskap för att förstå och kunna leda utvecklingen inom det egna maktfältet samt inte minst för att kunna initiera och implementera ny nödvändig kunskap om exempelvis industrins lönebildning och arbetsmiljö respektive om fotbollens träningsmetoder och spelsystem.

Förbundens typ av ledarskap har varit påtagligt likartat med ett förhållandevis typiskt paternalistiskt ledarskap, men på demokratisk grundval. Kvinnorna har i princip lyst med sin frånvaro. Nya tendenser syns dock främst inom fotbollen som profilerats genom Pia Sundhages kompetenta ledarskap.

Maktfördelningen inom de bägge förbunden är också likartad. De styrs av heltidsanställda, men den avgörande makten ligger hos medlemmarna, alltså hos fackklubbar och föreningar, och denna makt kan användas på möten och kongresser. Härvidlag finns således ingen grund för Michels tidiga tes om en oligarkiskt verkande järnlag. Den gäller inte för den svenska folkrörelsen. Samhällsrollen är också påfallande tydlig och likartad. Visserligen agerar de på olika maktfält - men de finns där och agerar med all kraft. Deras förmågor består alltså och de har fortfarande kvar sina roller även i det nya globala samhället, vilket onekligen är spektakulärt när så mycket annat förändras. Samhällsförändringarna kommer och går, men folkrörelsernas demokrati och hierarkiska struktur består.

Noter

1. Jan Lindroth, *Idrottens väg till folkrörelse: studier i svensk idrottsrörelse till 1915* (Uppsala 1974). Till denna och flera följande angivna studier och antologikapitel anges inga sid- eller kapitelhänvisningar eftersom hela boken och/eller antologikapitlet ingår i det angivna belägget.

2. Bill Sund, *Fotbollens sociala och kulturella dimensioner: en studie av svensk fotboll under 1900-talet* (Växjö 2004).

3. Pierre Bourdieu, *Distinction: A Social Critique of the Judgement of Taste* (London 1989), kapitel 8.

4. Bill Sund, *Fotbollsindustrin*, (Visby 2008a), kapitel 4 och 5; Bill Sund, "Metall går samman", i S*venska metallindustriarbetareförbundets historia 1982–2006* (under utgivning)

5. Robert Michels, *Organisationer och demokrati: en sociologisk studie av de oligarkiska tendenserna i vår demokrati* (Stockholm 1983).

6. Klas Borell, *Disciplinära strategier: en historiesociologisk studie av det professionella militärdisciplinära tänkesättet* (Stockholm 2004).

7. Christer Lundh, *Spelets regler: lönepolitik och förhandlingssystem i Sverige 1850–2000* (Stockholm 2002).

8. Bill Sund, "The Safety Movement and the Swedish Model", *Scandinavian Journal of History. Vol. 19, No 1. 1993;* Bill Sund,"Ett förbund i arbete: organisation i förändring, Studier och information, Avtalsrörelsen i samordning", i *Det lyser en framtid: svenska Metallindustriarbetareförbundet historia 1957–1981* (Stockholm 2008b) s. 394.

9. Jonas Hellman, *Etik och ekonomi i idrottsföreningar* (Stockholm 2014).

10. Bill Sund, *Fotbollens maktfält: svensk fotbollshistoria i ett internationellt perspektiv* (Malmö 1997), kapitel 4; Sund (Visby 2008a) kapitel 6.

11. Nicholas Machiavelli, *Fursten* (Stockholm 1971); Max Weber, *Ekonomi och samhälle. Förståelsesociologins grunder 1* (Lund 1983); Michels (Stockholm 1983), samt Bill Sund, "Antonio Gramsci och den svenska socialdemokratin", *Historisk tidskrift* 1989:2.

12. Verksamhets- och årsberättelser från respektive organisation 2014.

13. Bill Sund, *Fotbollens maktfält: svensk fotbollshistoria i ett internationellt perspektiv* (Malmö 1997), kapitel 5; Sund (Växjö 2004b), kapitel 7; Sund (Visby 2008a) kapitel 7.

14. Bill Sund, "Metall går samman", i *Svenska metallindustriarbetareförbundets historia 1982–2006* (under utgivning).

15. Bill Sund, *Hundra år på LM: LM Ericssons verkstadsklubb 1898–1998* (Stockholm 1998) kapitel 3.

16. Bill Sund, "Metall går samman", i *Svenska metallindustriarbetareförbundets historia 1982–2006* (under utgivning).

17. Kristina Wallander, "Metalls studieverksamhet – en historisk översikt", *Metall 100 år* (Stockholm 1988).

18. Sund (Stockholm 2008b) s. 264–294 och 394.

19. Leif Lewin, *Hur styrs facket? Om demokratin inom fackföreningsrörelsen* (Stockholm 1977).

20. Michels (Stockholm 1983).

21. Bill Sund, *Fotbollens strateger: spelsystem och ledarskap i ett internationellt och svenskt historiskt perspektiv*, Malmö Studies in Sport Sciences, Vol. 16 (2015) s.181–195.

22. Sund (Växjö 2004b); Sund (Visby 2008a) s.63–67.

23. Sund (Malmö 2015) s. s.139–144.

24. Tomas Peterson, *Den svengelska modellen* (Lund 1993) kapitel 4; Tomas Peterson, *Leken som blev allvar: Halmstads Bollklubb mellan folkrörelse, stat och marknad* (Lund 1989) kapitel 6.

25. Sund (Malmö 2015) s. 241–245.

Ståndssamhällets fall speglad i folkräkningsblanketter

Carl Mikael Carlsson

År 1749 genomfördes Sveriges första nationella folkräkning. Man hade visserligen räknat människor förut, men då för att kunna beskatta dem och då hade inte alla varit aktuella. Nu skulle alla räknas. Ett stort formulär massproducerades och skickades ut i landet. Varje stad och varje socken skulle ha var sitt exemplar. I formuläret listades en stor mängd kategorier av människor, baserade på olika kombinationer av ålder, kön, civilstatus och social tillhörighet. För varje kategori fick kyrkoherden fylla i det lokala antalet. Därefter samlades de ifyllda formulären ihop, sammanställdes i Stockholm och presenterades sedan för överheten. Insatsen upprepades regelbundet, först vart tredje och senare vart femte år, ändå till och med 1855, varefter systemet ändrades i grunden. Formulärmakeri och sammanställning sköttes av bildade ämbetsmän, från 1756 under namnet *Kungliga Tabellkommissionen*.[1]

Kronans syfte med folkräkningen var att få ett begrepp om befolkningens storlek och fördelning. Men det fanns en bieffekt: När kommissionen skickade ut formulären rörde det sig inte bara om en förfrågan. Den spred också indirekt sin egen bild av hur människor skulle kategoriseras, en bild som prästerskapet var tvunget att anpassa sig till.[2] Denna artikel bygger på tanken att den kategorisering av människor som presenteras i folkräkningsformulären medvetet eller omedvetet påverkade kyrkoherdens sätt att själv kategorisera, och att den sistnämndes roll som socknens patriark och läromästare gjorde att tankemönstret i någon mån även påverkade lokalbefolkningen. Samtidigt är det viktigt att komma ihåg att kommissionen med tiden öppnade upp för

---

Hur du refererar till det här kapitlet:
Carlsson, C. M. 2016. Ståndssamhällets fall speglad i folkräkningsblanketter. I: Sandén, A. & Elgán, E. (red.) *Kunskapens tider: Historiska perspektiv på kunskapssamhället*. Pp. 96–109. Stockholm: Stockholm University Press. DOI: http://dx.doi.org/10.16993/bai.g. License: CC-BY 4.0

frågor och kommentarer från prästerskapet. I kommissionens arkiv finns ett digert material med de olika stiftens samlade kommentarer. En genomgång av materialet visar hur tydligt det är att olika människor hade olika definitioner på olika begrepp, och att kommissionen tog till sig prästerskapets synpunkter och förtydligade formulären.³ Påverkan var alltså dubbelsidig, och ledde till kategoriseringens förändring både på papperet och i folks medvetande. Det går alltså i mångt och mycket se ett specifikt formulär som ett tidsdokument, en kompromissbild av hur samhället just då uppfattades.⁴

I den här artikeln visar jag hur man med hjälp av dessa tidsdokument kan följa ståndssamhällets upplösning. Vid ordet ståndssamhället tänker nog de flesta på en svunnen riksdagsordning baserad på *fyrståndsläran*, där adel, präster, borgare och bönder bemannade varsin kammare.⁵ I den bemärkelsen upplöstes ståndssamhället i samma ögonblick som 1865 års riksdag avslutades. Men ståndssamhället kan också syfta på ordningen *bakom* riksdagsordningen, den kategorisering av människor som motiverade att man faktiskt hade fyra olika kamrar med just den uppdelningen. Det *sociala* ståndssamhället, brukar det kallas. När detta ståndssamhälle upplöstes är betydligt svårare att säga. Inte för att man inte känner till händelseförloppet, utan för att olika människor använder begreppen på olika sätt och därför pratar om olika saker. Många skulle rentav påstå att upplösningen ännu inte skett.⁶

På vilket sätt beskriver då folkräkningsformulären ståndssamhällets upplösning? Tabellformulärens disposition kan ses som en kompromiss kring hur man vid ett bestämt tillfälle skulle kategorisera människor, en kompromiss mellan folk och myndighet, med prästerskapet som förmedlande länk. Detta betyder att vi genom att studera hur stånden behandlas genom de olika upplagorna av formulär, kan se hur de får mindre och mindre plats, och därmed mindre och mindre betydelse.⁷

När ståndssamhället var som starkast

Frihetstiden förknippas ofta med fyrståndsläran, eftersom ståndsriksdagens makt blomstrade under den perioden.

Ståndsrepresentationen har alltid haft motståndare, men så länge det sociala ståndssamhället var en naturlig del av samhället så hade det politiska systemet i någon mån existensberättigande. Att det sociala ståndssamhället faktiskt var starkt i mitten på 1700-talet speglas tydligt i den första upplagan av folkräkningsformuläret.

Formuläret utgörs till största delen av en tabell för kategorisering i just "stånd". Med det begreppet avses här inte bara fyrståndsläran, utan även den sociala finfördelningen inom och kring den.[8] Alla väsentliga sociala situationer har fått en plats inom en struktur på tre nivåer. Den finaste skillnaden markeras med bokstäver och en lite grövre med nummer. Den grövsta indelningen syns bara indirekt, i hänvisningar mellan olika nummer. Kategori 23, för att ta ett tydligt exempel, är gemensam för barn och tjänstefolk till kategorierna 15–22. Kategorierna 15–23 har på så vis större koppling till varandra än till andra. Det är här vi ser fyrståndsläran. Kategorierna 5–14 associeras till borgare, 15–23 till bönder. Kategorierna 24–32 pekar ut

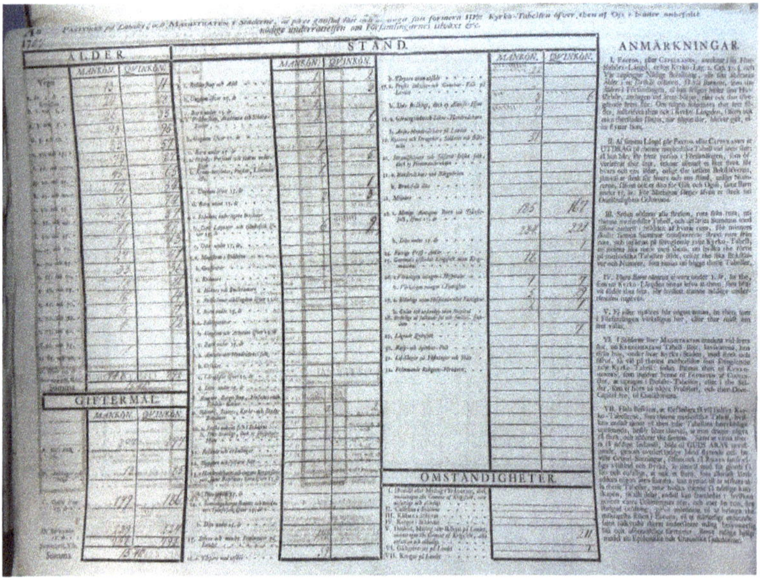
ÅLDER
MANKÖN
QVINKÖN
STÅND
MANKÖN
QVINKÖN
ANMÄRKNINGAR
GIFTERMÅL
MANKÖN
QVINKÖN
OMSTÄNDIGHETER

Bild 1. 1749 års folkräkningsformulär. Det stora antalet kategorier under rubriken "Stånd" visar att detta begrepp hade ett större omfång vid denna tid än senare. Dingtuna kyrkoarkiv (ULA), vol. G:1, Statistiska tabeller 1749–1859, Riksarkivet. Foto: Carl Mikael Carlsson. Licens CC-BY.

samhällets utsatta eller utstötta, grupper som i en idealsituation av olika skäl inte skulle finnas. Adel och prästerskap har varsina egna numrerade kategorier.

Kategorierna 3-4 syftar på dem som från och med 1802 års formulär hänförs till som *ståndspersoner*, en på många sätt heterogen grupp som enkelt kunde tillskrivas en gemenskap i att den utgjordes av fint folk som inte passade in i fyrståndsläran och som därmed saknade riksdagsrepresentation. Att de ofrälse ståndspersonerna, som gruppen brukar kallas i forskarvärlden, placerades under prästerna men över borgarna är inte konstigt. Prästerna var liksom ståndspersonerna en elit, medan borgerskapet inom sitt revir, liksom bönderna inom sitt, utgjorde den stora massan.

Just det faktum att de fyra stånden inte framtäder med namn, utan genom associationer och tabellens disposition, anser jag talar för fyrståndslärans starka ställning vid denna tid. Det finns inget behov av att förklara vilket stånd som är vilket. Det är snarare en självklarhet som genomsyrar formuläret.

Från stånd till yrke

Hundra år senare, år 1855, kom sista upplagan av folkräkningsformuläret. Mycket hade hänt sedan 1749. För det första användes sedan länge olika formulär för land och stad. För det andra var strukturen mycket mer avancerad. Kategorierna var många fler, de sorterades annorlunda och olika avdelningar kunde ha olika fördelningar i axlar.

När det kommer till hur fyrståndsläran framträder i formuläret är det en väldig skillnad mellan 1749 och 1855. Under frihetstiden hade stånden varit en naturlig kategoriseringsgrund, väl integrerad i och rentav överordnad andra sociala skiktningar. Nu, 106 år senare, levde den kvar i fjärde artikeln som ett bihang till den huvudsakliga kategoriseringen, den "Efter Lefnadsyrken och Vilkor m. m."

Yrkeskategoriseringen hade så sent som vid folkräkningen 1850, när 1840 års upplaga gällde, hetat "Efter Stånd och Villkor", och anknöt då alltså ännu till ståndsbegreppets äldre, vidare omfång. Följer vi kategoriseringen genom alla formulär – 1749, 1773,

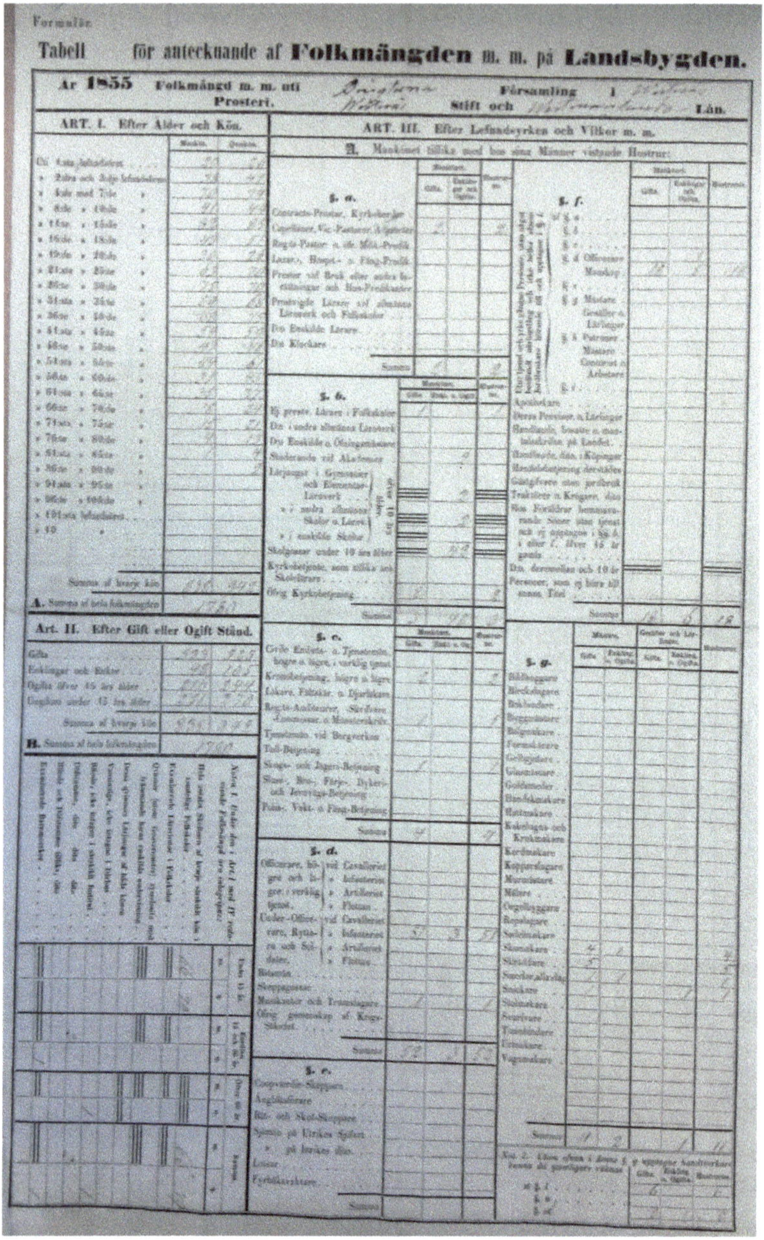

Bild 2. 1855 års folkräkningsformulär. Kategorierna är helt annorlunda sorterade än i 1749 års formulär. Notera ordet "Lefnadsyrken i rubriken! Dingtuna kyrkoarkiv (ULA), vol. G:1, Statistiska tabeller 1749–1859, Riksarkivet. Foto: Carl Mikael Carlsson. Licens CC-BY.

1802, 1825, 1840, 1855 – framgår att yrke och fyrståndslära, som i 1855 års formulär alltså var noga åtskilda, hade utvecklats i olika riktningar från samma punkt: 1749 var det naturligt att se verksamheten som en specialisering inom något av stånden i fyrståndsläran. 1773 var det svårare; i den upplagan framstår de fyra ståndens överordning som påtvingad. I och med 1802 års upplaga hade kategoriseringen sprängts i två olika, så som det var ännu 1855, det vill säga en för närings- och tjänsteförhållanden och en sammanfattande för de övergripande, politiskt relevanta ståndskategorierna. Det är lätt att såhär i efterhand se utvecklingen som ett förtydligande av äldre, dåligt strukturerade formulär, att tycka att det var klantigt av kommissionen att inte redan från början skilja mellan stånd och yrke.[9] Gör man det begår man emellertid ett allvarligt misstag. 1749 fanns inte den naturliga uppdelning mellan stånd och yrke som fanns 1855. Uppdelningen är i sig någonting mer eller mindre modernt, och folkräkningens syfte är ett gott exempel på en av sannolikt många orsaker till att den blev av. Därför kunde ståndsbegreppet 1749 vara så brett som det var. Syftet med folkräkningarna var till syvende och sist alltid att ge underlag för att kunna förbättra statsförvaltningen. Att det därför redan under 1700-talet fanns en strävan hos tabellkommissionen att anpassa formulären för att kunna mäta ekonomiska förhållanden är inte så konstigt. Under karolinsk tid hade det inte funnits någon motsättning mellan stånd och ekonomiska förhållanden. Frälsejord och militärt befälhavande, till exempel, var adliga företeelser, skola och lärdom prästerliga. Mot slutet av 1700-talet var det inte längre så. Privilegierna var till stor del försvunna, stånd och ekonomi hade gått olika vägar. Redan 1761 rapporterade tabellkommissionen följande:

> Till slut uppå denna Articeln har man bordt på en gång anföra hufwud Classerna på inbyggarena i Riket [...] Närings lemmar innefatta jordbrukare, slögde ock Bergwärks arbetare [...] Tienste lemmar innebegripa Kronans Ämbetsmän ock betiänter, samt publique ock privata wärks betiänter med deras hustrur [...] Tärande lemmar, som hwarken tiäna Kronan, näringarna, eller publique ock privata wärk [...] Öfwerflödiga lemmar som lefwa af onyttiga handteringar [...].[10]

Här gör kommissionen en gruppindelning av befolkningen efter ekonomisk relation till stat och samhälle. Denna kategorisering är alltså, vad kommissionen anbelangar, viktigare än exempelvis ståndsindelningen. Adelsmän, till exempel, kunde tillhöra vilken som helst av dessa lemmar. Det nya tankesättet präglar redan 1773 års formulärupplaga, samtidigt som man tydligt strävar efter att bevara de fyra ståndens överordnade ställning. Framåt sekelskiftet 1800 visar Tabellkommissionens protokoll och korrespondens på en sådan strävan mot att kartlägga olika ekonomiska faktorer, att det inte längre kan ha varit hållbart att använda fyrståndsläran som paraplystruktur. Samtidigt var det trots allt de fyra stånden som utgjorde den gängse kategoriseringen, speglad i exempelvis politiken, så att ta bort fenomenet ur statistiken helt och hållet kom inte på fråga. I och med 1802 års formulär är det dock tydligt att kommissionen behandlar stånden sekundärt. Med andra ord: Hade ståndens självklara plats som gemene mans sociala kategoriseringsgrund inte redan börjat uppluckras, så var det bara en tidsfråga.

Familjen Schenström på Bysingsberg

I Dingtuna socken utanför Västerås ligger Bysingsbergs gård. Bysingsberg går i folkmun som herrgård, men ger ett blygsamt intryck. Den karolinska huvudbyggnaden var redan vid tillkomsten av det mindre måttet för herrgårdar, så när bygdens förmögnare bönder under tidigt 1800-tal började tänka på sina gårdars estetik, torde Bysingsberg endast marginellt ha höjt sig över grannarna. När det kom till jordmängd, däremot, stod Bysingsberg ut. Det var under hela 1800-talet en av socknens största sammanhållna jordbruksenheter. Åren 1806–1908 ägdes Bysingsberg av medlemmar av den regionalt prominenta släkten Schenström. Familjen Schenströms ställning ur ståndsperspektiv kan ingående följas i de ifyllda folkräknings- och andra formulär som bevarats i Dingtuna och andra socknars kyrkoarkiv och den utgör ett lysande exempel på hur formulären speglar enskilda människors ställning.

År 1806 fick Bysingsberg sin förste ofrälse ägare i brukspatronen Johan Magnus Schenström (1747–1828), som dock aldrig flyttade dit. Johan Magnus var född in i ett handelshus i Västerås, engagerade sig i familjeverksamheten vid 17 års ålder, fick burskap vid 24 och blev stadens borgmästare som 29-åring. 1777 lämnade han staden och övertog släktbruket i Ramnäs, där han var verksam som brukspatron i 50 år. Mot slutet av sitt liv belönades han för sin breda verksamhet med bergsråds titel och riddartecknet av Vasaorden. Bouppteckningen av år 1828 visar en säker nettoförmögenhet på närmare 120 000 riksdaler, vilket är ungefär 30 gånger så mycket som vad någon av de rikaste bönderna som dog i Dingtuna på 1820-talet lämnade efter sig. Johan Magnus var gift två gånger: först med rådmansdottern Anna Margareta Steinholz från Falun (1752–1799), därefter med häradshövdingedottern Kristina Gran från Avesta (1770–1831).[11]

Allt detta – hem, verksamhet, ekonomi och inte minst fruarnas olika bakgrund – pekar på att Johan Magnus under sitt långa liv rörde sig från en utpräglad borgarkaraktär till en utpräglad ståndspersonskaraktär. Under sin tid i Ramnäs blev han vid varje på 1773 års formulär baserade folkräkning förd som "Bruksidkare ehvad slags Bergsbruk de drifva".[12] Denna kategori låg utanför de fyra stånden. Hade kyrkoherden ens förknippat honom med borgerskapet hade det varit enkelt att räkna honom till borgarkategorin "Ämbetsmän och Stånds-personer, som idka Borgare-näring", men så skedde aldrig. Detta är anmärkningsvärt, men inte konstigt, för i Ramnäsprästens ögon torde det ha varit självklart att Johan Magnus skulle räknas som bruksidkare, eftersom han idkade bruk.

I Johan Magnus bouppteckning presenteras, bland andra arvingar, åtta söner. Före namnen hedras de med titlarna "Herr Lagmannen", "Herr Brukspatronen", "Herr Capitainen och Riddaren","Herr Grosshandlaren","Herr","Herr Lieutenanten", "Herr HofRättsnotarien" respektive "Handelsbokhållaren herr".[13] Det är tydligt att familjens karaktär av såväl borgerskap som ståndspersoner fortlevt efter Johan Magnus död. Den uppmärksamme noterar dock att femte sonen, den då 45-årige Gustav Adolf, inte ges någon annan titel än det i sammanhanget intetsägande "Herr". Orsaken är att Gustav Adolf valt en väg som var så starkt förknippad med bondeståndet att de titlar som låg nära tillhands snarare skulle sänka än framhäva hans ställning: jordbruket. Denna näring hade länge ansetts höra ihop med bondeståndet, men vid den här tiden hade även de högre stånden fått upp ögon för den, och de ansåg det vara skadligt att låta de obildade bönderna ensamma sköta något så viktigt.[14] Utvecklingen speglas i tabellformulären: I 1802 års formulär lanserades kategorierna "Possessionater" och "Arrendatorer" som ståndspersonskomplement till "Bönder på egen jord" och "Bönder på andras jord". I dessa nya kategorier låg inte bara en förväntning på social ställning, utan också på att ståndspersonerna skulle bruka större gårdar än bönderna och snarare vara företagsledare, som brukspatronerna, än självhushållare.

Gustav Adolf Schenström (1783–1840) skrevs 1797 in vid Uppsala universitet. I vilket syfte vet vi inte, men att någon med hans bakgrund bedrev högre studier var inget sällsynt. För Gustav Adolf ledde studierna emellertid ingenstans. Ingenting tyder på att han skulle ha avlagt någon högre examen.[15] Han återkom så småningom till Ramnäs. Vid 23 års ålder flyttade han till Köping och tog över skötseln av gården Fantetorp. I tio års tid verkade han på Fantetorp, ogift men med hushållerska.[16] Gustav Adolf mantalsskrevs, trots sin bakgrund, inte som ståndsperson.[17] Fantetorp var heller ingen stor gård. Det är därför inte så konstigt att han inte räknades som arrendator i folkräkningarna 1810 och 1815.[18] Sannolikt fördes han bland "Landtmän, som icke kunna hänföras till annan Titel". Att han skulle anses för bonde är osannolikt, inte minst med tanke på att prosten, som skötte folkräkningen, i husförhörsboken kallade Gustav Adolf "Patron".[19]

År 1816 gifte sig Gustav Adolf med Eva Kristina Boëthius (1792–1875) från Ludvika. De bosatte sig på Bysingsberg, som de arrenderade av Johan Magnus. Eva Kristina var dotter till en bergsman av prästsläkt och rörde sig socialt i gränslandet mellan allmoge och ståndspersoner, en gräns som just ifråga om bergsmän kunde vara väldigt flytande.[20] Det är på sätt och vis samma kategoriseringssvårighet som hos den jordbrukande före detta studenten Gustav Adolf. I Dingtunas folkräkning räknades Gustav Adolf och hans hustru som arrendatorer både 1820 och 1825.[21] Sistnämnda år hade en ny formulärupplaga trätt ikraft och då specificerades arrendatorskategorin som "Arrendatorer, som ej

Ståndssamhällets fall speglad i folkräkningsblanketter 105

tillhöra Bonde-Ståndet". Arrendet hade blivit vanlig som legoform även hos bönder, så förtydligandet hade varit nödvändigt. År 1827 sålde Johan Magnus Bysingsberg till Gustav Adolf.[22] I folkräkningarna 1830 och 1835 räknades Gustav Adolf därför till kategorin "Possessionater utan både Caractèrer och tjenst".[23] Possessionatskategorierna – det fanns även en för possessionater med karaktär men utan tjänst – kan som redan nämnts sägas ha varit den jordägande motsvarigheten till arrendatorskategorin. Possessionatsbegreppet associerades till ståndspersoner och till stor jordmängd. Det var en föregångare till godsägartiteln, men med den distans till allmogen som jordägare av större mått vid denna tid förväntades ha. Gustav Adolf var sinnebilden för den ofrälse possessionaten: en universitetsutbildad ståndspersonsson som bodde på en herrgård, men som bara levde av jorden. Han är ett tidstypiskt exempel på att det blivit socialt acceptabelt för en ståndsperson att inte bara bruka jord, utan också göra det utan att på ett eller annat sätt ha förvärvat någon titel. Detta går hand i hand med hur formulären utvecklades: I 1802 och 1825 års upplagor kategoriserades possessionater och arrendatorer i samma paragraf – paragraferna fungerade som överordnade kategorier – som avskedade ämbetsmän och andra ståndspersoner, medan bönder på såväl egen som andras jord sorterades tillsammans med resten av allmogen. I 1840 års formulärupplaga däremot, låg alla sorters jordbrukare under samma paragraf, medan avskedade ämbetsmän samsades med andra jordlösa. I och med detta led den ståndsbetingade kategoriseringen en av sina sista domänförluster mot den ekonomiska.

När 1840 års formulärupplaga togs i bruk var Gustav Adolf död. Eva Kristina räknades i folkräkningarna 1840 och 1845 till kategorin änkor "Efter Ståndspersoner, som sköta Landtbruk".[24] Till folkräkningen 1850 hade dock sonen Johan Jakob Schenström (1820–1880) tagit över. Han räknades då till kategorin "Possessionater, som ej äro i verklig tjenst och icke här förut upptagne, men som äga och sköta Landtbruk".[25] Johan Jakob hade tagit ännu ett steg närmare allmogen: Han saknade akademisk utbildning. I folkräkningen av år 1855 – Tabellkommissionens sista och den enda som byggde på 1855 års formulär – fanns fortfarande möjligheten att räknas som possessionat. Johan Jakob blev emellertid förd bland "Bönder på egna Hemman".[26] Därmed var familjen Schenströms resa från borgarstånd till bondestånd fullbordad. Johan Jakob gifte sig sent – 1866 – med sin hushållerska Anna Lisa Pettersson (1827–1910), själv bonddotter.[27] Fyra år tidigare hade han blivit vald till nämndeman, en position som fram till 1872 enligt lag var förbehållen bönder.[28]

Familjen Schenströms ståndsresa var inte på något sätt en social degradering. Visst nådde Gustav Adolf aldrig sin fars ekonomiska och titelmässiga ställning, men från Gustav Adolf till Johan Jakob tycks det inte ha funnits någon materiell nedgång.[29] Det som förändrades var snarare synen på vad som gav status. I formulären blev näringen och ekonomin viktigare och viktigare för den sociala ställningen, på bekostnad av de rent ståndsmässiga uttrycken. När den nya elitframhävande titeln *godsägare* började bli populär framåt 1800-talets slut, användes den om såväl bönder som ståndspersoner.[30] Det som var viktigt i sammanhanget var att man ägde mycket jord. Vilket stånd man tillhörde, det var oväsentligt och så småningom bortglömt.

Noter

1. För vidare läsning om Kungliga Tabellkommissionen rekommenderas: Edvard Arosenius, *Bidrag till det svenska tabellverkets historia* (Stockholm 1928); Lennart Hennel, "Demografi som styrmedel: om det svenska Tabellverkets första tid", *Arv och anor: årsbok för Riksarkivet och Landsarkiven 1996* (Stockholm 1996).

2. Monika Edgren visar att den här typen av påverkan kunde vara medveten från kommissionens sida. Monika Edgren, *Från rike till nation: arbetskraftspolitik, befolkningspolitik och nationell gemenskapsformering i Sverige under 1700-talet* (Lund 2001) s. 95–96.

3. Tabellverket (f.d. Tabellkommissionen), Riksarkivet; serierna Protokoll, Koncept, Arbete med nya formulär, Berättelser till Kungl. Maj:t.

4. Jag diskuterar detta mer ingående i Carl Mikael Carlsson, *Det märkvärdiga mellantinget: jordbrukares sociala status i omvandling 1780–1900* (Stockholm 2016) kapitel 3.

5. Om begreppet fyrståndslära, se Kekke Stadin, *Stånd och genus i stormaktstidens Sverige* (Lund 2004) s. 21–22.

Ståndssamhällets fall speglad i folkräkningsblanketter 107

6. Som exempel på studier med sinsemellan olika syn på ståndssamhället kan nämnas: Sten Carlsson, *Ståndssamhälle och ståndspersoner 1700–1865: studier rörande det svenska ståndssamhällets upplösning* (Lund 1949); Stadin (Lund 2004). Lars Edgren, "När skarprättaren i Malmö skulle begrava sin hustru. Ära, stånd och socialhistoriens problem", *Historien, barnen och barndomarna: vad är problemet? : en vänbok till Bengt Sandin* (Linköping 2009).

7. Formulären kan studeras i exempelvis: Andra befintliga längder 1749–1859, Dingtuna kyrkoarkiv, Landsarkivet i Uppsala.

8. Carlsson (Stockholm 2016) s. 82.

9. Jämför Arosenius (Stockholm 1928) s. 6, 41–42, 55–56.

10. Tabell Commissions Berättelse om Tabell wärcket. 1761. 36§, Berättelser till Kungl. Maj:t. 1761-06-21, Tabellverket (f.d. Tabellkommissionen), Riksarkivet.

11. Hülphers genealogier, vol. 3, s. 154–155, Västerås stadsbibliotek; Leijonhufvud, Karl A. Kson, *Ny svensk släktbok* (Stockholm 1906) s 134. Uppgifterna om förmögenhet är hämtade ur Johan Magnus Schenströms bouppteckning 1828-06-13, Bouppteckningar 1827–1829, Snevringe häradsrätts arkiv, Landsarkivet i Uppsala. Bouppteckningar 1822–1893, Tuhundra häradsrätts arkiv, Landsarkivet i Uppsala.

12. Slutsats dragen genom jämförelse mellan Ramnäs kyrkoarkiv G:1, Statistiska tabeller 1749–1859, och Ramnäs kyrkoarkiv AI:5–10, husförhörslängder 1775–1834.

13. Johan Magnus Schenströms bouppteckning 1828-06-13, Bouppteckningar 1827–1829, Snevringe häradsrätts arkiv, Landsarkivet i Uppsala.

14. Om ståndspersoners bild av bönder som varande i behov av föredöme, se Leif Runefelt, *En idyll försvarad: ortsbeskrivningar, herrgårdskultur och den gamla samhällsordningen, 1800–1860* (Lund 2011) särskilt kapitel 3.

15. Matrikel 1761–1833, Västmanlands-Dala nations arkiv, Uppsala universitetsbibliotek.

16. Husförhörslängder 1806–1821, Köpings landsförsamlings kyrkoarkiv, Landsarkivet i Uppsala.

17. Mantalslängder för Köpings landsförsamling 1807–1809, Kammararkivet, Riksarkivet. Vid mantalsskrivning vid den här tiden taxerades ståndspersoner annorlunda än allmogen för innehav av fönster, se *Sweriges Rikes Ständers Bewillning För innewarande År 1789 och the påföljande åren, til nästa Riksdag; Gjord och samtyckt wid Riksdagen I Stockholm then 28 April 1789* (Stockholm 1789).

18. Slutsats dragen genom jämförelse mellan Köpings stadsförsamlings kyrkoarkiv G:1, femårstabeller (folkräkningstabeller) mm 1749–1830, och Köpings landsförsamlings kyrkoarkiv AI:9–10, husförhörslängder 1806–1821.

19. Husförhörslängd 1814–1821, s. 242, Köpings landsförsamlings kyrkoarkiv, Landsarkivet i Uppsala.

20. Leijonhufvud, Karl A. Kson, *Ny svensk släktbok*, Stockholm 1906, s 137. Boëthius, Bertil, *Släkten Boëthius i sexton tabeller* (Stockholm 1962) tabellerna 3 och 13.

21. Slutsats dragen genom jämförelse mellan Andra befintliga längder 1749–1859, Dingtuna kyrkoarkiv, Landsarkivet i Uppsala, och Dingtuna kyrkoarkiv AI:14a–b, husförhörslängder 1815–1824.

22. Köpebrev anskrivet i Tuhundra häradsrätts arkiv AIIa:2, småprotokoll 1812–1829.

23. Slutsats dragen genom jämförelse mellan Andra befintliga längder 1749–1859, Dingtuna kyrkoarkiv, Landsarkivet i Uppsala (och Dingtuna kyrkoarkiv AI:15 a–b, husförhörslängder 1825–1835.

24. Slutsats dragen genom jämförelse mellan Andra befintliga längder 1749–1859, Dingtuna kyrkoarkiv, Landsarkivet i Uppsala, och Dingtuna kyrkoarkiv AI:16 a–b, husförhörslängder 1835–1845.

25. Slutsats dragen genom jämförelse mellan Andra befintliga längder 1749–1859, Dingtuna kyrkoarkiv, Landsarkivet i Uppsala, och Dingtuna kyrkoarkiv AI:17 a–b, husförhörslängder 1846–1855.

26. Slutsats dragen genom jämförelse mellan Andra befintliga längder 1749–1859, Dingtuna kyrkoarkiv, Landsarkivet i), och Dingtuna kyrkoarkiv AI:17 a–b, husförhörslängder 1846–1855.

27. Husförhörslängder 1856–1886, Dingtuna kyrkoarkiv, Landsarkivet i Uppsala; Anteckning om födsel 1827-05-24, Födelse- och dopbok 1824–1871, Gunnilbo kyrkoarkiv, Landsarkivet i Uppsala.

28. Sockenstämmoprotokoll 1862-10-05, Sockenstämmans och sockennämndens protokoll och handlingar 1833-1863, Dingtuna kyrkoarkiv, Landsarkivet i Uppsala; Kongl. Maj:ts Nådiga Förordning, angående ändring i wissa delar af 1 kap. Rättegångs-Balken; Gifwen Ulriksdals Slott den 19 Juli 1872 (SFS 1872 nr 55).

29. Gustav Adolf Schenströms bouppteckning 1840-11-18, Bouppteckningar 1838-1854, Tuhundra häradsrätts arkiv, Landsarkivet i Uppsala; Johan Jakob Schenströms bouppteckning 1880–07-16, Bouppteckningar 1871-1886, Tuhundra häradsrätts arkiv, Landsarkivet i Uppsala.

30. Carlsson (Stockholm 2016) s. 107ff.

Historikern, experterna och steriliseringarna av resanderomer
Maija Runcis

Sverige har en mörk historia när det gäller behandlingen av romer och resande. Den första delen av 1900-talet handlade om ren rasideologi som i sin yttersta form gick ut på att romer inte borde leva i Sverige. Romska mödrar fick inte ta del av mödrahälsovård och sterilisering användes för att de romska generna inte skulle föras vidare. Under andra delen av 1900-talet suddades rasideologin sakta bort och ersattes av välfärdssamhällets kartläggningar och övervakning.[1]

Detta citat är hämtat ur regeringens vitbok *Den mörka och okända historien - Vitbok om övergrepp och kränkningar av romer under 1900-talet*. Det är dåvarande integrationsministern Erik Ullenhag som i inledningen till boken yttrar sig om det svenska samhällets behandling av romer och resande. Vitboken kom till i syfte att sprida kunskap om hur romerna i Sverige behandlats under 1900-talet. Tanken var att historien skulle kunna förklara romernas villkor i Sverige idag. Därigenom ville regeringen stärka arbetet med romers mänskliga rättigheter samt förbättra romers levnadsförhållanden. Vitbokens historieskrivning bygger till stor del på de berördas egna upplevelser och gruppens kollektiva minnesarbete.

Det finns också många andra vittnesmål om övergrepp mot romer och de senaste två decennierna har statliga utredningar om etnisk och social diskriminering av romer avlöst varandra.[2] Det står klart att till skillnad från tidigare myndighetsexperter delar dagens experter Vitbokens bild av en historia full av övergrepp från samhällets sida. I den här artikeln kommer jag att påbörja

---

Hur du refererar till det här kapitlet:
Runcis, M. 2016. Historikern, experterna och steriliseringarna av resanderomer. I: Sandén, A. & Elgán, E. (red.) *Kunskapens tider: Historiska perspektiv på kunskapssamhället.* Pp. 110–127. Stockholm: Stockholm University Press. DOI: http://dx.doi.org/10.16993/bai.h. License: CC-BY 4.0

en granskning av steriliseringar av vissa av de grupper som i dag räknas in i den romska minoriteten.

Den romska minoriteten i Sverige

1999 erkändes romer som en av fem nationella minoriteter i Sverige. Den nationella minoriteten romer består i sin tur av fem grupper: Svenska romer, finska romer, utomnordiska romer, nyanlända romer och resandefolket. Resanderomer eller resandefolket, som under 1900-talets första hälft av myndigheterna benämndes "tattare", har funnits i Sverige sedan flera århundraden och utgör idag den största gruppen inom den romska minoriteten.[3] Fram till mitten av 1950-talet gjorde såväl vetenskapen som myndigheterna skillnad mellan "tattare" och "zigenare" även om de båda grupperna betraktades som socialt problematiska. Det fanns en föreställning om att "tattarna" ursprungligen var en blandning mellan "zigenare" och "svenskar" medan "zigenarna" saknade "svenskt blod". Den sistnämnda gruppen är ättlingar till de åtta romska familjer som kom till Sverige från Rumänien i slutet av 1800-talet.[4] "Zigenarna" hade under flera decennier därefter inreseförbud till Sverige.[5]

Benämningarna "tattare" och "zigenare" anses idag stigmatiserande och de nya officiella beteckningarna "resande" och "romer" illustrerar ett nytt förhållningssätt från myndigheterna gentemot dessa grupper.[6] I regeringens vitbok har resande och romer behandlats som en enhetlig kategori även om båda benämningarna förekommer.

Användningen av de skilda beteckningarna visar hur resande och romer har skapats som sociala och kulturella kategorier i olika sociala sammanhang och/eller maktförhållanden samt hur dessa har förändrats över tid. Allt sedan sekelskiftet 1900 har vetenskapsmän, läkare, politiker, präster och övriga myndighetsrepresentanter bidragit till stereotypiseringen av romer. Även vi samtida forskare har bidragit till en fortsatt stereotypisering då vi har fört vidare dåtidens benämningar och pejorativa uttryck hämtade ur de historiska källorna. Ekonomhistorikern Paulina de los Reyes menar till exempel att "forskning som har bedrivits om steriliseringslagstiftningen i Sverige har bidragit till att skapa en missvisande bild av steriliseringspolitikens omfattning och konsekvenser för romer".[7] Eftersom jag tillhör dem som har forskat om steriliseringar i Sverige på 1900-talet tar jag kritiken på allvar. Det vi historiker har förbigått, enligt de los Reyes, är de samlade erfarenheterna av sterilisering och förföljelser som är ett återkommande tema i de berättelser som berättats av romer och resande, men även av journalister de senaste decennierna.[8] de los Reyes menar dock att kvalitativa studier som t.ex. diskursanalyser skulle ge andra resultat än de kvantitativa studier som hon menar har dominerat forskningen om steriliseringarna.

Jag instämmer i att kategorin "tattare", som den beskrivs i utredningar och politiska debatter från 1900-talets första hälft, överensstämmer väl med många av de uttryck och markörer som förekommer i steriliseringsansökningarna där enskilda individer steriliserats på eugenisk eller social indikation. Jag håller också med om att det finns direkta utpekanden av "tattare" - dock inte av "zigenare" - i den politiska och medicinska diskursen *om* steriliseringslagarnas tillämpning. Men till skillnad från de los Reyes anser jag inte att detta räcker som belägg för att säga att de personer som steriliserades med hänvisning till sociala missförhållanden och "asocialt levnadssätt" under 1930- till 1950-talets var "tattare".

Under alla förhållanden kan vi konstatera att det bland forskare som studerat steriliseringsfrågan råder skilda ståndpunkter: den kvantitativa som menar att resanderomer är en marginell kategori bland de steriliserade medan den kvalitativa anser att romer måste betraktas som överrepresenterade i steriliseringsstatistiken, eftersom vi "[m]ed kunskap om dåtidens resonemang om tattarnas egenskaper är [...] så nära man kan komma ett utpekande av gruppen som särskilt lämplig för en steriliseringslag."[9] Regeringens vitbok från 2014 är inne på samma linje då den framhåller att det råder en diskrepans mellan romernas "kollektiva minnen av steriliseringar och deras perifera position i steriliseringspolitikens officiella historieskrivning".[10] I klarspråk innebär detta att romernas minnen av övergrepp inte överensstämmer med den statliga utredning som genomfördes på 1990-talet och som bland annat gick igenom vilka som blev föremål för steriliseringsingrepp.

Min avsikt i denna artikel är inte att förringa romernas erfarenheter av förföljelser och övergrepp. Jag vill heller inte polemisera mot, eller förneka andra forskares studier av den svenska steriliseringspolitiken, vare sig det gäller politiska diskurser eller praktiker. Jag vidhåller dock att det är problematiskt att säga att eftersom expertspråket i steriliseringsakterna innehåller samma typer av nedsättande termer som dem som användes om romer, betyder det inte att alla som steriliserades var romer, utan där fanns också andra socialt stigmatiserade grupper. Min avsikt i denna artikel är att ställa olika delar av dåtidens expertkunskap mot varandra. Detta görs genom att Socialstyrelsens s.k. tattarinventering granskas i relation till Medicinalstyrelsens steriliseringsakter, för att se om det med hjälp av de mer traditionella historiska metoderna som källkritik går att komma längre i fastställandet av hur stor del av de steriliserade som var resanderomer.

Berättelser om romer ur ett ovanifrånperspektiv

Men hur såg berättelserna om resanderomer ut på 1930–50 talen? Vilka var "berättarna" och vad representerar berättelserna? Jag menar att detta är viktigt att studera, eftersom en stor del av berättelserna har präglat romerna och deras förhållande till myndigheterna och samhället i stort.[11] Det är också viktigt att få en bild av samtidens syn på romer för att se om dessa lägger grunden för steriliseringslagens praktik under denna period.

Den 25 september 1942 fick socialstyrelsen regeringens uppdrag att "verkställa inventering av de tattare och zigenare, som finnas inom riket". Syftet med inventeringen var:

> att ge kännedom om ifrågavarande befolkningsgruppers storlek och spridning inom landet och hade föranletts av vissa framställningar till Kungl. Maj:t om utredning angående de sociala problem, som tattarna till följd av sitt levnadssätt och olägenheterna, därav för den övriga befolkningen givit upphov till på en del orter. Ehuru i fråga om zigenarna några klagomål icke anförts beträffande deras förhållande till andra samhällsmedlemmar, ansågs det lämpligt att i detta sammanhang även undersöka zigenarbefolkningens storlek. Vid socialstyrelsens planläggning av den anbefall-

da inventeringen ha av olika skäl särskilda undersökningar ansetts böra verkställas för tattare och zigenare.[12]

Socialstyrelsen beslutade således att utföra två skilda inventeringar, eftersom man ansåg att "tattare" och "zigenare" var två skilda folkgrupper. Socialstyrelsens experter konstaterade också att ur social synpunkt hade "den svårutredda frågan om tattarnas ursprung endast sekundär betydelse".[13] I samband med initieringen av denna nya "tattarinventering" (tidigare inventeringar hade gjorts 1922–23) inhämtades däremot kunskap om "tattare" både från folklivsforskare och från Rasbiologiska institutet. Dessa rapporter skiljer sig åt i fråga om beskrivningen av "tattare" och resandefolkets egenskaper. Rasbiologiska institutets rapport utgör en antropologisk undersökning av "tattare" och har en vetenskaplig karaktär, till skillnad från den etnologiska undersökningen gjord av Nordiska museets upptecknare. I den senare speglas en dåtida folklig diskurs om resandefolket, som till exempel i det följande citatet. Uppteckningen är gjord av Karl G Larsson, Måljem Nol, i Bohuslän, 1943 och utgör en del av Socialstyrelsens "tattarinventering" 1943:

> Allmogen brukade uppdela det kringflackande vandringsfolket i tvenne grupper, nämligen tattare och zigenare. Zigenarna voro hållna för att vara renrasiga folkelement ifrån sydöstra Europa, väl förtrogna med Troll- och spådom samt i besittning av ansenlig förmögenhet ofta i form av kedjor och smycken, som buros av såväl män som kvinnor.
>
> Zigenarna klädde sig bättre än tattarna och hade sig sinsemellan sitt eget språk. Zigenarstammen hade även hövding, vilken till tecken på sin värdighet bar stav. Stammens medlemmar måste absolut lyda hövdingen. Svenska språket talade zigenarna mycket dåligt varför de ofta brukade teckna då de önskade sig något.
>
> Tattarna anses däremot utgöra en blandning av allt slags "pack" (sämre folkelement) såsom fördrivna zigenare, valloner, svenskt slödder och finnar vilka genom inavel och fattigdom utgjort och utgöra alltfortfarande en samling snuskiga individer, livnärande sig på andra människors enfald och godtrogenhet eller och övande tjuveri, bedrägeri, tiggeri och rån.[14]

Citatet speglar tydligt vilka personer uppgiftslämnaren anser utgör "den andre", de som inte passar in hos "oss", som avviker från

Historikern, experterna och steriliseringarna av resanderomer 115

övriga individer i det svenska samhället. Intressant att notera är att här liksom i anvisningarna till Socialstyrelsen dras en skarp linje mellan kategorin "zigenare" som sägs vara ett främmande "renrasigt" folk från en annan tid, medan "tattarna" beskrivs som ett "sämre folkelement" och ett samtida samhällsproblem. Detta synsätt skiljer sig ju markant från dagens uppfattning där dåtidens "tattare" och "zigenare" numera förs till en enhetlig kategori, romer. Uppteckningarna från Nordiska museet visar att det vid den här tiden fanns en rasbiologisk diskurs hos svenska folket. Denna saknar dock den vetenskapliga karaktären som blir tydlig i Rasbiologiska institutets rapport, som sammanställts av professorn och tillika chefen för Statens Rasbiologiska institut, Gunnar Dahlberg. Även Dahlberg gör en åtskillnad mellan "zigenare" och "tattare" där den senare gruppen betecknas som "vagabonderande" och har i "viss mån asocial livsföring" medan "zigenarna" skilde sig i "klädedräkt, språk etc." från den svenska befolkningen.[15] "Zigenarna" ansågs ha en främmande etnisk härkomst och de betraktades inte som svenskar på samma sätt som kategorin "tattare":

> Inledningsvis må framhållas, att bland personer, som ha rent svensk härstamning, måste finnas åtskilliga, som utmärka sig för den livsföring, som angivits i det föregående. Det finns också personer, vilka ha rent svensk härstamning och det oaktat äro mörklagda. Det bör under sådana omständigheter ej möta större svårigheter att finna svenskar, som i avseende på såväl livsföring som utseende överensstämma med de föreställningar man förbinder med ordet tattare.[16]

Dahlberg kunde vidare konstatera att det bland den undersökta kategorin "tattare" inte heller förelåg någon "rasmässig avvikelse" i fråga om kroppsbyggnad. Däremot uppvisade "tattarna" mindre axelbredd och mindre huvudmått med kortare ansikten. Undersökningen kunde säkerställa "skillnader såväl för pannans som huvudets bredd samt också för huvudets längd". Detta ansågs vara ett uttryck för "en mindre utvecklad hjärnskål hos tattarna och det ligger nära till hands att misstänka, att tattarna också ha något mindre hjärna än vad som utmärker svenska folket i genomsnitt."[17] Så talade chefen för rasbiologiska institutet 1944, men han avslutade sin rapport med att konstatera att det inte på ett objektivt sätt gick att skilja ut "tattare" från andra svenska medborgare.[18]

De svenska steriliseringslagarna

I min avhandling *Steriliseringar i folkhemmet*, valde jag att studera steriliseringslagarnas tillämpning utifrån ett genusperspektiv. Jag ställde mig frågan hur det kom sig att 93 % av de steriliserade individerna var kvinnor, när lagarnas tillämpningsområde gällde "vissa sinnessjuka, sinnslöa eller andra som lida av rubbad själsverksamhet". Ansågs kvinnor vara mer utsatta för "sinnslöhet" eller själslig "rubbning" än män? Svaret blev, kanske något förvånande, nej! Den samtida medicinska sakkunskapen visade att förhållandet var helt tvärtom, dvs. "sinnslöhet" och sinnessjukdom hade bekräftats vara vanligare hos män. Alltså måste andra argument sökas för att finna förklaringar till kvinnors överrepresentation i materialet.

Ett skäl till att kvinnor hamnade i fokus för lagens praktik var bl.a. den sociala indikationen för sterilisering, dvs. då individen ansågs vara ur stånd, eller uppenbart olämplig att ha hand om vårdnaden om ett barn. Denna indikation fanns med i både 1935 och 1941 års steriliseringslagar. En lagändring 1941 breddade lagens tillämpning med tillägg av indikationerna "asocialt levnadssätt" samt medicinsk indikation, där den sistnämnda endast kom att gälla s.k. "utsläpade mödrar" och kvinnor som på grund av fysisk och psykisk "svaghet" riskerade sin hälsa i samband med graviditeter. I fråga om steriliseringar på social indikation avtecknade sig ett tydligt könsmönster som även följde lagens tillämpning, där s.k. ohämmad sexualitet så gott som alltid förknippades med "olämpliga mödrar" eller "asociala" kvinnor, som födde barn utom äktenskapet. Genom denna blandindikation (social och medicinsk) som omfattade kvinnors sexualitet och barnafödande ansåg experterna att de värnade utsatta barn samt utsatta kvinnor med många barn. Lagstiftarna talade om barnrika familjer i svåra ekonomiska och sociala situationer, till exempel där hustrun var utsläpad av många barnsbörder och mannen socialt "undermålig" eller alkoholiserad. I dessa situationer där familjens välfärd ytterligare kunde "hotas" genom nya graviditeter skulle sterilisering av kvinnan vara väl motiverad, eftersom preventivmedel kunde innebära en alltför osäker rekommendation.[19] De sakkunniga resonerade även kring möjligheterna att sterilisera den "asociale" mannen, men experterna trodde att det skulle vara svårare att erhålla mannens samtycke för sterilisering även om denne bedömdes vara psykiskt abnorm. Det påpekades dock att i samtliga fall där blandindikationer av "humanitär", ekonomisk, social och rashygienisk grund förelåg, skulle en i familjen steriliseras. Om den ene vägrade skulle den andre steriliseras.[20] I denna diskussion smög sig ett tydligt könsmönster in i utredarnas argumentation då det förutsattes att kvinnan skulle vara mer medgörlig eller mer underdånig inför myndigheternas eller läkarens påtryckning.[21] Därigenom befästes bilden av kvinnan som det svagare könet och den som samhället kunde kontrollera.

Ansökningar om sterilisering kunde göras av fattigvårdsnämnder, barnavårdsnämnder och andra myndighetspersoner. Vanligast förekommande bland de som ansökte om sterilisering för kvinnornas del under 1930–1950-talet var fattigvårdsnämnden och barnavårdsnämnden. För männens del var det mestadels anstaltspersonal som ansökte om sterilisering i samband med utskrivning från anstalten.

Huvudsyftet med 1941 års lag var att uppnå större effektivitet i tillämpningen genom att reglera alla former av steriliseringsingrepp. Kriterierna för "tattare" kunde mycket väl passa in i indikationen "asocialt levnadssätt" utifrån de rådande beskrivningarna och berättelserna, men de kvinnor som steriliserades på grund av "asocialt levnadssätt" betraktades i regel som "sexuellt hållningslösa" – en markör som inte är vanligt förekommande i "tattardiskursen". En genusanalys av steriliseringsakterna visar att kvinnor pekades ut på sociala och moraliska grunder i en "folklig diskurs", t.ex. av grannar, anhöriga, folkskollärare eller fattigvårds- och barnavårdsnämnder, medan männen dömdes för brott mot lagar, t.ex. stölder, ekonomisk försumlighet, våld och missbruk, och bestraffades på juridiska grunder. Männen steriliserades främst i samband med utskrivning från anstalter.[22]

Den vetenskapliga rasbiologin och dess tillämpade form, rashygienen, gjorde anspråk på kunskaper om såväl psykiska som moraliska egenskaper hos individer. Rasbiologerna klassificerade individer efter yttre skiljelinjer. Etniska och kulturella egenskaper betraktades som nedärvda och ärftliga.[23] I diskussionerna till 1941 års steriliseringslag om vilka som skulle omfattas av den nya lagen kan man tydligt se hur det medicinska vetenskapsfältet gavs ett både rasbiologiskt och moraliskt innehåll. Det "omoraliska" och "asociala" levnadssättet medikaliserades och gjordes ärftligt. Detta avspeglas framför allt i frågan om vilka individer och sjukdomsbegrepp som skulle inbegripas i lagens tillämpningsområde. Utredarna talade om "gränsfallen", d.v.s. sådana fall som var svåra att ta ställning till beträffande sjukdomsbild och rättskapacitet, och som ansågs kunna bli ett problem i lagens tillämpning.

"Tattarna" nämns inte explicit i lagens förarbeten, däremot kom flera av kriterierna för sterilisering att vara desamma som dem som vi sett användes några år senare för att beskriva resanderomerna.

Ur "praktisk synpunkt" ansågs asociala egenskaper utgöra en stabil grund för sterilisering, vid bedömning av enskilda fall. "Undermålighet" kunde yttra sig både på det intellektuella och det moraliska planet, menade experterna. De "höggradigt asociala" kunde även karakteriseras som "svårartade psykopater". Denna grupp bedömdes vara mycket stor och omfattade en del yngre "vanartiga" individer som fanns både innanför och utanför skydds- och uppfostringsanstalterna. Bland dem som kallades för debila och psykopater ingick också vissa "arbetsskygga" individer, till exempel prostituerade och vagabonder.[24] Dessa grupper borde, enligt de sakkunniga, steriliseras i största möjliga utsträckning och för samhällets bästa, eftersom de förorsakade stat och kommuner stora ekonomiska utgifter.[25] De sakkunniga gick som katten kring het gröt vad gällde benämningen "tattare", vilket medförde att kategorin i steriliseringslagens praktik inte pekades ut som en särskild ras, utan i förekommande fall steriliserades på grund av "vagabonderings-tendenser" eller "asocialt levnadssätt". Denna tvehågsenhet visar tydligt att experterna inte var överens om hur kategorin "tattare" skulle definieras och identifieras och därför kom de att inkluderas i den allmänna kategorin misskötsamma och "asociala" individer. Det är ytterst få steriliseringsansökningar som benämningen "tattare" anges och efter 1955 försvann begreppet helt i steriliseringsansökningarna.

Socialstyrelsens "tattarinventering" 1943

Mot bakgrund av Vitbokens uppgifter om att majoriteten resanderomer har erfarenheter av övergrepp och steriliseringar från myndigheternas sida är det intressant att studera denna fråga djupare än vad jag tidigare har gjort. För att se om resanderomer särskilt pekats ut i steriliseringsakterna har jag valt att jämföra Socialstyrelsens "tattarinventering" 1943 med ansökningar om sterilisering till Medicinal- och Socialstyrelsens rättspsykiatriska nämnd. "Tattarinventeringen" utfördes under åren 1943–44 och bestod av en kartläggning av 7668 "tattare", fördelade på 1947 hushåll i 436 kommuner.[26] Inventeringsuppgifterna omfattar de registrerades födelsedata, födelseort, bostadsort, civilstånd, sysselsättning m.m. Även personer tillhörande samma bostadshushåll redovisas. På registerkortet anges också skälen för att personen/hushållet registrerats som "tattare", t.ex. deras levnadssätt samt huruvida de använder sig av det s.k. "tattarspråket".

Kartläggningen utfördes av särskilda sagesmän såsom präster, lärare, kommunala förtroendemän och funktionärer samt enskilda, som ansågs förtrogna med ortstraditionerna. "Polismyndigheterna behövde däremot icke låta uppsöka och utfråga de personer, som skulle redovisas såsom tattare", enligt Socialstyrelsens sakkunniga. Det betonades i direktiven att inventeringen skulle omfatta samtliga resande, dvs. både skötsamma och icke skötsamma "asociala element".[27]

Min undersökning utgår från en jämförelse mellan dessa registerkort och diarier till steriliseringsansökningarna. Det totala antalet steriliserade uppgår till 63 000 för perioden 1935–1975. Jag har valt perioden 1935 till 1957 som jämförelsegrund för min undersökning. Valet av undersökningsperiod grundar sig på att det fram till 1957 finns alfabetiska register i steriliseringsdiarierna som möjliggör en jämförelse, samt också att "tattare" upphör som begrepp i offentliga utredningar efter 1955. Undersökningen baseras helt på arkivhandlingar där de enskilda individernas egna röster inte kommer till tals, men där de ändå finns synliga med alla sina personuppgifter, familjemedlemmar och beskrivningar av sociala förhållanden.

Tattaren är en man

Med mitt bidrag vill jag dels fördjupa genusperspektivet och dels problematisera bilden av steriliseringar av resanderomer, bl.a. för att söka svar på om "tattare" var särskilt utpekade i steriliseringslagens praktik. Jag har valt ut ett antal län från "tattarinventeringen" (Stockholms län, Göteborgs- och Bohuslän, Älvsborgs län, Gävleborgs län samt Skaraborgs län) som totalt omfattar 595 hushåll (1 registerkort/hushåll). En översiktlig genomgång av inventeringen ger vid handen att majoriteten av de registrerade personerna var män. Endast 124 registerkort av de 595 (21%) registrerade hushållen gällde kvinnor. Socialstyrelsen reflekterade själv över att andelen kvinnor var låg i förhållande till registrerade män, viket enligt styrelsen kunde bero på "att en del kvinnor av tattarbörd, vilka genom gifte eller av andra skäl lämnat tattarmiljön, ej kommit med i materialet. /.../ Av naturliga skäl tilltalas kvinnor högst sällan av ett vagabonderande liv; kvinnliga luffare är ju – utanför zigenarnas och tattarnas krets – ett nästan okänt begrepp".[28]

För att avgränsa arbetet till en rimlig proportion valde jag Göteborgs och Bohuslän för närmare analys. I detta län registrerades totalt 276 "tattarhushåll" varav 50 kvinnor stod för hushållet, (lite drygt 18%).[29] De manliga "tattarhushållen" bestod av 161 gifta "tattare" där majoriteten hade hustrur som även de ingick i samma kategori. Endast 40 män var gifta med kvinnor som inte kategoriserats som "tattare" och där detta även noterats i registerkortet. Eftersom en överväldigande majoritet av dem som steriliserades var kvinnor har jag koncentrerat min undersökning på de 50 hushållen som registrerats på kvinnorna och deras familjer som alla bodde i Göteborg eller i Bohuslän. Undersökningen har gjorts genom att jämföra kvinnornas (och i förekommande fall även deras familjers) personuppgifter med Medicinalstyrelsens och Socialstyrelsens diarier över inkomna steriliserings-ansökningar för åren 1935–1957. Att gå igenom diarierna på detta vis var en grannlaga uppgift som gav magert resultat. Detta kan delvis förklaras med att 25 av kvinnorna var i pensionsåldern. För att kompensera för detta granskade jag även om andra i familjen och de vuxna barnen förekom i steriliseringsansökningarna.

Jag fann faktiskt endast en kvinna från "tattarinventeringen" i steriliseringsdiarierna. Det var en kvinna som vid 35 års ålder 1941 steriliserades i samband med utskrivning från en alkoholistanstalt. Hon hade ett halvår innan steriliseringen fött

Historikern, experterna och steriliseringarna av resanderomer 121

sitt fjärde barn som togs ifrån henne direkt efter födseln och placerades på barnhem. Två av hennes yngsta pojkar var sedan tidigare placerade på barnhem. Kvinnan var gift med en man, en renhållningsarbetare, som inte kategoriserats som "tattare" vare sig i Socialstyrelsens "tattarinventering" eller i kvinnans steriliseringsansökan.

Kvinnans fall reflekterar väl den svenska steriliseringsdebatten från 1930- och 40-talets början som innehåller både arvshygieniska och moraliska argument. Det talades i flera sammanhang om betydelsen av att sterilisera alkoholister, psykopater, lösdrivare, "tattare", vagabonder och andra asociala typer, eftersom deras läggning i grunden sades bero på själslig rubbning. Hennes akt i "tattarinventeringen" speglar också hur myndigheterna genom att anlita lokala experter skaffade sig kunskap om gruppen resanderomer. Uppgifterna i "tattarinventeringen" om kvinnans liv och leverne hade lämnats av förre folkskolläraren Carl Hillström i Mölndal samt hälsovårdsinspektören Gerle Jönsson. Orsaken till att kvinnan registrerades i "tattarregistret" var enligt uppgifterna på registerkortet: "hävdvunnen uppfattning om kvinnan samt rasdrag, och levnadssätt".[30]

Av de 50 registrerade kvinnliga hushållen i Göteborgs och Bohus län i 1943 års "tattarinventering" hade i hälften (25 registerkort) av fallen uppgifterna lämnats av polisen, som ansågs ha god kännedom om lokalbefolkningen. Polisen fick dock inte uppsöka enskilda individer för att registrera dem (se ovan) utan detta skulle ske med allmänhetens medverkan och polisens egen erfarenhet. I 18 fall hade uppgifter lämnats av Barnavårdsnämnden eller Fattigvården. I 9 fall hade uppgifterna inkommit från en och samma person, nämligen sysslomannen i Uddevalla.[31] Dessa kvinnor ansågs som skötsamma i bygden men bedömdes som "tattare" av "hävdvunnen uppfattning".[32]

Så här långt kan vi sammanfatta undersökningen om steriliseringar av resanderomer i Göteborg och Bohuslän under perioden 1935–1957 med att endast en av de personer som står upptagna i den så kallade tattarinventeringen står att finna i registret över steriliseringsakter. Sammanfattningsvis har min lilla undersökning gett resultatet att majoriteten av de som registrerades i Socialstyrelsens "tattarinventering" 1943 var män.

Kvinnorna fanns förvisso där men då som familjemedlemmar (vuxna barn, hustrur varav många noterats som "ej av tattarsläkt"). I vilken mån kvinnorna som gift in sig i resandekulturen och eventuellt blivit steriliserade har inte undersökts. Här krävs ytterligare undersökningar (161 registerkort) för att säkerställa resultat. Med reservation för tolkningar av materialet törs jag ändå påstå att det inte går att hävda att resanderomer skulle vara en överrepresenterad grupp bland de steriliserade. Denna tolkning grundar jag på att majoriteten av de som steriliserades var kvinnor, medan Socialstyrelsens inventering domineras av män. Därmed bekräftas de forskningsresultat som jag, och senare även Mattias Tydén har kommit fram till i våra respektive avhandlingar.

De kvinnor som steriliserades på social indikation eller på grund av "asocialt levnadssätt" ansågs ligga samhället till last genom att de saknade egen försörjning och därmed inte kunde ta hand om de egna barnen. De steriliserade kvinnorna fick alltså bära ett personligt ansvar för den bristande sociala miljö som de levde i. Det var för det mesta i samband med att kvinnorna kom i kontakt med myndighetsrepresentanter från barnavården, fattigvården eller sjukvården som steriliseringsprocessen inleddes. Dessa kvinnor saknade de "vagabonderingstendenser" som ju ansågs känneteckna resandefolket och som var en förutsättning för resandefolkets försörjningsmöjligheter. Resandet utgjorde en möjlig grund för försörjning av allehanda slag, även om detta skedde mestadels under den varmare säsongen på året. Dessutom gjorde resandefolket allt för att undvika, det som av folket självt uppfattades som myndigheternas repressiva åtgärder. Att gömma sig för de sociala myndigheterna blev helt enkelt en överlevnadsstrategi, eftersom resande inte själva fick definiera det egna hjälpbehovet.[33] På denna punkt hade myndigheterna ensamma problemformuleringsprivilegiet. Att resanderomer diskuterades flitigt i steriliseringsdiskursen är ett tydligt tecken på att man från samhällets sida inte accepterade deras levnadssätt och flyttvanor, kanske just för att kringresandet gjorde dem svåra för samhället att kontrollera. Det behöver dock inte betyda att resanderomer i praktiken blev mer utsatta för steriliseringar än andra diskriminerade och marginaliserade grupper.

Att minnas sin historia

Den medicinska och rasbiologiska vetenskapen dominerade steriliseringslagens tillämpning. Dåtidens experter och tjänstemän, barnavårdsmän, fattigvårdsstyrelser, lärare, läkare och andra företrädare för kommunens sociala verksamhet, kunde förstå och försvara sin verksamhet med den kunskap som vetenskapssamhället ställt sig bakom. Det gjorde det möjligt för dem att distansera sig från de människor som pekades ut och som de anmälde för sterilisering.

Som nutida forskare har jag däremot svårt att se de människor som steriliserades med dåtidens distans, även om jag vet att en vetenskaplig undersökning också kräver en viss distans till det som ska utforskas och att just distansen har betydelse för val av metod och därmed för forskningsresultaten. När jag skrev min avhandling om steriliseringar i folkhemmet blev jag dock mycket upprörd över vad jag fann i arkiven. Jag ville, eller snarare, jag förmådde inte distansera mig från de berättelser som gällde de enskilda individer som jag hittade i källmaterialet. Därför valde jag att speciellt lyfta fram de omständigheter som med dagens ögon uppfattas som övergrepp mot samhällets allra mest utsatta individer. Mitt val har, kanske med rätta, fått skarp kritik av historiker. Bland många idag levande steriliseringsoffer har min avhandling däremot hyllats. Detta är jag tacksam för. Trots detta, eller kanske just tack vare detta, vill jag avslutningsvis diskutera de svårigheter en historiker kan stöta på om hen väljer att stå fast vid de resultat som bygger på de uppgifter som finns bevarade i olika arkiv och med vetenskaplig distans förnekar individers eller gruppers minnen, upplevelser och erfarenheter.

Resanderomerna har många minnen av förföljelse och repression från myndigheternas sida, som dagens myndigheter och experter har tillägnat sig som grund för sin kunskap om resanderomernas villkor i samhället. Vissa av minnena av förföljelser går det att belägga i arkiven, medan motsatt förhållande gäller för andra berättelser. Den studie jag har redogjort för visar att resanderomernas berättelser om steriliseringar ligger väl i linje med hur dåtidens vetenskap och experter såg på dem som en grupp som borde komma i fråga för steriliseringar, samtidigt som jag hittills har hittat ytterst få belägg för att resanderomer var en speciellt utsatt grupp vad gäller de faktiskt genomförda steriliseringarna. Mina resultat kan på den här punkten jämföras med en norsk kollegas resultat beträffande lobotomeringar och steriliseringar av resanderomer i Norge. På Ris kyrkogård i Norge finns ett monument benämnt "Skammens sten". Det är en gemensam gravplats för patienter från sjukhuset Gaustad och stenen har sedan 1960-talet stått som en symbol för övergrepp mot resandefolket, som lobotomi och steriliseringar. Historikern Per Haave, som har studerat de begravdas patientjournaler har dock kunnat konstatera att av de 55 personer som enligt arkiven ligger begravda under "Skammens sten" så tillhörde ingen av dem de resande och att ingen av dem var steriliserad och endast ett fåtal av dem var lobotomerade. "Konklusjonen er at det ikke er knyttet en spesielt dramatisk historie til denne fellesgraven. Gravstedet har fått en sterk, symbolsk betydning, men resultatene av overgrepene knyttet til behandlingen på Gaustad er ikke å finne i denne graven", enligt Per Haave.[34] Enligt ordförande i "Taternes landsforening", Holger Gustavsen, kommer dock föreningens medlemmar att fortsätta att hålla en minnestund vid graven varje år. Stenen får vara en symbol för övergrepp mot resandefolket: "Det er den eneste graven vi har. Hvis folket vårt ikke ligger der, hvor ligger de da? Det er fortsatt mange ubesvarte spørsmål som fortjener den hele og fulle sannhet. Uansett om det er tatere, jøder, kvener eller nordmenn som ligger der, så er det mennesker som ble lagt i en anonym grav og hemmeligholdt", sade Gustavsen i en intervju i Aftenposten.[35]

Berättelser och minnen, liksom vetenskapliga diskurser och experters uttalanden från den tid som minnena berör, pekar ibland åt ett annat håll än den information om den sociala praktiken som finns bevarad i arkiven. Detta konstaterande kan utgöra underlag för angelägna diskussioner dels om vad i vår historia som går att synliggöra med hjälp av de arkivsamlingar som finns och dels om villkoren för det kollektiva minnets konstituering.

Noter

1. *Den mörka och okända historien: vitbok om övergrepp och kränkningar av romer under 1900-talet.* Ds 2014:8.

2. Se t ex Socialstyrelsen (2006) *Omhändertaganden av romska barn* http/:socialstyrelsen.se. Romers rätt SOU 2010:55 samt Rapporter utgivna av Delegationen för romska frågor 2007–2013.

3. Magnus Berg & Jan Popp, *Boken om Popp och hans mamma Alice: sjuttio års kamp för värdighet i utkanten av Göteborg och Sverige* (Göteborg 2014) s. 33.

4. Ibid s. 32.

5. Se Zigenarinventeringen 1944. Inreseförbudet gällde mellan 1914 och 1954. Definitionen av tattare och zigenare har redovisats i flertalet statliga utredningar. Se t.ex. Mattias Tydén, *Från politik till praktik: de svenska steriliseringslagarna 1935–1975* (Stockholm 2002) s. 62–63. Norma Montesino, *Zigenarfrågan: intervention och romantik* (Lund 2002) s. 95; Maria Ericson, *Rapport angående en eventuell sanningskommission för romer och resande/resanderomer i Sverige*, SOU 2010:55 s. 8.

6. Norma Montesino, "Romer i svensk myndighetspolitik – ett historiskt perspektiv". *Meddelanden från Socialhögskolan 2010:2* s. 10.

7. Paulina de los Reyes "Ett olösligt problem, rapport om steriliseringslagarnas konsekvenser för romer och resande", i *Vitboken*: Ds *2014:8.*, s. 19. Hon pekar särskilt ut 2002 års steriliseringsutredning.

8. Ibid. s. 19.

9. Christian Catomeris, *Det ohyggliga arvet. Sverige och främlingen genom tiderna*, Stockholm 2004. Citerat i de los Reyes, s. 19–20.

10. *Vitboken* Ds *2014:8*.

11. *Vitboken* Ds *2014:8*.

12. Sociala Meddelanden 1944, nr 2 s. 116.

13. Sociala Meddelanden 1945, nr 5 s. 379.

14. Nordiska Museet, Etnologiska undersökningen nr 78, svar på frågelista, akt nr U 23925 Bohuslän, Inlands nedre härad, Solberga och Järlanda socken. Upptecknare Karl G Larsson, Måljem Nol.

15. Socialstyrelsens tattarinventering 1943, 5.e byrån H 10. Gunnar Dahlberg, "Antropologisk undersökning av tattare i Sverige", 22 feb 1944, Riksarkivet.

16. Ibid. s. 2.

17. Ibid. s. 4.

18. Ibid. s. 8.

19. SOU 1936:46, s. 65.

20. Ibid.

21. Maija Runcis, *Steriliseringar i folkhemmet* (Stockholm 1998) kapitel 6

22. Runcis (Stockholm 1998) kapitel 9.

23. Mattias Tydén & Ingvar Svanberg, "I nationalismens bakvatten" i *Bryta, bygga, bo: svensk historia underifrån*, (red.), Gunnar Broberg, Ulla Wikander, Klas Åmark (Stockholm 1994) s. 231.

24. SOU 1936:46 s. 27.

25. Ibid.

26. Sociala meddelanden, maj 1945 s. 375.

27. Ibid. s. 380.

28. Ibid.

29. I den offentliga statistiken anges 1043 personer vara "tattare", men där endast 276 registerkort förekommer. Differensen mellan siffrorna säger något om hushållens storlek och familjer. För denna undersökning har endast 50 registerkort som rör kvinnor hunnits gå igenom. Arbetet fortsätter dock med en jämförelse av samtliga 124 registrerade kvinnor i de fem redovisade länen.

30. Ibid. "Rasdrag" var en förtryckt fråga på registerkortet som hörde samman med frågan om levnadssätt". Rasdrag var således inte ett uttryck som användes av anmälarna. Riksarkivet, Marieberg. Medicinalstyrelsens rättspsykiatriska nämnd. Diarier över inkomna ansökningar 1941. Dnr 2362, 1941 (beslut 10 november 1941).

31. En sysslomän är en månghundraårig gammal svensk titel som innebär ett juridiskt och ekonomiskt ansvar för annan person eller verksamhet.

32. Socialstyrelsens "Tattarinventering" 1943, registrerade kvinnor Göteborgs och Bohus Län. Socialstyrelsens tattarinventering 1943, 5.e byrån H 10. Riksarkivet.

33. Berg & Popp (Göteborg 2014) s. 102.

34. Aftenposten 25 februari 2014.

35. Ibid.

Kritiskt tänkande på andra villkor
Poeten Hāfez i medeltidens Persien
Hossein Sheiban

De humanistiska vetenskaper som tog form under 1700- och 1800-talet hade sin grund i Europa. Det innebär att det är de europeiska samhällena, med de normer som gällde i dessa samhällen och den dominans som de europeiska kolonialmakterna hade över världen, som ligger till grund för den historievetenskap som då växte fram, och som tillsammans med andra discipliner nu är en del av dagens vedertagna humanistiska arv.[1] Det ligger dock i humanioras kritiska uppgift att reflektera över sitt koloniala arv,[2] och dekonstruera den orientalistiska diskurs inom vilken Europa och USA har framstått som normen för att mäta all historisk utveckling.[3]

Ett sätt att göra detta är att betrakta moderniteten som en universell process som under förmodern och tidigmodern tid haft olika skepnader i olika delar av världen, men att den europeiska utkristalliseringen under kolonialismens era och därefter har kommit att stå som modell för all modernitet överallt.[4] Det skulle innebära en relativisering av de europeiska koderna för moderniteten. Sålunda blir det förhoppningsvis möjligt att tyda ut annorlunda former av kritiskt tänkande, vilka kan innebära annorlunda typer av rationalitet, annorlunda perspektiv på förhållandet mellan individ och kollektiv eller mellan förnuft och känsla osv.[5] Denna artikel kommer genom exempel från persisk poesi från 1300-talet att betona hur en annan, österländsk form av kritiskt tänkande riktad mot de dominerande tolkningarna av islam, kunde vara utformad.

Den kritik som framfördes under medeltiden mot kyrkan och det som uppfattades vara skenhelighet benämner historiker som *antiklerikalism*.[6] Begreppet härstammar från ordet *kleresi*, alltså

Hur du refererar till det här kapitlet:
Sheiban, H. 2016. Kritiskt tänkande på andra villkor. Poeten Hāfez i medeltidens Persien. I: Sandén, A. & Elgán, E. (red.) *Kunskapens tider: Historiska perspektiv på kunskapssamhället.* Pp. 128–156. Stockholm: Stockholm University Press. DOI: http://dx.doi.org/10.16993/bai.i. License: CC-BY 4.0

prästerskap, och syftar på den kritik som riktades mot prästerskapets anspråk på makt över såväl lekmännens privatliv som det offentliga livet. Klerikalism som en karriärväg för religiösa ämbetsinnehavare var under medeltiden särskilt utmärkande för den kristna kyrkan, som till skillnad från exempelvis buddism eller islam hade en centraliserad organisation. Inom den islamiska världen saknade religionen den byråkratiska organisation som förekom i Europa. Emellertid har religionen alltid inneburit en institutionalisering, som på alla platser frambringat en kår av specialister på religiösa texter och ritualer, med anspråk på tolkningsföreträde. Den makt som dessa specialister ägde över lekmännen har genom tiderna varierat mellan olika religioner och platser, men institutionaliseringen har överallt lett till en koncentration av makt och rikedom i toppen av den religiösa organisationen. Detta har i samtliga fall föranlett kritik, ofta med utgångspunkt i religionen själv, då makten och rikedomen stred mot de egalitära ideal som fanns hos alla världsreligioner i deras begynnelse. Världsreligionerna uppstod som sociala rörelser, som reaktioner mot samhällenas skiktning, och likställde i sina allra första samfund de troende som bröder och systrar. Orättvisorna skulle överbryggas inom församlingen, men institutionaliseringen slussade snart de sociala skillnaderna in i religionens led.[7]

Denna uppsats handlar om en annorlunda form av antiklerikalism, det vill säga den kritik som under medeltiden framfördes mot den skenhelighet och det maktmissbruk som ansågs förekomma hos företrädarna för de islamiska religiösa organisationerna i Persien. Kritiken som framfördes riktade sig mot den ordinarie religionen och hur den såg på religiösa trossatser, ritualer och moraliska regler. Kritikerna framförde därmed en form av annorlunda tolkning av trossatserna och moralen, de erbjöd någon sorts motkunskap. Uppsatsen handlar rent konkret om hur kritiken kom till uttryck och vad motkunskapen gick ut på hos en centralfigur inom klassisk persisk poesi, Hāfez Shirazi (1315/1320–1389/1390), som var verksam i staden Shiraz i centrala Persien.

Urvalet

1300-talet är en speciell tid i persisk politisk och intellektuell historia – en tid av kris, nedbrytning och religiös desintegration.

Den intellektuellt blomstrande islamiska hellenistisk-persiska civilisationen i östra Persien, Khorasan och Transoxanien bröt samman under 1100- och 1200-talet till följd av upprepade anfall från Centralasien, först av turkiska stammar och sedan mongoler. Den intellektuella och litterära produktionen avtog i öster under 1200-talet, och nya litterära centra uppstod tillfälligt i väster, exempelvis i Shiraz, beläget i provinsen Fars i centrala Persien, som sluppit krigets förödelser. Kritiken mot företrädarna för religionen blev tydligare i de västra provinserna, inklusive i Fars och Shiraz, som kom även att lyda under det mongoliska ilkhan-imperiet (1263–1335). Detta imperium bildades när Djingis Khans barnbarn, Hülegü, med våld hade upplöst det abbaisidiska kalifatet i Bagdad 1258. Kejsarna var buddister och ingalunda beroende av den dominerande religionen i Persien, islam, för sin legitimering. De byggde snarare sin makt på våld och allianser, vilket medförde att de islamiska religiösa institutionerna förlorade det politiska stöd som de hade åtnjutit under århundraden. Detta medförde en nedgång i både makt och anseende.

Att det är en poet som står i centrum för denna studie, och inte exempelvis en filosof eller teolog, beror på den persiska poesins särskilda ställning. Å ena sidan hade det islamiska abstrakta tänkandet slutit sig sedan 900- och 1000-talet. Filosofin hade besegrats av teologin, vilken satte gränser för den fria och oberoende tanken. De lärda debatterna hade kommit att kretsa kring Gud och hans skaparkraft, och den tonvikt som tidigare lagts på det mänskliga rationella tänkandet hade begränsats.[8] Å andra sidan hade den persiska poesin utvecklats till ett forum där inte bara individuella känslor och erfarenheter, utan också abstrakta tankar och intellektuella reflektioner, kunde komma till uttryck.

Islam som religion lanserades av profeten Muhammed på 600-talet, ursprungligen som ett sätt att konfrontera de arabiska stammarna. Dessa hade enligt den förislamiska traditionen i Arabien var sin egen poet som lovsjöng stammen och dess gudar. Den islamiska teologin kom därför att vara misstänksam mot poesin.[9] Detta förhållande utnyttjades av de mer eller mindre självständiga furstendömen som från slutet av 800-talet uppstod i Persien, vilka försökte skaffa sig någon sorts sekulär legitimitet gentemot den religiösa legitimitet som utgick från kaliferna i

Bagdad. Det gjorde de genom att stödja persiska poeter.[10] Detta förhållande förstärkte en redan pågående process, då den persiska litteraturen samtidigt höll på att utvecklas till en plattform för resonerande tankar om politiken såväl som religionen och filosofin. Denna utveckling gynnades även av några andra omständigheter. En viktig del av 900- till 1100-talets omfattande politisk-filosofiska diskussion om ledarskapets, kalifatets och sultanatets villkor formulerades med ett litterärt språkbruk.[11] Vidare kom diktkonsten hos ismailiterna, en upprorisk shiamuslimsk inriktning under 1000-talet, att aktivt utnyttjas för att ge uttryck åt oppositionella filosofiska och teologiska tankegångar.[12] Även mystiken fann ett eget uttryck i den persiska poesin, och tvetydigheten i det mystiska poetiska språkbruket användes aktivt för att framföra mystiska meningar, många gånger av kritisk karaktär. Viktigt var att mystiken ursprungligen under 800- och 900-talet hade uppstått som en kritik av den ordinarie formen av islam, den som var institutionaliserad i moskéerna och uppburen av predikanter, teologer och domare.[13]

Poeten Hāfez har en särställning inom den persiska litteraturhistorien. Hans dikter framstod som betydelsefulla redan under hans egen levnadstid och har därefter blivit lästa och tolkade gång efter annan genom århundradena, utan att för den sakens skull framstå som förlegade. Hāfez fick tidigt genomslag inom den persiska folkkulturen, och diktverserna är sedan århundraden integrerade i vardagsspråket som uttryck, tänkespråk och talesätt.

Kontexten för kritiken och motkunskapen

Den kritik som Hāfez ger uttryck för riktar sig inte mot någon abstrakt opersonlig religiös institution, såsom den katolska kyrkan. Den religiösa organisationen var ytterst decentraliserad inom sunniislam, vilken var dominerande i Persien fram till 1500-talet. Varje stad hade sin egen uppsättning av religiösa ledare – predikanter, böneledare, rättslärda, domare, lärare, sufier och sufimästare. De hade studerat samma ämnen, ofta i samma stad, och var i princip utbytbara i sina ämbetsutövningar, men sysslade av praktiska skäl med olika uppgifter. Religionen stod i den islamiska världen nära den politiska makten, vilken i sin tur hämtade sin legitimitet från islamiska trossatser om rättvisa.[14] Men de religiösa organisationerna var inte ekonomiskt beroende av makthavarna. Den religiösa verksamheten bekostades lokalt av donationer, ofta i form av gods som invånarna i staden hade testamenterat till allmännyttiga ändamål. Donationerna, så kallade "ovqaf", administrerades lokalt.[15]

Den lokala förankringen gjorde att det som religionen faktiskt innebar, för såväl tolkningarna som den religiösa praktiken, kunde variera från plats till plats. Detta gällde även i rättsliga sammanhang. Rättsskipningen utgick visserligen alltid från Koranen, men de rättslärda var införstådda med att verserna i Koranen var tvetydiga, och att tolkningen måste ta hänsyn till berättelserna, hadith, om hur profeten själv hade tillämpat texten. Men berättelserna var lika motsägelsefulla som texten själv, vilket gjorde att uttolkaren med sina egna referenser och intressen fick en avgörande betydelse för tolkningen.[16] Rättsskipningen vilade därför i praktiken på en kompromiss mellan de islamiska trossatserna å ena sidan, och de lokala sedvänjorna och domarnas personliga intressen å den andra.

Ändå handlade det om en och samma religion, samma text och samma tolkningstradition överallt. Kritik kunde uppstå när en tolkning fastställdes som den enda giltiga, och lekmännen ålades att följa den. Tolkningspluralismen måste tryckas ned, och folk tvingas till lydnad. Detta lyckades de officiella företrädarna för de religiösa organisationerna, i kraft av sin offentliga makt, ibland med att göra. I den religiösa praktik som blev resultatet stod de religiösa ritualerna i centrum. De rättslärda var specialister på religiösa ritualer, och mätte lekmännens tro med deras respekt för ritualerna. Kritiken mot denna maktutövning – och det är denna kritik som studeras i denna artikel – riktades mot de dominerande tolkningarna som i sin auktoritativa hållning framstod som skenheliga och arroganta, och ofta anklagades för att vara korrupta.

Hāfez och hans religionskritik

Hāfez är en av de mest älskade och mest lästa poeterna inom det geografiska område där persiska har varit litteraturens språk (som är vida större än det persiska språkområdet). De idéer som Hāfez

en gång vävde in i sina dikter är så universella och allmängiltiga, och framförda med en sådan finess och lekfullhet, att dikterna gång efter annan, även i vardagslag av folk på gatan, har blivit lästa, tolkade och åberopade – och alltid framstått som aktuella. Hāfez samlade verk består – i alla de versioner som finns till hands – av knappt 500 *ghazaler*, en diktgenre förbehållen den persiska kärleksdikten med direkta kopplingar till mystiken.[17] Ghazal-genren behandlade ursprungligen sinnlig kärlek, men ledmotiven kom under loppet av 1100- och 1200-talet successivt att laddas med mystiska innebörder.[18]
Hāfez har en egen diktstil. Versraderna i hans dikter är logiskt oberoende av varandra,[19] vilket medför att dikterna blir mycket rika på ledmotiv.[20] Den ena versraden kan handla om vinet, den andra om kärleken och den tredje naturen eller årstiden. Dikterna framstår som svåra att tolka entydigt, vilket nog är avsikten. Hāfez utnyttjar dessutom medvetet ord och motiv med mångtydiga innebörder.[21] Dikterna är visserligen svåra att fånga in, men de är fast sammanhållna. Versraderna förenas genom att samma känsloupplevelse och livsattityd upprepas i dem.[22] Enheten i dikten upprätthålls vidare dels genom en väl bearbetad språklig dräkt, och dels genom associationer till meningsbärande sammanhang utanför dikten. Den kulturella kontexten utnyttjas aktivt, och driver de olika ledmotiven i riktning mot en enhetlig innebörd.[23]

Ge Hāfez vin och "frukta ej"!

Hāfez dikter sammanför abstrakta, moraliska och universellt mänskliga ämnen. De är på en och samma gång uttryck för djup muslimsk fromhet, upproriskt fördömande av skenhelighet eller rent av för känslotillståndet hos en vaken, glad och intensiv individ med melankoliska böjelser. Dikterna kan tolkas som en hyllning till sinnligt kärlek, världslig njutning och vin, och på samma gång som ett uttryck för mystisk kärlek, det vill säga det känslo- och sinnestillstånd hos mystikerna där Gud framstår som målet för allt sökande och tänkande.[24] Alla dessa tolkningar tillåts av Hāfez, men det är dikternas religionskritiska meningssikt som är i fokus här. Hāfez utnyttjar kombinationen av de olika meningsskikten för att bland annat kamouflera sin kritik av de religiösa organisationerna och deras företrädare, samt de förbindelser de har med makten:

> Asketerna vet ingenting: fortsätt spela, tyd korten och säg ingenting! Berusad av makten är fogden/lagens man: Ge mig vin och "frukta ej"![25]

Här uttrycker Hāfez en kritik. Den är riktad mot en figur som jag har översatt till "asket" eller "puritan". Han kunde vara såväl mystiker som skriftlärd, eller sakna religiös utbildning men vara djupt troende. Kännetecknande för asketen och puritanen i Hāfez dikter är att han antas ha gjort avkall på all världslig njutning, från kärlek till vin, för att ägna sig åt tanken på Gud. Men det är inte allt. Asketen och puritanen anser det vara sin uppgift att också tillrättavisa lekmännen, och bestraffa dem ifall de skulle bryta mot de religiösa påbuden och förbuden.

I diktversen ovan uppmanar Hāfez läsaren att synda, att spela kort, vilket naturligtvis bara kan ske under förutsättning att asketerna inte får veta någonting. Och det försäkrar Hāfez: De vet ingenting. Men han uppmanar inte bara till spel, utan också till att tyda korten och kika på dem. Det kan tolkas som fusk. Läsaren inbjuds dessutom till att dricka vin då "lagens man" – asketernas bundsförvant i deras tillsyn över lekmännen – är berusad av sin maktfullkomlighet.

Uttrycket "lagens man" brukar i Hāfez dikter, liksom hos andra 1300-talspoeter och krönikörer, syfta på regenten i Shiraz 1355–1358, Amir Mobārez Mozaffari. Han var ursprungligen furste i den angränsande provinsen Kerman, men tog med våld över makten i Shiraz. Uttrycket myntades på grund av denne furstes överdrivna betoning av en speciell teologisk doktrin, kallad "uppmuntra det goda och förbjuda det onda", som ålade de troende att aktivt gripa in och förbjuda allt som stred mot (den egna tolkningen av) de islamiska sedvänjorna och ritualerna.[26] Amir Mobārez upprättade vid sitt maktövertagande en allians med företrädarna för religionen i Shiraz. Det var därför nödvändigt att inte heller lagens man skulle märka om den läsare som Hāfez riktar sin dikt till skulle dricka vin.

Men Hāfez säger mer. Under den konkreta hänvisningen till asketerna och ordningsmannen flödar en djupare mystisk mening:

Turen i hasardspel, liksom ödet, bestämmer ingen över, och den enda möjligheten som finns till hands för en kortspelare är att försöka styra turen genom att kika i korten. Att försöka tolka sig fram till ödets hemlighet var nog vad Hāfez ansåg sig syssla med i egenskap av mystiker. Han trodde på mystikens kärnidé om Guds närvaro i allt och över allt. Hāfez uttydde alltså tillvarons kort, han kikade på dem för att sätta ihop en bild av Gud, vilken antogs ge sig till känna på olika sätt i tillvarons olika kort.

Förhållandet mellan rus, extas och vin upprättas inte slumpmässigt. De ord som Hāfez använder för att framföra uppmaningen, "frukta ej", står i det persiska originalet på arabiska. Det finns därför anledning att utgå ifrån att citatet är hämtat från Koranen. Där återfinns det i några av berättelserna, som ju är de islamiska motsvarigheterna till de bibliska berättelserna. "Frukta ej!" är Guds ord. Han säger det till sina sändebud, direkt eller genom sina änglar, när han ska upplysa dem om något viktigt, bland annat då han beordrar profeten Lot att lämna städerna Sodom och Gomorra inför den förestående undergången.[27] Hāfez åberopar Gud och uppmanar läsaren att strunta i faran, och dricka sig ut ur asketernas och fogdens värld.

Här, i denna lilla vers, kan man uttyda de huvudsakliga kännetecknen för den motkunskap som Hāfez ställde mot den som företrädarna för de religiösa organisationerna i Shiraz förde fram. Asketerna och deras bundsförvant, lagens man, är de figurer som alltid hos Hāfez står som föremål för kritik, och de provoceras ständigt med associationer till vin och kärlek. Dessa uttryck för sinnlig njutning används ofta i uppenbar opposition mot puritanerna och asketerna, vilka identifierade sig med de religiösa förbuden och påbuden, och såg som sin uppgift att tvinga lekmännen att följa dem.

Vinet och kärleken

Hāfez förkastar asketernas auktoritära inställning till religionen. Han påstår till exempel provokativt i en av sina ghazaler att han under bönen kelade med vinskänken, och försökte få henne/honom[28] att uppmärksamma poeten och fylla hans bägare med vin:

> Om radbandet gick sönder, får du ursäkta mig:
> Min hand höll om armen på den vackra vinskänken![29]

Det kan ses som en provokation riktad mot asketerna och deras syn på religionen som en samling ritualer och förbud. Ur detta perspektiv framstod till exempel kontrollen över hur den muslimska bönen utfördes, eller om fastan under fastemånaden Ramadan och förbuden mot olika rusdrycker respekterades, som ett utrymme för maktutövning.

Provokationen fortsätter då Hāfez slår än hårdare mot asketerna i nästa vers i samma dikt som ovan. Han driver med minnet av den heligaste av alla nätter för muslimer, "uppenbarelsens natt", alltså den natt då profeten Muhammed fick sin första uppenbarelse. Hāfez sade sig ha firat denna natt genom att dricka vin:

> Klaga inte på att jag har druckit vin under uppenbarelsens natt:
> Vännen min kom glatt och en vinflaska stod på hyllan![30]

Men provokationerna ska inte övertolkas. Hāfez var muslim. Kortnamnet Hāfez var en yrkesbeteckning på en person som kunde Koranen utantill, vilket medges av poeten själv.[31] Han försörjde sig genom koranundervisning, enligt både sin egen utsago[32] och uppgifter i inledningen till den äldsta versionen av hans samlade verk från 1409.[33] Dessutom är många av de berättelser som Hāfez utnyttjade, för att föra samman de självständiga verserna i sina ghazaler runt en central mening, hämtade från Koranen.

Den islamiska teologin skilde mellan den religiösa tron å ena sidan, och den religiösa handlingen å den andra.[34] De islamiska ritualerna ansågs möjliga att härleda rationellt ur tron, vilken framstod som en viktig utgångspunkt. De teologiska trossatserna bestod av monoteismen, uppståndelsen och profetian,[35] medan islams fem pelare inte sågs som mer än praktiska konventioner.[36] Faran för att konventioner skulle ersätta tron var någonting som sedan länge hade påpekats av teologerna.[37]

Det var nog denna fara som Hāfez ville framhålla genom sina ironiseringar över de islamiska ritualerna. Men ironierna är provokationer riktade mot en grupp personer, alltså de som tjänade sitt levebröd och byggde sin sociala ställning – och ibland till och med makt – på att reducera religionen till ritualer. Det var asketerna och puritanerna som gjorde det.

> Jag bad Gud om förlåtelse för det som asketen gör,
> och jag tyr mig till Gud för puritanens handlingar![38]

Den skenheliga asketen och det moraliska ansvaret

Asketismen och puritanismen innebar inte nödvändigtvis något ämbetsinnehav. Asketer och puritaner kunde lika gärna vara personer som i sin individualitet valde att ägna sig till Gud. Hāfez ser asketismen och puritanismen som uttryck för en osund inställning till livet och moralen. Fokuseringen på religiösa ritualer bygger på en rigid uppfattning av moralen, vilken leder till att man avfärdar sinnliga njutningar som syndiga. Det är inget fel med att välja kyskheten om man vill så, menar Hāfez, men genom att visa upp sin kyskhet utnyttjar asketen och puritanen otillbörligen Gud för att skaffa sig en särställning gentemot andra människor. Det var ett uttryck för arrogans:

> Mitt hjärta! Jag ger dig ett råd som skulle visa vägen till frälsningen: Var inte stolt över dina synder, och visa inte heller upp din kyskhet![39]

Moralen står för innerliga val som bör bygga på personlig övertygelse, menar Hāfez. Synden är inget att vara stolt över, men det är lika syndigt att skryta om förträffligheten. Synden har för Hāfez ingen på förhand given innebörd. Ett val som är syndigt för en människa i en viss situation, kan i princip vara moraliskt rätt för någon i en annan situation. Det skulle vara fel, arrogant, att se ner på dem som gjort andra moraliska val än en själv.

Knyts denna arroganta inställning an till en yrkesutövning – som hos de rättslärda, juristerna och predikanterna – leder det oundvikligen till att man aktivt söker styra lekmännens beteenden. Med en moral reducerad till en uppsättning trossatser eller ritualer skulle man söka kontrollera och bestraffa deras brott mot de religiösa förbuden och påbuden, kortfattat tvinga dem med våld in till paradiset. Denna inställning tar Hāfez klart avstånd från:

> Den förljugna asketismens flamma skall bränna religionens skörd! Hāfez! Du får kasta bort denna yllemantel och gå din väg![40]

Hänvisningar till en yllemantel hör samman med ghazalens språk. Alla som hade en religiös utbildning och funktion bar mantel. Den var någonting som Hāfez i egenskap av korankännare och koranlärare bör ha haft gemensamt med såväl sufier som predikanter, böneledare och domare.[41] Den bekostades av allmänna resurser, nämligen avkastningen från de egendomar som var donerade till allmännyttiga ändamål. Manteln framställs överallt hos Hāfez som en världslig, synlig symbol för religionen, och han betraktade den därför som innehållslös och ytlig. Den står som ett uttryck för det som Hāfez kallar "förljugen asketism", det vill säga skenheligheten, den arrogans som den bygger på och den strävan efter makt och ställning som den innebär.

Den konflikt som Hāfez i sina dikter tecknar mellan sig själv och asketerna handlar, som forskningen om Hāfez har poängterat, egentligen om synen på förhållandet mellan människa och Gud.[42] Hāfez anser att människan har blivit till genom att utnyttja den gåva hon har fått från Gud genom den första synden, nämligen sitt förnuft. Hon har till uppgift att välja sin handling efter sitt förnuft, och allt som behövs för att göra ett moraliskt försvarbart val finns hos henne redan från den dagen då hon trädde in på jorden. Men en förutsättning för att kunna välja rätt är att också ha möjlighet att välja fel. Så människan bör inte hindras från att begå synder. Livet är en prövning, och det ingår i prövningens begrepp att man ska vara fri att synda.[43]

Denna grundinställning kommer tydligast fram i Hāfez syn på skapelseberättelsen, som är ett av de centrala ledmotiven som förekommer i Hāfez dikter.[44] Fördrivningen från Edens lustgård sker i Hāfez ögon varje gång en människa skapas. Hon släpps gång efter annan fri på jorden, och åläggs att åta sig ett moraliskt ansvar. Det skulle Hāfez inte vägra axla:

> Min far sålde paradisets tomt [Edens Lustgård] för ett par vetekorn:
> Varför ska jag avstå från att sälja världens trädgård för ett havrekorn?[45]

Hänvisningen går tillbaka till den islamiska versionen av den abrahamitiska skapelseberättelsen. Adam och Eva drivs ut ur Eden även i Koranen – för övrigt för att de har ätit vete och inte en frukt – men Hāfez verkar inte uppfatta fördrivningen som en bestraffning. För så allsmäktig som Gud framställs bör han redan från första början ha vetat vad som skulle komma att hända. Allt är förutbestämt, och Adams och Evas olydnad framstår som inledningen på den gudomliga planen för människan som art.

Det tillkommer därför människan att acceptera sitt öde som resultatet av sitt eget val. Ödestron framstår ur denna infallsvinkel som en väg för att komma närmare Gud, så nära som inte ens änglarna kan drömma om. Som svar på änglarnas varningar om den ondska som människan skulle åstadkomma på jorden, sade Gud i Koranens skapelseberättelse: "Jag vet vad ni inte vet."[46]

Ditt ansikte lyste upp men du insåg att ängeln saknade kärlek:
Kärleken förvandlades till en flamma och slog upp mot Adam.[47]

Av central betydelse för Hāfez kritiska syn på asketerna och puritanerna är den skillnad som i den islamiska versionen av skapelseberättelsen finns mellan människan och änglarna:
Änglarna saknar ansvar för sina handlingar och är goda och lydiga av naturen. De är helt igenom goda och har ingen möjlighet att välja att synda. Änglarna äger inte den kunskap som människan har besjälats med, och deras liv är därför torftigt och svartvitt. De är underordnade Gud, och i detta hierarkiska förhållande tillkommer det dem att be till Gud och följa hans ord. Inget annat är tänkbart för deras del, ingen olydnad och inget egentligt liv. Inget ansvar för de egna handlingarna kunde avkrävas änglarna.

O älskade vinskänk! Ängeln förstår sig inte på vad kärlek är!
Be om att få en bägare och häll rödvin över Adams gravplats.[48]

Och jordelivet hade sina egna änglar, eller snarare personer som gjorde anspråk på att vara änglar. Det var människor som sade sig lyda det som de uppfattade som Guds en gång för alla givna ord. Dessa låtsasänglar var asketerna och puritanerna, med den tonvikt som de lade på kyskhet, bön och ritualer.
Det finns dock en grundläggande skillnad mellan änglarna och asketerna. Änglarna är inte i den ställningen att de kan beordra någon till något, men det kan däremot deras självutnämnda dubbelgångare på jorden göra. Dessa ser på Guds ord som om de är befallningar som helt enkelt måste följas, och bristande lydnad bör enligt dem föranleda straff. Det stred enligt Hāfez mot Guds planer för människan.
Dessutom var, enligt Hāfez, asketerna i egenskap av människor inte immuna mot synden. De kunde, oberoende av vad de ville uträtta, inte göra annat än att tillfredsställa sina egna intressen. Puritanernas kontroll av lekmännens respekt för de heliga skrifterna

utövades liksom hos alla människor utifrån egenintresset, inte såsom de själva hävdade, osjälviskt för Guds eller religionens skull. Detta kunde puritanerna och asketerna inte vara helt omedvetna om, vilket innebar att de medvetet ljög om sina verkliga intressen.

Hāfez och mystiken

Hāfez perspektiv på mänskligt ansvar ska inte tas som ett uttryck för en tro på människans fria vilja. Hāfez var mystiker och anslöt sig i den egenskapen till en speciell teologisk grundsyn, ash'arism,[49] som intog en paradoxal ställning mellan traditionalister och rationalister i 900-talets diskussioner inom islamisk teologi, kalām. Ash'arismen tog ställning mot rationalisterna och avfärdade varje tanke på människans fria vilja, men ålade henne ändå ansvar för sina handlingar.

Ash'ariterna förklarade att världen och skapelsen inte gick att förstå sig på. Det låg i Guds allsmäktighet att göra som han ville. Ödet var förutbestämt. Syndaren var predestinerad att begå synder, och asketen att avhålla sig. Men ash'ariterna förstod mycket väl att hela idén med Domedagen skulle urholkas av fatalismen, så de tillät den fria viljan att komma tillbaka, bakvägen:

Det ålåg varje människa att med sitt förnuft förstå och leva upp till det syfte som Gud hade med skapelsen. Det mänskliga livet framstod som en prövning. Det tillkom syndaren att stå emot synden, och asketen att avstå från att visa arrogans gentemot syndarna. Alla var begåvade med förmågan att förstå Guds vilja, även om de heliga skrifterna bara angav de generella riktlinjerna för att skilja mellan rätt och fel. Det tillkom varje människa att efter sitt eget huvud göra moraliskt försvarbara val vid de otaliga tillfällen som skulle uppstå i jordelivet enligt den gudomliga planen för var och en. De moraliska frågorna hade redan från första början ett rätt svar, men människan visste inte i förväg vilket svar som var rätt:[50]

Även om synden inte följde vår fria vilja, du Hāfez,
får du uppföra dig väl och säga att det var ditt fel.[51]

Denna fatalistiska grundsyn arbetades in i den islamiska mystiken under 1000- och 1100-talet, då mystiken efter ett par hundra år av bannlysning från teologernas sida fick en egen teologisk motivering.⁵² En betydande ash'aritisk skolbildning inom den islamiska mystiken, med stort inflytande över Hāfez, var den så kallade "poetiska skolan". Den fatalistiska grundinställningen gjorde att man förklarade allt utifrån Guds vilja. Det innebar ett avfärdande av den rationella tolkningsmetodik som de numera teologiskt utbildade förespråkarna för mystiken hade anslutit sig till.⁵³ Sinnevärlden återspeglade Gud och hans vilja redan i sin oförmedlade konkretion. Gud kunde inte sökas genom rationella resonemang, inte ens genom de sinnesintryck som kunde mätas rationellt och vetenskapligt. Vägen till Gud gick genom intuition och inre upplevelser, vilka hade sitt främsta uttryck inom den mystiska kärlekspoesin.⁵⁴

Hāfez var emellertid inte en vanlig mystiker. Han tillhörde aldrig någon specifik sufiorden och försökte inte tillämpa sufismen.⁵⁵ Sufier var mystiker som organiserade sig i ordnar. Men allt sedan 900-talet hade det funnits mystiker som reagerade mot sufismens hierarkiska ordning och dess institutionalisering. De vägrade ingå i någon orden, utan stod liksom Hāfez ensamma. Den ensamme mystikern sökte bli "en fullkomlig människa". Han framstod i sin egen person som ett praktiskt uttryck för mystikens idé, som en praktisk abstraktion av idén.⁵⁶ Hāfez beskrev sig själv i några av sina dikter som *den ensamme*, alltså i mystiska sammanhang. Det var av allt att döma för att han inte kunde identifiera sig med de sufiska ordnarna, och deras uppfattningar av mystiken. Hāfez hade en egen uppfattning:

> Hāfez, *den ensamme*, sökte sig igår kväll till vinstugan,
> bröt sitt löfte, tog en vinbägare och drack.⁵⁷

Man skulle kunna säga att Hāfez mystik hade så starka individualistiska drag, att han inte kunde platsa i någon sufiorden. Och han verkar överhuvudtaget ha varit negativt inställd till följderna av den normalisering av mystiken som sprang ur sufismens institutionalisering.

Det finns flera dikter hos Hāfez där han uttrycker sig negativt mot sufismen. Sufier anklagas ofta för falskhet och lögnaktighet. De ljuger om det som driver dem:

> Du sufi! Låt oss kasta bort denna lögnens klädsel,
> och låt oss avfärda alla dessa falskheternas ord!⁵⁸

Sufiernas dräkt, yllemanteln, framställs som lögnens klädsel. Hāfez ser ingen egentlig skillnad mellan sufin och asketen. Snarare än Gud och moral har de världsliga fördelar, makt och anseende i åtanke. Sufismen är därmed bara en billig uppvisning av kyskhet. Fördömandet är ännu hårdare då det handlar om sufimästarna, hos vilka mystiken förenades med institutionell makt:

> Se på stadens sufimästare och hur han tagit emot suspekta allmosor! Måtte den klädsel som gömmer hans svans[59] vara lång, det välklädda odjuret![60]

De sufiska ordnarna hade en hierarkisk organisation, som tryckte ner individualiteten hos de enskilda mystikerna. Mystiken förvandlades genom sin normalisering till en konformistisk syn på moralen. Moraliska normer framstod som rigida, och konformismen – liksom den rigida synen på ritualerna som återfanns hos predikanterna och asketerna – förhindrade därför mystikerna att utgå från sitt innersta väsen, tillmötesgå sitt personliga öde och leva livet enligt den gudomliga planen. Sufierna och sufimästarna förvandlades i Hāfez dikter till företrädare för "den förljugna asketismen".[61]

Hāfez pläderar snarare för en typ av mystisk tro som är antikonformistisk. Den strider mot allt det, från makt till anseende, som en institutionalisering och normalisering bär med sig. Det finns ett stort antal dikter där Hāfez förbannar den sociala respekten som distraherande:

> Varför talar du om skam? Mitt rykte bygger på skammen! Och varför frågar du om mitt rykte? Jag skäms över det goda ryktet![62]

Här ger Hāfez uttryck för någon sorts cynism, övertagen efter den grekiska filosofen Diogenes (404–323 f Kr) och hans mystiska följeslagare inom "den poetiska skolan" i den islamiska tankevärlden. Grundtanken var att medvetet och aktivt opponera sig mot det sociala anseende som ett liv ägnad mystiken förväntades innebära, eftersom anseendet antogs stå i strid med vad en innerlig tro skulle bygga på.[63] Man stängde helt enkelt ute samhället, eller försökte rentav sabotera de allmänt accepterade sociala konventionerna, och handlade på ett sätt som skulle väcka allmänhetens aversion.[64]

Mystiken hos Hāfez söker sig bort från makten. Den framstår som en innerlig religion som verkar på ett djupare plan än de anbud och förbud som normalreligionen härledde ur de religiösa föreskrifterna. Han håller fast vid sin tro på att livet innebär ständiga möten med moraliska problem, och att människan bör vara fri att lösa problemen efter sitt eget väsen. Religionen töms från eviga moraliska anbud, och förvandlas till något flexibelt och personligt. Hāfez förkastar därför, vid sidan om den rigida fokuseringen på de religiösa ritualerna, den konformism som springer ur institutionaliseringen av religionen:

> Sätt en skål fylld med vin i min handflata, så att jag fattar mod att från min överkropp riva av mig och kasta bort denna yllemantel med dess blågråa färg.
>
> Även om det skulle bli en orsak till vanrykte hos de förnuftiga, önskar vi varken det goda ryktet eller skammen.[65]

Hāfez mystik är annorlunda än sufiernas och sufimästarnas. Den är en typ av religiositet med starka individualistiska drag, som inte bestäms av och inte kan mätas med ritualer och ceremonier, eller av påbud och förbud. Svaren på de moraliska dilemman som uppstår i det mänskliga livet kunde gärna gå emot de gängse moraliska konventionerna och de religiösa påbuden, men ändå vara de rätta ur moralisk synvinkel:

> Skulle det inte föreligga renhet hos pilgrimen, skulle Guds hus [Kaba] vara lika med avgudarnas hus:
> Det kommer inte att finnas någon godhet i det hus där det inte finns någon kyskhet![66]

Ritualerna och den rigiditet som är inbyggd i dem förkastas här återigen. Inställningen innebär, med sitt individualistiska drag, att skillnaden mellan religionerna försvinner i Hāfez sinnevärld. De har samma väsen, även om de kan vara annorlunda avseende sina ritualer och sin organisation:

> Alla söker den älskade, både fyllerister och nykterister,
> Överallt är kärlekens hus, både moské och synagoga![67]

Perspektivet är klart universalistiskt. Det var troligen en logisk följd av mystikens panteistiska centralidé, nämligen att hela varat, trots sina variationer, var besjälat av ett enda absolut andligt väsen, Gud.[68] Allt i sinnevärlden hyste Gud. De olika religionerna framstod som olika uttryck för Gud, och allt rörde sig för människornas del om att söka återförena sig med Gud. Sökandet var uttryck för en kärlek som oberoende av religiös tillhörighet kunde kännas igen av såväl lekmännen som företrädarna för alla religioner:

> Mig håller de kär i zoroastriernas eldtempel och kloster av den anledningen
> att lågan från den kärlek som aldrig kommer att dö flammar i mitt hjärta![69]

Zoroastrierna höll elden helig, och elden förstås utifrån det mystiska perspektivet som ett bland många uttryck för Gud. Här kommer Hāfez med ett tydliggörande av det som enligt honom är gemensamt för alla religioner, och det ser ut att vara kärlekens låga.

Avslutning

Hāfez ställde sig kritisk till den kunskap som erbjöds av företrädarna för vad vi kan kalla normalreligionen, det vill säga religionen i dess institutionaliserade form. Det kunde gälla såväl den ordinarie religionen som sufismen. Hāfez ansåg att den inställning till lekmännen som följde av religionens institutionalisering stred mot religionens väsen. Den var rigid och konformistisk, tryckte ned människorna, och hindrade dem från att fatta sina egna moraliska beslut efter sitt eget huvud och samvete.

Man kan konstatera, att det som Hāfez reagerade mot var institutionaliseringen. En institutionalisering av religionen leder till att en tolkning upphöjs till den officiella tolkningen, som knyts an till institutionella och materiella intressen och så småningom söker trycka ned alla alternativa tolkningar. Hāfez förkastade, medvetet eller omedvetet, följderna av institutionaliseringen. Han insåg att islam i den institutionellt dominerande tolkningen hade reducerats till en serie rigida ritualer, och att de som ägnade sitt liv åt religionen, både asketerna och de som verkade inom de religiösa organisationerna, därför kommit att anse det vara sin uppgift att bevaka respekten för ritualerna hos allmänheten.

Visserligen har alla världsreligioner drabbats av institutionalisering. Uppkomsten av en ortodox tolkning har överallt lett till rigiditet, då ortodoxin genom den religiösa institutionen förenats med bestämda ekonomiska och politiska intressen. Men det politiska läget under 1300-talet i Shiraz hade en del säregenheter som gjorde att institutionaliseringens följder, och den starka kopplingen mellan ortodoxi och makten, tydligare kom i dager, åtminstone i Hāfez ögon. Som jag nämnde i inledningen var de mongoliska ilkhankejsarna i Persien buddhister, vilket innebar att islam allt sedan 1263 hade saknat statsmakternas stöd. Visserligen kom företrädarna för de religiösa institutionerna att bli delar i det politiska spelet efter ilkhan-imperiets sammanbrott 1335, men läget var kaotiskt. De rättslärda bildade allianser med olika politiska och militära krafter, och motiverade pakterna genom hänvisningar till islam. Men de religiösa institutionerna tappade i anseende när en allians måste brytas över en natt, och ny allians upprättas, vilket ibland skedde. Detta var särskilt tydligt i Hāfez hemstad Shiraz, i mitten av 1350-talet, då regenten över den angränsande provinsen Kerman, Amir Mobārez, tog över makten. Hans allians med de rättslärda i Shiraz medförde, att döma av Hāfez dikter, ett hårdhänt religiöst styre med sufimästarnas, predikanternas och domarnas goda minne. Men dessa måste plötsligt vända på sin tolkning av religionen, då den nya regenten efter ett par år avsattes av sina söner som därefter återupprättade furstendömets gamla allians med handelsmännen och hantverkarna.

Händelseutvecklingen hade direkta inverkningar på Hāfez liv. Han bojkottade det furstliga hovet under Amir Mobārez, och talade med avsky om honom och hans bundsförvanter. Han anklagade dem för skenhelighet, och tänkte nog kanske också på vad det var som förorsakade all deras falskhet, arrogans och rigiditet. Det han anmärkte på kan, som jag nämnde ovan, sammanfattas under beteckningen institutionalisering. Det hierarkiska förhållande som därmed upprättades till samhället och lekmännen mynnade ut i arrogans. Företrädarna för religionen ansåg sig vara Guds advokater på jorden, och bortsåg därmed från att också de själva skulle dömas för sina jordiska gärningar på Domedagen. Arrogansen medförde förljugenhet, en form av självbedrägeri.

Asketer, puritaner, predikanter, domare och rättslärda framställde sig själva som änglar, befriade från alla synder, och än värre var att de själva trodde på det, trots att det saknade stöd i Koranen. Mot detta framförde Hāfez ett annat förhållningssätt, som bejakade livet som den största gåvan människan hade fått vid skapelsen. Livet för var och en fortskred enligt den plan som Gud hade för varje person. Perspektivet hade ett individualistiskt drag. Inga regler, inga på förhand givna påbud eller förbud, kunde visa vägen för de enskilda människorna, enligt Hāfez. Det som de borde gå efter var det som de hade fått av Gud genom skapelsen. Gud hade blåst in en del av sitt väsen i människan, och därmed gett henne förmågan att uppfatta skillnaden mellan gott och ont. Hur denna skillnad skulle te sig för varje människa stod inte i någon religion, och inte heller i någon ritual. Hāfez hänvisar snarare till individens förnuft och samvete. Livet borde levas, med alla dess tillfällen att synda, och människan borde få fatta sina egna moraliska beslut. För syndaren bestod den gudomliga prövningen i att undvika att begå synder, och för predikanten eller asketen att undvika att visa arrogans.

Inställningen hade sin teologiska grund i en smidig tolkning av den ash'aritiska uppfattningen. Ödestron och fatalismen låg fast, men arbetades i praktiken bort genom att Hāfez överbetonade att ödet, så som Gud ville för varje enskild människa, måste uppnås genom samvetsgranna och förnuftiga beslut. Det individualistiska draget i denna uppfattning motiverade någon form av tro på likhet mellan människorna. Likheten gällde inte rättigheter, som var fallet med exempelvis naturrätten. Hāfez uppfattning var medeltida. Gud ansågs ha skapat människorna olika, i olika klasser och grupper, var och en med ett eget förutbestämt, så att säga essentiellt förankrat öde. Men de var likställda inför Gud vid hans bedömning av deras gärningar, och de fick individuellt stå för sina individuella val. Det var en likhet som avsåg handlingen.

Den ash'aritiska uppfattningen hos Hāfez hängde samman med hans mystik. Han förkastade sufismen som organisation, och den rigida inställning som växte fram ur sufismen och dess hierarkiska ordning. Men han var ändå mystiker, och enligt egen utsago en ensam oorganiserad mystiker. Det passade bättre de individualistiska dragen i hans betraktelsesätt. Mystikens grundidé, att allt i sinnevärlden i sin konkretion hyste Gud och var uttryck för honom, förenades med Hāfez kritiska inställning till religiösa ritualer. Resultatet var en uppfattning som såg ett och samma väsen hos alla religioner, vilka utan sina ritualer, påbud och förbud egentligen framstod som uttryck för samma mening.

Hāfez skulle kunna sägas ställa en universalreligion emot de enskilda religionerna. De enskilda lekmännen är i denna religion fria att konfronteras med synder och fatta sina beslut, rätta eller felaktiga. Och de får stå till svars för sina beslut, men inför ingen annan än Gud på Domedagen. Det förhållande till Gud som människorna upprättar genom denna religion är av individuell karaktär. Förhållandet saknar mellanled, och i princip kan ingen organisation representera Gud. Var och en är lämnad till sin egen Gud, och bär ansvar för sitt eget öde inför Gud.

Det finns moderna drag i tankegångarna ovan. Hāfez konstruerar i sina dikter ett subjekt som tack vare sina individualistiska drag och sitt moraliska ansvar, är i stånd att se kritiskt på de medeltida förhållanden som omger henne. Subjektet är visserligen inte rakt igenom modern. Hennes livsbejakande, fria syn på livet skulle i förlängningen komma i konflikt med Gud, som utifrån det mystiska perspektivet framstår som den metafysiska antitesen till livet. Men här finns en tidig modern dynamik som är starkt knuten till tankegångens individualistiska drag.

De normativa källorna för denna moderna dynamik skiljer sig från den europeiska erfarenheten. Utgångspunkten är religionen, ingen humanism finns här i egentlig mening, och inte heller förekommer det hänvisningar till något som liknar naturrätten. Men effekten är densamma. Människan står även här i centrum för det moraliska resonemanget, och en begynnande idé om likhet människorna emellan dyker upp också i detta sammanhang.

Detta strider mot hur orienten har framstått inom den orientalistiska diskurs som dominerat i de humanistiska vetenskaperna. Orientalismen har framställt Väst som en enhet, fört samman de västerländska erfarenheterna av historien, konstruerat en västerländsk identitet och homogeniserat den – allt genom att kontrastera Väst mot resten av världen, som fått bära den geografiska beteckningen orienten.[70] Västerlandet har framstått som framåtskridande dynamiskt, i motsatsförhållande till ett statiskt och odynamiskt österland. Dikotomin har varit vetenskapligt sanktionerad tack vare de begrepp med vilka humaniora har beskrivit människan och hennes erfarenheter. Begreppen, som är hämtade från den europeiska erfarenheten, återspeglar och reproducerar oundvikligen de sociala maktstrukturer som existerade vid deras uppkomst.[71]

Det gäller i detta sammanhang särskilt begreppet modernitet. Det har definierats utifrån processer som har med den europeiska sociala och politiska erfarenheten att göra, såsom ökad interaktion mellan stat och civilt samhället, rationalisering, individualisering, sekularisering etc.[72] Begreppet har därför varit blint för de annorlunda formerna av modernitet, som – av allt att döma – under förmodern och tidigmodern tid höll på att uppkomma parallellt med den europeiska moderniteten.[73]

Det tänkande som jag har kartlagt i denna undersökning bär på en tidigt modern dynamik som har uppstått av egen kraft och på basis av en, i förhållande till den europeiska utvecklingen, annorlunda idéhistorisk förhistoria. Potentialerna i detta tänkande förverkligades aldrig fullt ut, men det berodde inte på tanken i sig utan på yttre omständigheter. Förmodligen var uppkomsten av tidigmoderna territoriella stater på 1400- och 1500-talet i Persien och Mellanöstern, och den religiösa likriktning som följde därav, som var orsaken. Dikterna överlevde dock tiden för sin uppkomst. De individualistiska dragen i Hāfez tankar, hans levnadsglädje och moraliska ansvarskännande utövade en otidsbunden attraktionskraft. Det gör de än idag, men på en annan plattform än den som gällde fram till 1800-talet.

Det samhälle där Hāfez en gång hade verkat, sedermera det iranska samhället, förändrades radikalt på 1800-talet, då moderniteten framstod som en oundviklig utveckling. Framtiden tecknades utifrån den attraktion som det moderna projektet, i olika kombinationer med traditionellt islamiskt politiskt-filosofiskt tänkande, väckte.[74] Här hade Hāfez intellektuella tankegångar ingen plats. Kontexten var borta, och den religionskritik som en gång sågs hos honom var hädanefter utom direkt synhåll. Hāfez skulle emellertid fortsatt komma att uppskattas som en stor poet.

Hans dikter innehåller ett universellt moment, moraliskt såväl som litterärt och estetiskt, som räcker långt utöver alla historiska kontexter.

Noter

1. Catharina Landström, "Introduktion", i: Catharina Landström (red), *Postkoloniala texter*, Stockholm 2001, s. 7–8; Loomba, Ania, *Kolonialism / Postkolonialism: en introduktion till ett forskningsfält*, (Stockholm 2006) s. 28–36.

2. Edward Said, "Return to philology", i: Edward Said, *Humanism and Democratic Criticism*, (New York 2004) s. 80–85.

3. Catharina Eriksson, Maria Eriksson Baaz & Håkan Thörn, "Den postkoloniala paradoxen, rasismen och 'Det mångkulturella samhället'", i: Catharina Eriksson, Maria Eriksson Baaz & Håkan Thörn (red), *Globaliseringens kulturer: den postkoloniala paradoxen, rasismen och det mångkulturella samhället*, (Nora 2002 [1999]) s. 17–23.

4. Shmuel N Eisenstadt & Wolfgang Schluchter, "Introduction: Paths to early modernities – A comparative view", i: *Dædalus: Summer 1998 "Early Modernities"*, Vol 127: nr 3, s. 2–5.

5. Shmuel N Eisenstadt & Wolfgang Schluchter (1998) s. 4.

6. Heiko A Oberman, "Anticlericalism as an agent of change", i: Peter A Dykema & Heiko A Oberman, *Anticlericalism in Late Medieval and Early Modern Europe*, (Leiden/New York/Köln 1994) s. ix–xi; Steven D Sargent, "Review of: Peter A Dykema & Heiko A Oberman, *Anticlericalism in Late Medieval and Early Modern Europe*, Lieden/New York/Köln 1994", i: *Medieval Academy of America*, Vol 71 – nr 2 (april 1996) s. 418–420.

7. Max Weber, "Religious rejections of the world and their directions", i: Max Weber, *From Max Weber: Essays in Sociology*, edited by H H Gerth & C Wright Mills, (London/Henley/Boston 1977 [1948]) s. 326–330.

8. Harry Austryn Wolfson, *Falsafeh-ye 'Elm-e Kalām* [Kalāms filosofi], persisk översättning av Ahmad Ārām (Teheran 1989) s. 1–47.

9. Shāhrokh Maskub, *Hoviyyat-e Irāni va Zabān-e Fārsi* [Den iranska identiteten och det persiska språket] (Teheran 2006) s. 32–35.

10. Ira M Lapidus, *A History of Islamic Societies*, (Cambridge 2002 [1988]) s. 125–128.

11. Miyān Mohammad Sharif, *Tārikh-e Falsafeh dar Eslām* [Den islamiska filosofins historia] (Teheran 1988) s. 87–100.

12. Sharif (Teheran 1988) s. 87–100.

13. Qāsem Ghani, *Bahs dar Āsār va Afkār va Ahvāl-e Hāfez* [Diskussion om Hāfez litterära produktion, hans tankar och tillstånd] (Teheran 2007) s. 894–899.

14. Ann K Lambton, "Justice in the Medieval Persian theory of kingship", i: *Studia Islamica 17 (1962)* s. 91–119.

15. Lapidus (Canbridge 2002) s. 133–146; Miriam Hoexter & Nehemia Levtzion, "Introduction", i: Miriam Hoexter, Shmuel N Eisenstadt & Nehemia Levtzion (red.) *The Public Sphere in Muslim Societies* (New York 2002), s. 9–16.

16. Enid Hill, "Islamic Law As a Source for the Development of a Comparative Jurisprudence: Theory and Practice in the Life and Work of Sanhuri," i: al-Azmeh, Aziz (red.) *Islamic Law: Social and Historical Contexts* (London 1988) s. 146–197.

17. Ghazal har påståtts sakna en genomförd idé och därmed vara logiskt inkonsekvent. Varje vers utgör ett avrundat helt och dikten är inte linjärt uppbyggd. Det som antas skapa sammanhang mellan verserna i en ghazal är, förutom rimmen, den känsla som genomsyrar verserna, kärleken.

Ghazalen karakteriseras metriskt av att halvverserna i den första versraden rimmar, och med dem också de andra halvverserna i de följande versraderna. Rimplanen är alltså aa, ba, ca, da, osv (Rypka, Jan, *History of Iranian Literature*, written in collaboration with Otakar Klíma and edited by Karl Jahn (Dodrecht 1968) s. 93–98; Bo Utas, "Persisk litteratur: En historisk översikt [1966]", i: Bo Utas, *Den persiska litteraturen: essäer av Bo Utas*, med förord och bidrag av Ashk Dahlén (red.) (Stockholm 2011) s. 24–26).

18. Ghani (Teheran 2007) s. 687–697.

19. Verserna i ghazalen följer överhuvudtaget inte en rak linje från en given början till ett givet slut, även om det går att följa tankegången

kring diktens centrala tema från den ena versraden till den andra ([Dahlén 2007] s. 31).

20. En sådan variation hade före Hāfez inte förekommit i persisk poesi (Bahā'-al-din Khorramshāhi, *Hāfez* [Hāfez], (Teheran 2009 [1995]) s. 109). De många, snabbt övergående ledmotiven förvärrar den bristande stringens som associeras med ghazalen (Broms, s. 9).

21. Ashk Dahlén, "Inledning", i: Hafiz, Shams al-din Mohammed, *Dikter*, översättning och inledning av Ashk Dahlén, (Umeå 2007) s. 29–30; Ashk Dahlén, "Hāfiz ställning inom klassisk persisk poesi", i: *Kungliga Vitterhets Historie och Antikvitetsakademien Årsbok 2009*, s. 82–84.

Man har tolkat detta som ett bevis på att Hāfez konsekvent använder sig av "ambiguiteten" som stilistiskt grepp (Bürgel, J Christoph, "Ambiguity: A study in the use of religious terminology in the poetry of Hafiz", i: Michael Glünz & J Christoph Bürgel, *Intoxication – Earthly and Heavenly: Seven Studies on the poet Hafiz of Shiraz*, (Bern 1991) s. 20-36).

22. Dahlén (Umeå 2007) s. 31.

23. Khorramshāhi, s. 121; Arthur John Arberry, *Fifty Poems of Hafiz*, (Cambridge 1947) s. 23–24.

24. Finn Thiesen, "Förord", i: Shams al-din Mohammed Hafiz, *Dikter*, översättning och inledning av Ashk Dahlén (Umeå 2007) s. 7–8; Dahlén (Umeå 2009) s. 79–93; Dāriyush Āshuri, *Hastishenāsi-ye Hāfez. Kāvosh-i dar Bonyād-e Andisheh hā-ye U* [Hāfez ontologi. En studie om grunderna till hans tankar] (Teheran 1998) s. 263–265 m fl; Zarrin-kub 1985, s. 176–202 ff.

25. Hāfez, *Divān-e Hāfez* (Nātel Khānlari), Ghazal nr 290: vers 7, s. 596.

26. Ghani (Teheran 2007) s. 259.

27. "Och när Våra sändebud kom till Lot såg han att han inte hade möjlighet att skydda dem och blev bedrövad; men de sade: '*Var inte rädd* och *sörj inte!* Vi skall rädda dig och de dina utom din hustru, som är bland dem som skall bli kvar.'" (*Koranen*, 29: Al-'Ankabut [Spindeln] – [Online] Tillgänglig på: http://www.koranensbudskap.se/translations.aspx?chapterID=29&langID=&p=2) – (Min kursivering).

28. Persiska har ett och samma pronomen för henne och honom.

29. Hāfez, *Divān-e Hāfez* (Nātel Khānlari), Ghazal nr 202: vers 8, s. 420.

30. Hāfez, *Divān-e Hāfez* (Nātel Khānlari), Ghazal nr 202: vers 9, s. 420.

31. Hāfez säger uttryckligen:

    Kärleken kommer till din räddning om du, liksom Hāfez,
    kan recitera Koranen utantill i fjorton versioner.
    (Hāfez, *Divān-e Hāfez* [Nātel Khānlari], Ghazal nr 93: vers 10, s. 202)

32. Hāfez säger dessutom själv i sin *Divān*:

    Hāfez! I fattigdomens hörna och i mörka nätters ensamhet
    får du inte vara ledsen så länge du förlitar dig till bön och koranundervisning.
    (Hāfez, *Divān-e Hāfez* [Nātel Khānlari], Ghazal nr 250: vers 10, s. 516)

33. Mohammad Gol-Andām, "Jāme'-e *Divān*-e Hāfez" [Hāfez samlade Divān], i: Hāfez Shirāzi, Khvājeh Shams-al-din Mohammad, *Divān* [Divān], efter granskning av Mohammad Qazvini och Qāsem Ghani (Teheran 1941) s. Qb–Qz.

34. Ja'far Sajjādi, *Farhang-e Ma'āref-e Eslāmi* [De islamiska föreställningarnas lexikon], Volym I, sökning: Osul-e din [Religionens trossatser] (Teheran 1984) s. 222.

35. Sajjādi (Teheran 1984), s. 222.

36. Nāser Gozashteh, "Osul-e din" [Religionens trossatser], i: Kāzem Musavi Bojnurdi (red), *Dā'erat al-Ma'āref-e Bozorg-e Eslāmi* [Det stora islamiska uppslagsverket], Vol. 9 (Teheran 2000) s. 282–285.

37. Gozashteh (Teheran 2000) s. 283–284.

38. Hāfez, *Divān-e Hāfez* (Nātel Khānlari), Ghazal nr 409: vers 4, s. 834.

39. Hāfez, *Divān-e Hāfez* (Nātel Khānlari), Ghazal nr 278: vers 6, s. 572.

40. Hāfez, *Divān-e Hāfez* (Nātel Khānlari), Ghazal nr 399: vers 8, s. 814.

41. Mohammad Rezā Shafi'i Kad-kani, *In Kimiyā-ye Hasti. Majmu'eh-ye Maqāleh hā va Yād-dāsht hā dar-bāreh-ye Hāfez* [Detta varats elixir. Samling av skrifter och artiklar om Hāfez], (Teheran 2008) s. 83–86.

42. Āshuri (Teheran 1998) s. 155–162; Hossein Sheiban, *Den sargade dygden. Religionskritik hos tre klassiska persiska poeter: Sa'di, 'Obayd och Hafez*, (Stockholm 2014) s. 84–87.

43. Āshuri (Teheran 1998) s. 49–58.

44. Sheiban (Stockholm 2014) s. 85.

45. Hāfez, *Divān-e Hāfez* (Nātel Khānlari), Ghazal nr 332: vers 6, s. 680.

46. *Koranen*, 2: Al-Baghara (Kon): vers 30 – (Online) Tillgänglig på: http://www.koranensbudskap.se/translations.aspx?chapterID=2&langID=&p=2)

47. Hāfez, *Divān-e Hāfez* (Nātel Khānlari), Ghazal nr 148: vers 2, s. 312.

48. Hāfez, *Divān-e Hāfez* (Nātel Khānlari), Ghazal nr 260: vers 3, s. 536.

49. Khorramshāhi (Teheran 2009) s. 142–144; Āshuri (Teheran 1998) s. 144–162.

50. Mohammad-Javād Anvāri, "Ash'ari" [Ash'arism], i: Musavi Bojnurdi, Kāzem (red), *Dā'erat al-Ma'āref-e Bozorg-e Eslāmi* [Det stora islamiska uppslagsverket], Vol. 9 (Teheran 2000) s. 60–63; Wolfson, s. 735–738; Hanā Fākhuri & Khalil Jarr, *Tārikh-e Falsafeh dar Jahān-e Eslām* [Filosofins historia i den islamiska världen], persisk utgåva översatt från arabiska. (Teheran 2007) s. 149–150.

51. Hāfez, *Divān-e Hāfez* (Nātel Khānlari), Ghazal nr 54: vers 7, s. 124.

52. Movahhed, Ziyā', *Sa'dī* [Sa'dī] (Teheran 1999 (1994)) s. 52–53; Watt, W Montgomery, *Muslim Intellectual: A Study of al-Ghazāli*, (Edinburgh 1963) s. 128 128–150.

53. Khorramshāhi (Teheran 2009) s. 142–144.

54. Āshuri (Teheran 1998) s. 144–148.

55. Āshuri (Teheran 1998) s. 247–248; Khorramshāhi (Teheran 2009) s. 178–180; Zarrīn-kūb, 'Abdol-Ḥoseyn, *Az Kūcheh-ye Rendān*. *Darbāreh-ye Zendegī va Andīsheh-ye Ḥāfeẓ* [Från "libertiners" gränd. Om Ḥāfeẓ liv och tankar], (Teheran 1985) s. 104–109.

56. Ahmad Izadi Yazdān-ābādi, "Bar-rasi-ye tatbiqi-ye ārā'-e hokamā va andishmandān-e irāni-eslāmi darbāreh-ye 'Ensān-e kāmel'" [En jämförande studie om åsikterna bland iranska och islamiska filosofer, teologer och tänkare om "den fullkomliga människan"], i: Tidskriften *Kherad-nāmeh-e Sadrā* [Sadrās förnuftsbok], Nr 45: Hösten 1385, s. 41–45.

57. Hāfez, *Divān-e Hāfez* (Nātel Khānlari), Ghazal nr 165: vers 1, s. 346. (Min kursivering)

Hāfez fortsätter i den andra versraden med att kontrastera sitt beteende mot allt som organiserade sufier sysslar med. Han säger:

Församlingens sufi – som fram till gårdagen inte hade annat för sig än att krossa vinflaskor och vinbägare –
blev åter förnuftig och vis av en enda klunk vin!
(Hāfez, *Divān-e Hāfez* [Nātel Khānlari], Ghazal nr 165: vers 2, s. 346)

Sufier väljer bort, enligt Hāfez mot allt förnuft, sinnlig njutning,. De krossar nämligen "vinflaska och vinbägare", vilket i mystiska termer innebär att de tillintetgör all möjlighet till återförening med Gud. Hāfez tillägger sedan provokativt att sufierna, liksom de puritanska asketerna, åter skulle kunna bli kloka med en klunk vin.

I två andra ghazaler klagar Hāfez på sin älskade som drar honom från ensamhetens hörna till vinstugan (Hāfez, *Divān-e Hāfez* [Nātel Khānlari], Ghazal nr 425: vers 11, s. 866; Hāfez, *Divān-e Hāfez* [Nātel Khānlari], Ghazal nr 450: vers 4, s. 916). Hāfez är en ensam mystiker, och vinstugan är en sorts fiktiv samlingsplats för mystiker, skapad av poeten i hans diktvärld.

58. Hāfez, *Divān-e Hāfez* (Nātel Khānlari), Ghazal nr 368, vers 1, s. 752.

59. Det som menas med "svans" är av allt att döma livrem, någon sorts bälte som icke-muslimer fick bära. Zoroastrier hade ett smalt flätat rep under kläderna, kallat "kushti", som de fick vid den zoroastriska

pubertetsriten "Nav-zaotar" (Barr, Cai, JP Asmussen & Mary Boyce, *Diyanat-e Zartoshti: Majmu'eh-ye Se Maqaleh* [Zoroastrismen: Tre artiklar] (Teheran 2003) s. 129–183). Kristna var i den islamiska världen ålagda att bära en livrem, dock inte under kläderna. Det skedde efter beslut fattat år 637 under den rättmätiga kalifen Umar, den så kallade Umarpakten, vilket var ett brev riktat till de kristna i Jerusalem (*Loghatnameh-ye Dehkhoda* [Dehkhodas persiska ordbok], sökning "Zonnar" – [Online] Tillgänglig på: http://parsi.wiki/dehkhodaworddetail-64ef35b801a543d6858a02578d4a020b-fa.html).

60. Hāfez, *Divān-e Hāfez* (Nātel Khānlari), Ghazal nr 290, vers 8, s. 596.

61. Sheiban (Stockholm 2014) s. 102–105.

62. Hāfez, *Divān-e Hāfez* (Nātel Khānlari), Ghazal nr 47, vers 8, s. 32.

63. Sheiban (Stockholm 2014) s. 113–114.

64. Ghani (Teheran 2007) s. 999; Khorramshāhi (Teheran 2009) s. 180–181.

65. Hāfez, *Divān-e Hāfez* (Nātel Khānlari), Ghazal nr 8, vers 2–3, s. 32.

66. Hāfez, *Divān-e Hāfez* (Nātel Khānlari), Ghazal nr 213: vers 6, s. 442.

67. Hāfez, *Divān-e Hāfez* (Nātel Khānlari), Ghazal nr 78: vers 3, s. 172.

68. William C Chittick, *Imaginal Worlds: Ibn al-Arabī and the Problem of Religious Diversity* (New York 1995) s. 5; Ārezu Ebrāhimi Dināni & Yad-allah Jalāli Pandari, "Boniyān-gozār-e 'vahdat-e vojud', Hallāj yā ibn al-'Arabi?" [Upphovsmannen till idén "tillvarons transcendentala enhet", Hallāj eller ibn al-'Arabi?], i: *Motāle'āt-e 'Erfāni* [Mystiska studier], Nr 11: Våren och Sommaren 2010, s. 5–44.

69. Hāfez, *Divān-e Hāfez* (Nātel Khānlari), Ghazal nr 26: vers 8, s. 68.

70. Edward Said, *Orientalism* (Stockholm 2000 (1993)) s. 63–67.

71. Sandra Harding, "Borderlands epistemologies", i: Sandra Harding, *Is Science Multicultural? Postcolonialisms, Feminisms, and Epistemologies* (Bloomington and Indianapolis 1998) s. 146–164.

72. Shmuel N Eisenstadt & Wolfgang Schluchter (1998) s. 3–5.

73. Shmuel N Eisenstadt & Wolfgang Schluchter (1998) s. 3–5.

74. Javād Tabātabāyi, *Ebn-e Khaldun va ʿolum-e ejtemāʿi: Vazʿīyat-e ʿolum-e ejtemāʿī dar tamaddon-e eslāmi* [Ibn-Khaldun och sahällsvetenskaper: Samhällsvetenskapernas läge i den islamiska civilisationen] (Ghani (Teheran 1995) s. 7–19).

På spetsen av Andens svärd
Maktutövning inom soldatmissionen
Elin Malmer

Under 1900-talets första decennier skapade kristna aktivister ett landsomfattande system av soldathem, en sorts fritidsgårdar för värnpliktiga, mitt i den militärt-maskulina miljön vid exercisplatser och kasernområden. Det var institutioner präglade av hem- och familjevärden, där en särskild kår av missionärer verkade för att omvända de värnpliktiga männen, och bevara dem från synd. Det hela kallades soldatmission, och var en verksamhetsgren inom den växande kristna väckelsen.[1] 1920 fanns det ett eller flera soldathem i frivillig regi vid nästan alla de närmare 40 platser runt om i landet där de värnpliktiga övades. Under första världskriget redovisade några soldathem över 100 000 besök på ett år.[2]

Ett nytt perspektiv på väckelsen

Den kristna väckelse som utvecklades från 1800-talets senare del och framåt kallas i forskning och dagligt tal ofta för "frikyrkorörelsen". Det är ett ord som kanske framför allt för tanken till opposition mot det evangelisk-lutherska statskyrkoetablissementet och till frigörelse från äldre tiders religiösa förtryck. Det kan också framkalla associationer till nykterhets- och arbetarrörelsen, och därmed till kampen mot ett hierarkiskt, odemokratiskt samhällsskick. Men väckelsen var en mångfacetterad företeelse, som var splittrad både socialt, organisatoriskt och politiskt. Anhängarna kom ur skilda samhällsklasser, och både från land och stad. Väckelsen var uppdelad i flera olika sammanslutningar, som i olika grad avvek från statskyrkans dogmer; vissa mer, andra mindre. En av de största sammanslutningarna, Evangeliska Fosterlandsstiftelsen, var faktiskt verksam inom statskyrkans ramar. Politiskt engagerade sig somliga av väckelsens manliga medlemmar före första världskriget i det liberala partiet, medan andra slöt sig till de konservativa.[3] Det innebar att väckelsen var kluven i frågan om den politiska demokratiseringsprocessen: medan vissa kämpade för parlamentarismens införande, slog andra vakt om kungamakten.

Trots splittringen är det meningsfullt att analysera väckelsen som en samlad kraft i svenskt samhällsliv under decennierna kring år 1900. Det förutsätter dock att vi tar avstamp i de religiösa föreställningar som var gemensamma för de olika sammanslutningarna. Dessa föreställningar utgjorde grunden i den politiskt splittrade väckelsens relation med det omgivande samhället. Det gällde för det första tron på individens omvändelse: människan skulle bli andligt pånyttfödd, "väckt", och därmed komma i rätt relation till Gud. För det andra gällde det kravet på en målmedveten aktivism hos medlemmarna. Genom mission skulle den religiösa gemenskapen vidgas. Som samlingsnamn för den organiserade, lekmannaledda väckelsen använder jag beteckningarna *väckelsekristendom* och *väckelsekristna*.[4]

Omvändelsebudskapet gick hand i hand med en vilja till reglering av människors relationer med varandra, deras beteenden, önskningar och drömmar. I en tid av politisk, social och ekonomisk förändring, präglad av ökad religiös pluralism, ville de väckelsekristna – med Guds hjälp – lägga livet till rätta. På teoretisk nivå handlar artikeln om maktutövning i filosofen Michel Foucaults mening, det vill säga den mikromakt som formas i sociala relationer och i institutionernas nätverk. Den makt som växer fram på sådant sätt är enligt Foucaults teoribildning produktiv; den producerar kunskap inom en viss institution eller samhällssfär. Det är en kunskap som objektifierar individerna, men som också sveper in dem och gör dem till medskapare i kunskapsproduktionen.[5]

Betoningen av omvändelsen gjorde väckelsen till ett frälsningsmaskineri, men samtidigt var den en producent av kunskap om hur människor skulle leva sitt liv. I den här artikeln tjänar soldatmissionen som empiriskt exempel på hur det gick till. Hur fungerade det väckelsekristna maskineriet när det placerades i krigsmaktens närhet? Vilken kunskap var det som producerades inom soldatmissionens institutioner; soldathemmen? Soldatmissionen ingick i den inre missionen, alltså mission som bedrevs inom landets gränser, ofta riktad mot unga människor. Bland väckelsekristendomens många verksamhetsgrenar är soldatmissionen intressant av flera skäl. Min studie kastar bland annat nytt ljus över försvarsfrågan, som var den centrala politiska frågan kring sekelskiftet 1900. Det är väl känt från tidigare forskning att de två dominerande parlamentariska grupperingarna vid denna tid – liberalerna och de konservativa – hade motsatta åsikter i frågan om styrningen av krigsmakten. Det militära försvaret var föremål för kostsamma förändringar vid 1900-talets början, som tog så mycket som en tredjedel av den begränsade statsbudgeten i anspråk.[6] Den största reformen var organiseringen av en värnpliktsarmé, som stegvis ersatte det äldre systemet med indelta och värvade soldater. 1901 antog riksdagen en lag som brukar räknas som genombrottet för den allmänna värnplikten för män i Sverige. Medan liberalerna krävde att värnplikten skulle åtföljas av demokratiskt inflytande över den kostsamma krigsmakten, var de konservativa systembevarare även här. Men soldatmissionen hade stöd bland väckelsekristna politiker ur både liberala och konservativa led. Viljan att i religiös mening omvända nationens unga värnpliktiga män var alltså en gemensam målsättning för stridande parter i frågan om parlamentarism kontra kungamakt.

Den religiösa aktivismen har på ett paradoxalt sätt ofta kommit i skymundan i tidigare forskning om de väckelsekristna. Under den ovan nämnda beteckningen "frikyrkorörelsen" har historiker framställt de väckelsekristna som en arbetarklassens barnmorska: Den "frikyrkliga" organiseringen sågs enligt detta perspektiv som en inkörsport genom vilken arbetarklassen (som manligt kollektiv) passerade på väg mot avkristnande och religiös likgiltighet.[7] Frikyrkorörelsen, följd av nykterhets- och arbetarrörelsen, blev i denna tolkning en trestegsraket som formade ett modernt, demokratiskt och sekulariserat Sverige.

Denna analys vilar på en förenklad syn på den organiserade väckelsekristendomens klass- och genusmässiga bas. För det första kommer den höga andelen medlemmar ur den jordbrukande befolkningen i skymundan. Väckelsekristendomens uppkomst har satts i samband med urbaniseringen och industrialiseringen, men faktum är att många medlemmar rekryterades i den majoritet av den svenska befolkningen som i början av 1900-talet levde på landsbygden. Många medlemmar kom ur övre arbetarklass och lägre medelklass, men det fanns också inslag av överklass. För det andra tappas den stora andelen kvinnliga medlemmar bort. Ledarskapet var i princip manligt, men medlemsmässigt var väckelsekristendomen kvinnodominerad. Detta var en del av ett västerländskt mönster, enligt vilket kvinnor i högre grad än män engagerade sig i frivillig religionsutövning under 1800-tal och första delen av 1900-talet.[8]

Det viktigaste argumentet mot "barnmorsketesen" är att den är fast förankrad i det sekulariseringsparadigm som härstammar från Marx, Weber och Durkheim, enligt vilket sekulariseringen i det moderna samhället är en lagbunden, oåterkallelig process. Inom ramen för sekulariseringsparadigmet framstod de religiösa väckelserna i den protestantiskt kristna världen som övergångsstadier i samhällsutvecklingen.[9] Men senare internationell religionssociologisk forskning har påvisat kristendomens fortsatta betydelse i skilda samhällssektorer och i olika gruppers identitetsformering, vilket i sin tur har inspirerat nya perspektiv på de svenska väckelsekristna. Ett av dessa perspektiv är väckelsekristna kvinnors engagemang i sociala frågor.[10]

Medan en rätlinjig syn på det moderna samhällets framväxt tidigare var förhärskande, har forskningen mer och mer övergått till ett pluralistiskt synsätt, och en diskussion om multipla moderniteter. Med inspiration från filosofen Charles Taylor har väckelsekristendomen i senare års forskning beskrivits som en alternativ modernitet.[11] Detta sätt att se på religionens roll karaktäriserar visserligen helt riktigt de väckelsekristna som en del av det moderna samhället, men säger mindre om de väckelsekristnas relationer med omgivningen. Det är alltså en föga användbar teoretisk infallsvinkel för den som vill studera den utåtriktade verksamheten i till exempel lokala väckelsekristna församlingar, olika former av välgörenhet, söndagsskolor, ungdomsföreningar, eller som här, soldatmissionen.

Artikelns empiri och dess teoretiska byggnadsställning är hämtade från min avhandling, men här i artikeln vidareutvecklar jag diskussionen om kunskapsproduktionen inom soldatmissionen. Jag kommer att tillämpa Foucaults maktteori, enligt vilken strategier och maktformationer nära förbundna med varandra inom en social praktik eller institution. I förlängningen av en konfrontationsstrategi finns enligt denna teori en möjlig maktformation.[12] Härnäst kommer ett bakgrundsavsnitt, där jag placerar in soldatmissionen i det tidiga 1900-talets värnpliktsdiskussion. I det därpå följande avsnittet diskuterar jag soldatmissionärernas religiösa aktivism när de närmade sig de militära övningsplatserna. Vilken var deras strategi i arbetet bland de värnpliktiga? I avsnittet därefter kommer jag in på den diskurs som dominerade soldathemmen. Med en diskurs avser jag en maktformation som reglerar tanke, tal och handling.[13] Det är i avtäckandet av diskursen som vi kommer i kontakt med den kunskap som producerades inom soldatmissionen. Jag beskriver denna kunskap, och diskuterar ur vilket perspektiv den var "nyttig", och vilka maktförhållanden den upprättade. I artikelns sista avsnitt sammanfattar jag min analys av soldatmissionärernas frälsningsmaskineri på de militära förläggningsplatserna.

Soldatmissionärerna vid nationens skola

Perioden före första världskriget präglades både i Sverige och i omvärlden av nationalism och ökade militärrustningar, och mannen som fosterlandets försvarare blev en framträdande norm.[14] Värnplikten uppfattades ofta som en *rite de passage* till de vuxna männens värld.[15] Värnpliktsvägran var mycket begränsad under 1900-talets första år, även bland de väckelsekristna. Siffrorna ökade dock under första världskriget och en första lag om möjlighet till vapenfri tjänst röstades fram av riksdagen 1920.[16] Även om det rättfärdiga med ett nationellt, militärt försvar enbart ifrågasattes av en mindre grupp radikala socialister, kritiserades och debatterades många aspekter av krigsmakten och dess organisering i bredare kretsar. Socialdemokrater i gruppen kring Hjalmar Branting krävde i likhet med liberalerna att lagen om allmän värnplikt skulle följas av allmän och lika rösträtt. Diskussionen gällde även förhållandena inom värnpliktsutbildningen. Politiker och debattörer ställde krav på att villkoren för de värnpliktiga skulle förbättras med hjälp av en moderniserad rättskipning. Det fanns också på många håll en oro över konsekvenserna av att låta många unga män bo tillsammans i ett militärlogement. Värnpliktstjänstgöring förknippades med en negativ maskulin ungdomskultur, kännetecknad bland annat av hög alkoholkonsumtion och pennalism.[17] Samtidigt fanns det under 1800-talet och det tidiga 1900-talet i Sverige positiva förväntningar kring värnplikten, som gick långt utöver den försvarspolitiska ambitionen att organisera ett effektivt militärt försvar. Av flera aktörer betraktades den som en sorts nationens skola, där normer och värden kunde överföras till de värnpliktiga. Likartade idéer fanns i flera värnpliktsländer.[18] Soldatmissionärerna var en av flera grupper som ville forma och fostra de unga männen vid denna så kallade nationens skola.[19]

Soldatmissionen byggdes upp av en allians mellan väckelsekristna officerare och civila predikanter. Officerarna tillhörde den så kallade radstockska salongsväckelsen, som uppstod i Stockholms överklass på 1870-talet kring den brittiske officeren och väckelseledaren lord Radstock.[20] Dessa omvända officerare fungerade som dörröppnare för soldatmissionen vid de militära förläggningsplatserna, det vill säga landsbygdens exercisplatser och städernas kasernområden. De så kallade radstockska officerarna stod som informella garanter för att soldatmissionen inte blev en arena för kristna värnpliktsvägrare. Officerarna grundade också sammanslutningen Förbundet Soldaternas vänner, för att därigenom samla soldatmissionen runt om i landet. Men soldatmissionen på de olika platserna initierades och drevs i praktiken främst av civila aktörer ur de väckelsekristna sammanslutningarna i lokalsamhället. Svenska missionsförbundet, Svenska baptistsamfundet, KFUM och Evangeliska Fosterlandsstiftelsen hörde till de sammanslutningar som engagerade sig i soldatmissionen kring år 1900.

Soldathemmen kunde i början utgöras av ett par hyrda rum, men på många platser byggdes särskilda hus för ändamålet. Soldatmissionärerna försåg gärna soldathemmen med stora salar där de kunde samla de värnpliktiga. Salarna hade skiftande storlek, men en rimlig uppskattning är att dessa salar vanligen var stora nog för omkring 300 personer. Soldathemmen blev efter hand en del av infrastrukturen vid de militära förläggningsplatserna, och bidrog med service av olika slag till de värnpliktiga. Soldatmissionärerna öppnade serveringar, inrättade läs- och skrivrum, samt ordnade ibland förvaring för de värnpliktigas personliga ägodelar. Soldathemsverksamheten bestod under hela den svenska värnpliktseran, och soldathem finns alltjämt kvar på vissa platser runt om i landet. Så småningom tog statskyrkan upp idén, och lät bygga egna soldathem vid några militära förläggningsplatser som ett led i att förnya regementspastorernas verksamhet.[21] Den här artikeln handlar dock uteslutande om den väckelsekristna soldatmissionen och dess institutioner i form av soldathem i frivillig regi.

Soldatmissionärernas konfrontationsstrategi

För den som vill studera soldatmissionärernas språk när de själva skrev om sin aktivism är sammanslutningarnas stadgar en bra utgångspunkt. Dessa texter utgör vad Jürgen Habermas och Norman Fairclough kallat strategisk handling, det vill säga det är texter som har till syfte att skapa resultat.[22] Som exempel återger jag här den första punkten i Förbundet Soldaternas vänners ändamålsparagraf i 1911 års stadgar:

> Verksamhetens förnämsta syfte bör vara att föra soldaten under inflytande af evangelium såsom en Guds kraft till frälsning för hvar och en som tror, samt att bereda honom en tillflyktsort, där han kan komma i personligt umgänge med gudfruktiga kamrater och finna tillfälle till mera stillhet och vederkvickelse för sinnet än kasern- och lägerlif i allmänhet erbjuda.[23]

Ändamålet var alltså först och främst att föra soldaterna – i praktiken handlade det om de värnpliktiga – "under inflytande af evangelium såsom en Guds kraft till frälsning för var och en som tror". Det innebar att de värnpliktiga genom att delta i soldathemmens gudstjänstliv skulle ledas till gudstro och frälsning, det vill säga att bli omvända i religiös mening. Men även ett mer prosaiskt ändamål framträder i citatet ovan; att erbjuda de värnpliktiga en "tillflyktsort", en plats där de kunde vistas under ledig tid, avskilda från stök, stoj och oro vid förläggningarna där de bodde. På soldathemmen skulle de få ett gott umgänge, och kunna njuta av "stillhet" och "vederkvickelse för sinnet". I formuleringarna framträder en misstro mot den miljö som de värnpliktiga vistades i. De väckelsekristna var en grupp i samhället som var särskilt benägen att reagera mot det påstått fördärvliga levernet på de militära förläggningsplatserna. Jag återkommer nedan till den frågan.

I ändamålsparagrafens andra punkt beskrev soldatmissionärerna vilka medel de ville använda för att uppnå sina mål. På soldathemmen skulle Guds evangelium förkunnas, det vill säga gudstjänster och andakter skulle anordnas. Men där skulle också finnas tillfälle för de värnpliktiga att läsa, skriva brev samt att lyssna till föredrag.[24]

Om tron på individens omvändelse – som jag angav tidigare i artikeln – var bestämmande för de väckelsekristnas relation med det omgivande samhället, hur kom det sig då att soldatmissionärerna inte bara ordnade gudstjänster utan också beredde plats för annan verksamhet? Det kan förklaras med hjälp av en modell från den teologiska missionsforskningen. Mission bestod enligt denna modell av evangelisation, alltså kristen förkunnelse med utgångspunkt i evangelium, men också andra, fostrande aktiviteter, som var tänkta att förbereda och stödja evangelisationen.[25] Det är en modell som har utvecklats i analysen av 1800- och det tidiga 1900-talets mission i icke-kristna områden i andra världsdelar, men som fungerar lika bra i undersökningar av den väckelsekristna inre missionen. De väckelsekristna betraktade svenskar utanför den egna religiösa gemenskapen som "namnkristna", alltså kristna enbart till namnet, och därför i behov av omvändelse.

Missionsmodellen hjälper oss att se den inneboende logiken i stadgarna. Genom att tillbringa ledig tid på soldathemmen med aktiviteter som var godkända av soldatmissionärerna, även om det inte direkt handlade om kristendomsutövning, skulle religiöst indifferenta och oomvända värnpliktiga göras mottagliga för det religiösa budskapet.

Genom att bedriva fostran, skulle alltså evangelisation så småningom bli möjlig. För att tydliggöra sambandet kallar jag i avhandlingen detta för aktörernas missionsmotiv; ett tvillingmotiv med de två delarna evangelisation och fostran. Det ultimata målet var att framkalla omvändelser till vad soldatmissionärerna uppfattade som den "sanna" kristendomen.[26] Det var den religiösa mötesverksamheten i form av gudstjänster och andakter som dominerade i soldathemmens samlingssalar under 1900-talets första decennier. Vid soldathemmen på Kronobergshed i Småland och i Örebro hölls exempelvis gudstjänst eller andakt nästan alla dagar under de månader då värnpliktiga vapenövades vid respektive regemente.[27] De föredrag som förekom vid sidan av gudstjänstlivet skulle vila på vad soldatmissionärerna kallade "en kristen grund". I första hand handlade det om föredrag i nykterhetsfrågan. Det soldatmissionärerna definierade som politik var förbjudet; ett förbud som bland annat gällde agitation för värnpliktsvägran och socialistisk agitation. Den kristna grunden var central även i soldatmissionärernas val av läsning för de värnpliktiga. Mina undersökningar av tidningar och böcker i soldathemmens läsrum visar på ett snävt urval med fokus på religiös uppbyggelse.[28]

Nykterhetsföredragen och den utvalda läsningen liksom serveringarna ingick i ett fostrande servicepaket för de värnpliktiga. När soldatmissionärerna skrev och talade om verksamheten vid soldathemmen tydliggjordes missionsmotivets mekanismer: Soldatservicen var berättigad eftersom den kunde locka de värnpliktiga till soldathemmen så att de kom inom räckhåll för det kristna budskapet och så småningom kanske kunde omvändas.[29] Vad gäller serveringarna var det en viktig markering från soldatmissionärernas sida att alkoholhaltiga drycker inte fick förekomma där. De utgjorde därmed symboliskt sett motpoler till marketenterierna, alltså de traditionella serveringarna vid förläggningsplatserna.

Missionsmotivet var alltså centralt för soldatmissionärerna. Men i min avhandling har jag frilagt ytterligare ett motiv; ett bevarandemotiv. Det framträder när textanalysen vidgas, så att den omfattar även väckelsekristna ungdomstidningar och uttalanden vid Förbundet soldaternas vänners konferenser. En artikel om soldatmissionen i *Ungdomsvännen* från 1903 får tjäna som exempel. Det är en argumenterande text, och i likhet med de ovan refererade stadgarna ett exempel på strategisk handling. Artikelförfattaren uttryckte sitt starka ogillande över de umgängesvanor som präglade, eller ansågs prägla, de militära förläggningsplatserna. I texten framhölls att det stora målet för soldatmissionen var att framkalla omvändelser. Men texten handlade inte bara om behovet av mission. Artikelförfattaren poängterade också vikten av att "bevara" unga män från denna miljö. Värnpliktstiden var en farlig tid, både för redan omvända och för oomvända, men "moraliskt ofördärvade" män. Soldatmissionen hade därför den viktiga uppgiften att stödja båda dessa grupper, så att de inte "sjönk ned" i "syndiga vanor".[30] Både omvända och oomvända värnpliktiga skulle alltså med ett för de väckelsekristna typiskt uttryck "bevaras". Det var beteenden och egenskaper som soldatmissionärerna uppskattade hos de värnpliktiga som skulle bevaras, medan "syndafall" skulle förhindras.

I tidningsartiklar och konferensmateriel lämnades sällan utförliga förklaringar till vad som menades med "synd". Vad som räknades som "syndigt" beteende ansågs vara underförstått, men tystnaden hade paradoxalt nog också att göra med frågans otydliga och subjektiva karaktär. Tidigare forskning har belyst huvudprinciperna i de väckelsekristnas moraluppfattning, samtidigt som det påpekats att den exakta avgränsningen av "syndiga" handlingar kunde bli föremål för diskussion bland de väckelsekristna. Särskilt hårt fördömdes sexuella handlingar utom mellan man och hustru inom äktenskapet. Pardans, alkoholbruk, spel om pengar och svordomar hörde till de klassiska synderna, men de väckelsekristna ogillade också andra mer eller mindre svåravgränsade beteenden, som att bli alltför arg, visa oförsonlighet eller gå till handgripligheter i en konflikt.[31] Mot denna bakgrund framstår de väckelsekristnas oro över miljön på de militära förläggningsplatserna som logisk.

Bevarandemotivet hade sin grund i de väckelsekristnas syn på synd och frälsning. Inom väckelsekristendomen graderades människorna enligt en normerande skala. Långt ned på skalan fanns de "fallna" – gudsförnekarna naturligtvis, men också till exempel drinkarna och svärjarna – och högt upp fanns de omvända. Men det fanns också ett antal mellanstadier. Där befann sig till exempel namnkristna män som inte drack brännvin.[32]

Soldatmissionärerna ville alltså förhindra de värnpliktigas rörelse nedåt på denna skala mellan det högsta och det lägsta. Det här var ett tacksamt sätt att motivera soldatmissionen i resursmobiliseringen bland väckelsekristna anhängare. Många hade söner eller andra nära anhöriga bland de värnpliktiga, och oroade sig för hur de skulle kunna påverkas av vistelsen på de militära förläggningsplatserna.

I detta avsnitt har jag diskuterat ett missionsmotiv och ett bevarandemotiv. Med ett begrepp från hämtat från Foucault kan vi sammanfattningsvis kalla allt detta för soldatmissionärernas konfrontationsstrategi.[33] I tidningsartiklar om soldatmissionen underströks gärna kampen för tron med ett tidstypiskt militaristiskt språkbruk, som är känt även från Frälsningsarmén.[34] Det ultimata målet för soldatmissionärerna var att omvända de värnpliktiga till vad soldatmissionärerna uppfattade som den "rätta" och "sanna" kristendomen. Dessutom ville de förhindra "syndafall", alltså en i de väckelsekristnas ögon allvarlig försämring av vanor och beteenden hos de värnpliktiga.

En domesticerande diskurs

Soldatmissionens expansion i organisatoriska och materiella termer var kraftfull under 1900-talets första decennier. Det framgår av att nästan alla de platser där värnpliktiga övades 1920 som ovan nämnts var försedda med ett soldathem. Däremot vet vi inte hur många värnpliktiga som soldatmissionen rekryterade till väckelsekristendomen. Ett soldathem var inget religiöst samfund som den värnpliktige kunde bli medlem i, och det skapades alltså ingen medlemsstatistik. Det går heller inte att mäta hur väl soldatmissionärerna lyckades genomföra sina explicita motiv. Huruvida någon är "omvänd" eller "bevarad" är subjektiva bedömningar.

Att påstå att soldatmissionärerna utövade makt genom direkt religiös påverkan är alltså en förenkling. En maktanalys av soldatmissionen måste ta fasta på dess institutioner; det vill säga soldathemmen. Det var förvisso frivilligt både att vistas på soldathemmen och att delta i gudstjänstlivet där. Medan värnplikten var lagstadgad, fanns det inget yttre tvång förknippat med soldathemmen. Frivilligheten underströks i garnisonsstäderna av att soldatmissionärerna helst byggde soldathemmen utanför kasernområdena; detta för att tydligt markera både gränsen mot den militära sfären och soldathemsverksamhetens civila och ideella karaktär. Ändå är ett maktperspektiv rimligt och fruktbart i analysen av soldatmissionärernas verksamhet. Men den makt det handlade om var av ett subtilt slag, vilket pekar mot Michel Foucaults teoribildning. Hans maktteori avsåg inte enkla relationer mellan två parter, där den ena parten tvingar och förtrycker den andra.[35] Den mikromakt han diskuterade är inte identisk med aktörernas vilja och explicita motiv.

I avhandlingen angriper jag frågan om makt inom soldatmissionens institutioner med en diskursanalys. Det innebär att jag avtäcker soldathemmens dominerande diskurs genom att analysera aktörernas språk i ljuset av sociala och materiella förhållanden.[36] I det följande sammanfattar jag den analysen. Jag ger några exempel på hur soldatmissionärerna talade och skrev om de värnpliktiga, sig själva och om soldathemmen. Det är exempel som härrör i första hand från de landsomfattande konferenserna inom soldatmissionen. Jag diskuterar språkexemplen med hjälp av sociala och materiella faktorer i soldathemsverksamheten och i det omgivande samhället. Jag visar därigenom också vilken kunskap som producerades på soldathemmen.

Det kan först konstateras att soldatmissionärerna gärna kallade de värnpliktiga för "gossar", eller "pojkar".[37] Detta trots att det handlade om vuxna män, normalt 21 år eller äldre. Benämningarna bör förstås mot bakgrund av de värnpliktigas civilstånd i kombination med en traditionsmättad åtskillnad mellan gifta och ogifta män. Giftermålsåldern var vid den här tiden hög i Sverige, och vi kan utgå från att de flesta värnpliktiga var ogifta. I det traditionella bondesamhället var det enbart de gifta männen med eget hushåll som räknades som "riktiga karlar".[38] Som ogifta betraktades de värnpliktiga av soldatmissionärerna som stora barn, formbara och mottagliga för soldatmissionärernas verksamhet.

Benämningarna "gossar" och "pojkar" måste också förstås i ljuset av det patriarkala draget som dröjde kvar i soldathemmens sociala organisering. Patriarkalism är ett mångtydigt ord, men syftar här på den grundläggande ekonomiska och samhälleliga organisationsform som var rådande före industrialiseringen. Patriarkalismen bars upp av personliga band mellan husfadern och hans underlydande. Som tidigare forskning visat fördes arvet efter patriarkalismen vidare i arbetsorganiseringen vid bruksorter och i den tidiga industrin liksom inom krigsmakten.[39] Patriarkalismen motiverades i Sverige bland annat med hjälp av den evangelisk-lutherska statskyrkan,[40] och den var som jag visar i avhandlingen en levande tradition även bland de väckelsekristna decennierna kring år 1900. Soldathemmen hade vid 1900-talets början nästan uteslutande manliga föreståndare, och särskilt viktigt var det att män skötte det religiösa ledarskapet.[41]

Soldatmissionärerna såg de värnpliktiga som stora barn, och sig själva som en sorts ställföreträdande föräldrar. Soldathemsföreståndarna skulle helst vara gifta, och ha en hustru vid sin sida som bistod dem i arbetet. Soldatmissionen i Sverige i början av 1900-talet leddes av män, men samtidigt fanns det åtskilliga kvinnor på detta verksamhetsfält, precis som inom till exempel söndagsskolan och den kristna välgörenheten. Gudstjänster och andakter skulle i princip ledas av män, medan kvinnornas särskilda område på soldathemmen föga förvånande ansågs vara serveringarna. Kvinnorna skulle också hjälpa till i det dagliga fostransarbetet. Kvinnor hade vanligen underordnade positioner inom soldatmissionen precis som inom väckelsekristendomen i stort.[42] Men de tillskrevs också på ett tidstypiskt sätt omhändertagande och känslorelaterade egenskaper som de ledande soldatmissionärerna ansåg var oumbärliga på soldathemmen. Soldatmissionärerna föreställde sig alltså att ett gift föreståndarpar skulle fungera som ställföreträdande föräldrar för de värnpliktiga under den tid som de var tvungna att vistas på de militära förläggningsplatserna. Soldatmissionärernas söndagsskolmässiga sätt att tala och skriva om sin fostran av de värnpliktiga måste förstås mot bakgrund av de väckelsekristnas moraluppfattning och den allmänna synen på värnpliktstiden: "Gossarna" skulle till exempel uppmanas att inte röka och svära, att inte prata och skämta alltför högljutt i soldathemmets servering samt att visa respekt för jesusbilder och andra kristna symboler.[43]

I linje med detta betraktades soldathemmen som ställföreträdande hem för de värnpliktiga. Ett soldathem skulle, menade soldatmissionärerna, "fylla människans alla behov"; de andliga i mötessalen, de kroppsliga i serveringen, och de själsliga i läsrummet. Soldatmissionärerna tänkte på soldathemmet som ett idealiserat, förebildligt hem. Det skulle vara "hemtrevligt"; ett hus eller en lokal där de värnpliktiga erhöll "hemkänsla".[44] Dessa uttalanden bör förstås mot bakgrund av ett tidstypiskt fokus på domesticitet, som diskuterats framför allt i anglosaxisk forskning. Ordet domesticitet betecknar, med historikern John Toshs ordval, en fysisk och mental orientering mot hemmet, så djupgående att han betecknar det som en kult.[45] Domesticitetskulten var förankrad i patriarkalismen, men hängde samtidigt samman med samhällsförändringarna i industrialiseringens och urbaniseringens kölvatten. Hemmet och familjen sågs som centrala för upprätthållandet av social stabilitet och överförandet av religiösa och moraliska värden i en föränderlig tillvaro. Denna orientering bör också sättas i samband med strävan mot respektabilitet, som utmärkte växande evangelikala grupper i Storbritannien liksom stora delar av den svenska väckelsekristna organiseringen.[46] Även materiella aspekter av de svenska soldathemmen pekar mot det starka intresset för domesticitet. De frivilligt finansierade soldathemmen höll olika standard, men när ekonomin medgav utformades soldathemmen som en kombination av missionshus och villa, med attribut som verandor och bibliotek, gardiner och tapeter.[47] Soldathemmen bör placeras in bland de institutioner som föddes ur föreställningen om hemmets fostrande kraft, som fanns i det tidiga svenska 1900-talets socialpolitiska strävanden.[48]

Slutsatsen i min avhandling är att soldathemmen dominerades av en domesticerande diskurs. Diskursens funktion var att förankra såväl omvända som oomvända värnpliktiga i det civila samhällets hem- och familjevärden under den tid de vistades på de militära förläggningsplatserna.[49] I avhandlingen visar jag att soldatmissionärerna även hade visioner som pekade i andra riktningar. Särskilt bland de ovan nämnda radstockska officerarna fanns under 1900-talets första år en vision om att skapa väckelsekristna, renodlat militära broderskap på de militära förläggningsplatserna. Det förekom också uttalanden inom soldatmissionen om ett samband mellan gudstro hos soldaten och framgång i krig.[50] Men i det rådande fredsläget och inom en av civila aktörer uppbyggd soldathemsverksamhet kom alltså en domesticerande diskurs att dominera.

Den kunskap som producerades inom diskursen gällde det ideala hemmet, äktenskapet, och relationerna mellan söner och föräldrar, samt mellan män och kvinnor. Det var kunskap som upprättade och stabiliserade hierarkier där äldre män var överordnade yngre män, och män var överordnade kvinnor. Det var kunskap för de värnpliktigas civila liv vid sidan av och bortom den militära utbildningen. Men soldathemmen ingick också i legitimeringen av det vid 1900-talets början i breda samhällsskikt impopulära värnpliktssystemet. Soldathemmen befann sig på gränsen mellan krigsmakt och civilsamhälle, var präglade av civila värden, och bidrog därmed till att göra värnplikten mer acceptabel. Den kunskap som producerades där var nyttig för upprätthållandet av en genus- och samhällsordning med en överordnad manlighet, där deltagande i fosterlandsförsvaret var en självklar plikt.

Makt och kunskap inom soldatmissionen

Uttrycket "Andens svärd" i artikelns titel är hämtat från Efesierbrevet 6:17 i Nya Testamentet. Det var ett bland väckelsekristna gärna citerat bibelställe, där den kristna människan uppmanades att ta på sig Guds vapenrustning i (den andliga) kampen för tron. Där liknades Guds ord vid ett svärd; "Andens svärd". Det var detta svärd som soldatmissionärerna riktade mot värnpliktsarmén. Aktörernas gudomligt inspirerade konfrontationsstrategi var dels mission på de gudsförgätna militära förläggningsplatserna, dels att bevara de värden de uppskattade hos de värnpliktiga. Soldatmissionärerna lyckades mobilisera resurser för sin strategi bland den starka och under det tidiga 1900-talet alltjämt växande väckelsekristendomens sympatisörer, och så kom det sig att värnpliktiga över hela Sverige fick "fritidsgårdar" i form av soldathem som uppfördes och drevs av kristna sammanslutningar.

Men vad var det som skapades på spetsen av Andens svärd? Där skapades en maktformation som producerade kunskap om det rätta sättet att vara son, make och far. Eller annorlunda uttryckt: I förlängningen av soldatmissionärernas konfrontationsstrategi skapades den domesticerande diskurs som dominerade soldathemmen. Den kunskap som producerades där svepte in de individer som vistades på soldathemmen, och gjorde dem till medskapare i genus- och samhällsordningen. Kunskapen hade bäring framför allt på tillvaron i det civila samhället, men bidrog också till värnpliktens legitimering.

Med detta har jag sammanfattat vad som hände när det väckelsekristna frälsningsmaskineriet placerades invid krigsmakten. Och med hjälp av Foucaults teoribildning blir det tydligt hur maskineriets delar hängde ihop. Väckelsen var inte ett led i en oåterkallelig sekulariseringsprocess, vilket ofta hävdats.[51] Den var religiöst aktivistisk, och detta gav avtryck. Utan den brinnande religiösa övertygelse som formade soldatmissionärernas konfrontationsstrategi, hade soldathemmens kunskapsproduktion uteblivit.

Noter

1. Denna artikel bygger på min doktorsavhandling, se Elin Malmer, *Hemmet vid nationens skola: väckelsekristendom, värnplikt och soldatmission, ca 1900–1920* (Stockholm 2013). Ett särskilt tack till Hossein Sheiban, som läst artikeln och kommit med värdefulla påpekanden.

2. För de statistiska uppgifterna om soldathemmen, se Malmer 2013, s. 12, 71.

3. Partianslutning hos riksdagsmän ur väckelseled behandlades redan i Lydia Svärd, *Väckelserörelsernas folk i Andra kammaren, 1867–1911* (Stockholm 1954).

4. Några av de större väckelsekristna sammanslutningarna var Svenska Missionsförbundet, Svenska Baptistsamfundet och Evangeliska fosterlandsstiftelsen. Se vidare min diskussion i Malmer 2013, s. 29–34. Ordet väckelsekristendom används även på annat håll i senare forskning, se t ex Elisabeth Christiansson, *Kyrklig och social reform: motiveringar till diakoni 1845–1965* (Skellefteå 2006) s. 94; Stefan Gelfgren, "Att ha sin plats ovan molnen: Radikalt eller reaktionärt inom 1800-talets väckelse?", i Erland Mårald & Christer Nordlund, *Topos* (Stockholm 2006) s. 329.

5. Michel Foucault, "Afterword: the subject and power", Hubert L Dreyfus & Paul Rabinow (red.), *Michel Foucault: beyond structuralism and hermeneutics*, (1982), 2 uppl, (Chicago 1983) s. 219–221,

224; Michel Foucault, *Power/knowledge: selected interviews and other writings, 1972–1977* (New York 1980) s. 119; Kenneth Hultqvist & Kenneth Persson (red.), *Foucault: namnet på en modern vetenskaplig och filosofisk problematik* (Stockholm 1995) s. 31.

6. Den allra största utgiftsposten var byggandet av kaserner för värnpliktsarmén, se Kent Zetterberg, *Militärer och politiker: en studie i professionalisering, innovationsspridning och internationellt inflytande på de svenska försvarsberedningarna 1911–1914* (Stockholm 1988) s. 8, 38.

7. Se t ex Sven Lundkvist, *Folkrörelserna i det svenska samhället 1850–1920* (Uppsala 1974) s. 144–149, 219f; Ronny Ambjörnsson, *Den skötsamme arbetaren: idéer och ideal i ett norrländskt sågbrukssamhälle 1880–1930* (Stockholm 1988) s 247–251. Den så kallade barnmorsketesen kommer ursprungligen från den brittiske historikern Harold Perkin, *The origins of modern English society 1780–1880* (London 1969) se särskilt s. 196.

8. Se vidare i (Malmer 2013) s. 21, 34.

9. Vad gäller forskningsläget rörande de väckelsekristna, se Malmer (Stockholm 2013) s. 13–18.

10. Se t ex Pirjo Markkola, "The calling of women: Gender, religion and social reform in Finland, 1860–1920", i Pirjo Markkola (ed), *Gender and vocation: women, religion and social change in the Nordic countries, 1830–1940* (Helsinki 2000) s 123–131; Anna Jansdotter, *Ansikte mot ansikte: räddningsarbete bland prostituerade kvinnor i Sverige 1850–1920* (Stockholm 2004) s. 363. En religionssociologisk översikt finns i Grace Davie, *The sociology of religion* (London 2007) s. 26, 28–31.

11. Se t ex Joel Halldorf, *Av denna världen? Emil Gustafsson, moderniteten och den evangelikala väckelsen* (Skellefteå 2012) s. 316f.

12. Jfr Foucault 1983, s 225f; Norman Fairclough, *Analysing discourse: textual analysis for social research* (New York 2003) s. 29.

13. Jfr Malmer (Stockholm 2013) s. 19, 43f.

14. Se t ex Ida Blom, "Gender and nation in international comparison", i Ida Blom, Karen Hagemann & Catherine Hall (eds), *Gendered nations: nationalisms and gender order in the long nineteenth century* (Oxford 2000) s. 15f.

15. Se t ex Mats Rehnberg, *Vad skall vi göra med de blanka gevär: femton kapitel ur soldaternas liv* (Stockholm 1967); Anders Ahlbäck, *Soldiering and the making of Finnish manhood: conscription and masculinity in interwar Finland 1918–1939* (Åbo 2010).

16. Görel Granström, *Värnpliktsvägran: en rättshistorisk studie av samvetsfrihetens gränser i den rättspolitiska debatten 1898–1925* (Uppsala 2002) s. 53, 175, 203–212.

17. Rolf Nygren, *Disciplin, kritikrätt och rättssäkerhet: studier kring militieombudsmannaämbetets doktrin- och tillkomsthistoria 1901–1915* (Uppsala 1977) s. 9; Kerstin Strömberg-Back, "Stam och beväring", i Tom Ericsson (red.), *Folket i försvaret: krigsmakten i ett socialhistoriskt perspektiv*, (Umeå 1983), s 117; Yvonne Hirdman, *Vi bygger landet: den svenska arbetarrörelsens historia från Per Götrek till Olof Palme* (Stockholm 1988) s. 96; Rehnberg, s. 95–111, 163–172.

18. För ett exempel ur samtida väckelsekristen ungdomspress, se *Ungdomsvännen* 1920, s. 219 (Josef Jansson, "Från vår soldatmission"). Allmänt vad gäller värnpliktsarmén som en nationens skola, se t ex Eugen Weber, *Peasants into Frenchmen: The modernization of rural France 1870–1914* (London 1977) s. 292–302.

19. Till de andra grupperna hörde fälthögskolans förespråkare och tidiga entusiaster inom tävlingsidrotten. Se t ex Klas Borell, *Disciplinära strategier: en historiesociologisk studie av det professionella militärdisciplinära tänkesättet* (1989), 2 uppl (Stockholm 2004) s. 43; Jens Ljunggren, *Kroppens bildning: Linggymnastikens manlighetsprojekt 1790–1914*, (Stockholm 1999) s. 184f. På detta område återstår mycket forskning.

20. Lars Österlin, *Stockholmsväckelsen kring lord Radstock* (Stockholm 1947).

21. Malmer (Stockholm 2013) s. 77.

22. Fairclough (New York 2003), s. 67, 71.

23. "Stadgar för Förbundet Soldaternas vänner", §2, punkt 1, i Soldaternas vänner, Förbundet, *Protokoll vid Förbundet Soldaternas vänner konferens i Stockholm 1911*, (bilaga B), (Stockholm 1911).

24. Stadgar för Förbundet Soldaternas vänner", §2, punkt 2, i Soldaternas vänner, Förbundet, *Protokoll vid Förbundet Soldaternas*

vänner konferens i Stockholm 1911, (bilaga B), Stockholm 1911. Se vidare Malmer (Stockholm 2013) s. 87–90.

25. Se t ex Inger Marie Okkenhaug, "Introduction: Gender and Nordic Missions", i Inger Marie Okkenhaug (red.), *Gender, Race and Religion: Nordic Missions 1860–1940*, Studia Missionalia Svecana XCI (Uppsala 2003) s. 14.

26. Malmer 2013, s. 84–87, 113.

27. Se t ex Gustaf Willéns årsredogörelse för soldatmissionsföreningens verksamhet vid Kronobergshed år 1901, E1, vol 1, SSA, Krigsarkivet; arbetsutskottet 4 april 1913, AII, vol 1, FSVÖa, Arkivcentrum Örebro.

28. Malmer 2013, s. 182f, 211f, 223–234.

29. Se min diskussion i Malmer (Stockholm 2013) s .213f, 218f, 256. Jfr Fairclough (New York 2003) s. 81.

30. *Ungdomsvännen* 1903, s. 77 (sign A S-én, "Ett ord till våra kristliga ungdomsföreningar"). Jfr uttalanden vid Förbundet soldaternas vänners konferenser, se t ex *FSV:s konferens 1909*, s. 10f, 28; *FSV:s konferens 1913*, s. 21, 24; samt Förbundet soldaternas vänners stadgar från 1911, där det angavs att soldatmissionen skulle erbjuda en "tillflyktsort" (se ovan).

31. Owe Kennerberg, *Innanför eller utanför: en studie av församlingstukten i nio svenska frikyrkoförsamlingar* (Örebro 1996) s. 25, 104f, 128, 153, 179.

32. Malmer (Stockholm 2013) s. 107.

33. Michel Foucault, "Afterword: the subject and power", i Hubert L Dreyfus & Paul Rabinow (red.), *Michel Foucault: beyond structuralism and hermeneutics*, 2 uppl, (Chicago 1983) s. 225f.

34. För en diskussion, se Malmer (Stockholm 2013) s. 172–176. Vad gäller Frälsningsarmén, se även Johan A Lundin, *Predikande kvinnor och gråtande män: Frälsningsarmén i Sverige 1882–1921* (Malmö 2013) t ex s. 29–31, 112.

35. Foucault (Chicago 1983) s. 221–224.

36. Se vidare Malmer (Stockholm 2013) s. 19f, 41–44. Jfr Foucault 1983, s. 219–221; Norman Fairclough, *Discourse and social change*, (Cambridge 1992) s. 65, 73.

37. För exempel, se *FSV:s konferens 1913*, s. 57, 60f; "FSV:s konferens 1915", s. 58–60, 66–68, F4, vol 1, SSA, KrA

38. Ella Johansson, *Skogarnas fria söner* (Stockholm 1994) s. 159–162.

39. Se t ex John Tosh, *A Man´s place: masculinity and the middle-class home in Victorian England* (New Haven 1999) s. 25; Börje Harnesk, *Legofolk: drängar, pigor och bönder i 1700- och 1800-talets Sverige* (Umeå 1990) s. 47f; Annika Sandén, *Stadsgemenskapens resurser och villkor: samhällssyn och välfärdsstrategier i Linköping 1600–1620* (Linköping 2005) s. 29–32. Jag använder begreppet patriarkalism för att tydliggöra kopplingen till den evangelisk-lutherska läran. Inom den modernhistoriska arbetslivsforskningen brukar man istället tala om paternalism, se t ex Karl Molin, *Den moderne patriarken: om arbetsledarna och samhällsomvandlingen 1905–1935* (Stockholm 1998) s. 11–13; Borell (Stockholm 2004) s. 48–52.

40. Hilding Pleijel, *Hustavlans värld: kyrkligt folkliv i äldre tiders Sverige* (Stockholm 1970), s. 30–52; Alexander Maurits, *Den vackra och erkända patriarchalismen: den lundensiska högkyrklighetens präst- och mansideal* (Lund 2011) s 70.

41. Se vidare Malmer (Stockholm 2013) s. 138f.

42. För en diskussion av kvinnans ställning inom väckelsekristen organisering, se Malmer 2013, s. 96f; Cecilia Wejryd, *Läsarna som brände böcker: Erik Jansson och erikjansarna i 1840-talets Sverige* (Uppsala 2002) s. 75f; Ingrid Åberg, "Kvinnor på tröskeln till en ny tid: Gestriklands Arbetsförening 1860–1880", *Kyrkohistorisk årsskrift* 1994, s. 86; Åke Bjoersdorff, *Kvinnorna i herrligheten: en studie rörande frågan om kvinnliga pastorer i Svenska Missionsförbundet, åren 1940–1950* (Göteborg 1993) s. 42–49.

43. Malmer (Stockholm 2013) s. 142, 150.

44. För exempel, se *FSV:s konferens 1913*, s 27f, 57f, 62; "FSV:s konferens 1915", s 64, F4, vol 1, SSA, KrA; *FSV:s konferens 1913*, s. 27f.

45. John Tosh, *A man´s place: masculinity and the middle class home in Victorian England*, (New Haven), s. 6.

46. Se Leonore Davidoff & Catherine Hall, *Family Fortunes: men and women of the middle class 1780–1850* (London 1987); Tosh (Neh

haven 1999) s. 4, 25, 33–35; David W Bebbington, *The Dominance of Evangelicalism: The age of Spurgeon and Moody* (Leicester 2005) s. 67f.

47. Malmer (Stockholm 2013) s. 131–134.

48. Se t ex Nils Edling, *Det fosterländska hemmet: egnahemspolitik, småbruk och hemideologi kring sekelskiftet 1900*, (Stockholm 1996) s 372, 383; Ronny Ambjörnsson, *Ellen Key: en europeisk intellektuell* (Stockholm 2012) s. 434–436.

49. Malmer (Stockholm 2013) s. 270f.

50. Detta är idéströmningar som är kända särskilt från senare delen av 1800-talet i Storbritannien och Tyskland. Se vidare i Malmer (Stockholm 2013) s. 156–163, 172–176.

51. Det mest kända exemplet är Sven Lundkvist, *Folkrörelserna och det svenska samhället 1850–1920* (Uppsala 1977) särskilt s. 148. Men tesen återkommer i både forskning och översiktsverk av senare datum, se t ex Åsa Bengtsson, *Nyktra kvinnor: folkbildare, företagare och politiska aktörer: Vita bandet 1900–1930* (Göteborg & Stockholm 2011) s. 90f; Susanna Hedenborg & Lars Kvarnström, *Det svenska samhället 1720–2010: böndernas och arbetarnas tid*, (2004), upplaga 4:1 (Lund 2013) s. 193.

Bibliografi

Källor
Riksarkivet

Kammararkivet: Mantalslängder 1781-1811

Sturearkivet: 434

Tabellverket: serierna Protokoll, Koncept, Arbete med nya formulär, Berättelser till Kungl. Maj:t.

Medicinalstyrelsen: Diarier över inkomna ansökningar 1941

Socialstyrelsen 5:e byråns arkiv, 1913-1961: Socialstyrelsens tattarinventering 1943, H10, Gunnar Dahlberg, "Antropologisk undersökning av tattare i Sverige", 22 feb 1944

Landsarkivet i Uppsala

Dingtuna kyrkoarkiv, Husförshörslängder 1815-1886

Dingtuna kyrkoarkiv, Sockenstämmans och sockennämndens protokoll och handlingar 1833-1863

Dingtuna kyrkoarkiv: Andra befintliga längder 1749-1859

Gunnilbo kyrkoarkiv: Födelse- och dopbok 1824-1871

Köpings landsförsamlings kyrkoarkiv: Husförhörslängder 1806-1821

Köpings landsförsamlings kyrkoarkiv: Husförhörslängder 1806-1821

Köpings landsförsamlings kyrkoarkiv: Husförhörslängd 1814-1821

Köpings stadsförsamlings kyrkoarkiv: Femårstabeller (folkräkningstabeller) 1749-1830

Ramnäs kyrkoarkiv: husförhörslängder 1775-1834

Snevringe häradsrätts arkiv: Bouppteckningar 1827-1829

Tuhundra häradsrätts arkiv: Bouppteckningar 1822-1893

Krigsarkivet

Svenska soldathemsföbundets arkiv: Inkomna handlingar, E1, vol 1

Nordiska museet

Samlingar: NM nr 78; insända uppteckningar Bohuslän, Inlands nedre härad, Solberga och Järlanda socken. Upptecknare Karl G Larsson, Måljem Nol.

Uppsala universitetsbibliotek

Gunnilbo kyrkoarkiv: Födelse- och dopbok 1824–1871

Västmanlands-Dala nations arkiv: Matrikel 1761–1833

Västerås stadsbibliotek

Hülphers genealogier, vol. 3

Arkivcentrum Örebro

Föreningen Soldaternas vänners i Örebro arkiv: Protokoll

Tryckta källor

Aftenposten, "Kun én tater i fellesgraven" av Nina Seibo Torset, 25/2 2014

Betänkande angående sterilisering, Befolkningskommissionen, SOU 1936:46, (Stockholm 1936)

Bidrag till Skandinaviens historia ur utländske arkiver, Vol. 4: Sverige i Sten Sture den äldres tid, 1470–1503, Carl Gustaf Styffe, (Stockholm 1875)

Bulstr. Whitelockes Dag-Bok öfver Dess Ambassade til Sverige Åren 1653 och 1654, (Uppsala 1777)

Christensen, William, *Missiver fra Kongerne Christiern I:s og Hans's tid, Bd 2: Missiver fra Brevskrivere uden for den danske Kongefamilie*, (Köpenhamn 1914)

Crónica de Alfonso X. Según el MS. II/2777 de la Biblioteca del Palacio Real (Madrid), Manuel González Jiménez (utg.) (Murcia 1998)

Crónica de Castilla, Patricia Rochwert-Zuili (utg.) (Paris 2010)

Crónica de veinte reyes, César Hernández Alonso (utg.) (Burgos 1991)

Delegationen för romska frågor, *Romers rätt: en strategi för romer i Sverige: ett lands behandling av dess romska befolkning är ett lackmustest för det civila samhället och dess demokrati: betänkande*, Stockholm SOU 2010:55

Den mörka och okända historien: vitbok om övergrepp och kränkningar av romer under 1900-talet, Departementserien 2014:8, (Stockholm 2014) (http://www.regeringen.se/sb/d/18375/a/237061)

Don Juan Manuel, *Obras completas*, utg. Carlos Alvar & Sarah Finci, (Madrid 2007)

Ekdahl, Nils Johan, *Handlingar rörande Severin Norby och de under hans ledning stående krigsföretagen mot Sverige. Afd. 3* (Stockholm 1836)

Erikskrönikan, utg. Sven-Bertil Jansson, (Stockholm 1993)

Gunneng, Hedda, *Biskop Hans Brasks registratur: textutgåva med inledning*, (Uppsala 2003)

Hāfez, Khvājeh Shams-al-dīn Mohammad Shirāzi, *Divān-e Hāfez, Khvājeh Shams-al-din Mohammad: Ghazaliyāt* redigerad och kommenterad av Parviz Nātel Khānlari, (Teheran 1983)

Handlingar rörande Skandinaviens historia, Del 19, Nya handlingar rörande Skandinaviens historia, Vol. 9, Carl Gustaf Styffe, (Stockholm 1834)

Hausen, Reinhold, *Finlands medeltidsurkunder, Del 7: 1509–1518*, (Helsingfors 1933)

Keller, John E. & Clark Keating L., *The Book of Count Lucanor and Patronio: A Translation of Don Juan Manuel's "El Conde Lucanor"*, (New York 1993)

Kungabrev och andra Roslagens dokument, Edvin Gustavsson (utg.) (Uppsala 1971)

Konung Gustaf I:s registratur (GR), Johan Axel Almquist (utg.) (Stockholm 1861–1916), Vol. 23

Koranen. Tillgänglig på: http://www.koranensbudskap.se/translations. aspx?chapterID=29&langID=&p=2

La Estoria de España de Alfonso X. Estudio y edición de la Versión crítica desde Fruela II hasta la muerte de Fernando II, utg. Mariano de la Campa Gutiérrez Málaga 2009

Machiavelli, Niccolò, *Fursten*, (Stockholm 1971[1513])

Olaus Magnus Carta Marina 1539, utg. Herman Richter, (Lund 1967)

Olaus Magnus, *Historia om de nordiska folken*, Michaelisgillet Uppsala (1909–51)

Omhändertaganden av romska barn, Socialstyrelsen, (Stockholm 2006)

Pidal, Ramón Menéndez, *Primera crónica general de España, que mandó componer Alfonso el Sabio y se continuaba bajo Sancho IV en 1289*, (Madrid 1955)

Schottin, Reinhold, *Tagebuch des Erich Lassota von Steblau*, (Halle 1866)

Sjödin, Lars, *Historiska handlingar, Vol 39: Handlingar till Nordens historia 1515–1523, Del 1: 1515-juni 1518*, (Stockholm 1967)

Sjödin, Lars, *Gamla papper angående Mora socken, Vol 2: Arvid Siggessons brevväxling*, (Västerås 1937)

Ståhl, Peter, *Johannes Hildebrandi, Liber epistularis (Cod. Upsal. C 6): I. lettres nos. 1 à 109 (fol. 1r à 16r)* (Stockholm 1998)

Sociala meddelanden, Socialstyrelsen, (Stockholm 1912–1967)

Seigneur A de La Motrayes resor 1711–1725..., Hugo Hultenberg (utg.) (Stockholm 1912)

Soldaternas vänner, Förbundet, *Protokoll vid Förbundet Soldaternas vänner konferens i Stockholm 1911*, (Stockholm 1911)

Svensk författningssamling (SFS) 1872 nr 55, *Kongl. Maj:ts Nådiga Förordning, angående ändring i wissa delar af 1 kap. Rättegångs-Balken; Gifwen Ulriksdals Slott den 19 Juli 1872*

Then andra delen til rijm-crönikorne hörande... Johan Hadorph (utg.) (Stockholm 1676)

Ungdomsvännen: veckotidning, (Alingsås 1897–1939)

Vadstenadiariet, Claes Gejrot (utg.) (Stockholm 1996)

Verksamhetsberättelse, IF Metall (2014)

Årsberättelse, SvFF, Svenska fotbollförbundet (2014)

Databaser

Peoples, Towns and States. (förk. PTS-databas)

Deutsches Städtebuch

Litteratur

Ahlbäck, Anders, *Soldiering and the making of Finnish manhood: conscription and masculinity in interwar Finland 1918–1939*, (Åbo 2010)

Ahnfelt, Otto,"Per Brahe den äldres fortsättning af Peder Svarts krönika", *Lunds universitets årsskrift 34:1:1 1898*

Ambjörnsson, Ronny, *Ellen Key: en europeisk intellektuell*, (Stockholm 2012)

Ambjörnsson, Ronny, *Den skötsamme arbetaren: idéer och ideal i ett norrländskt sågbrukssamhälle 1880–1930*, (Stockholm 1988)

Anderson, Perry, *Den absoluta statens utveckling*, (Malmö 1980)

Andersson, Roger, "Att predika och berätta historier", i Inger Larsson et al (red.), *Den medeltida skriftkulturen i Sverige. Genrer och texter*, (Stockholm 2010)

Andersson, Roger, "Användningen av exempla i den svenska medeltidspredikan", i Olle Ferm (red.), *Kyrka och socken i medeltidens Sverige. Studier till Det medeltida Sverige 5*, (Stockholm 1991)

Anvāri, Mohammad-Javād, "Ashʻari" (Ashʻari), i Musavi Bojnurdi, Kāzem (red.), *Dā'erat al-Maʻāref-e Bozorg-e Eslāmi* (Det stora islamiska uppslagsverket), Vol. 9, (Teheran 2000)

Arberry, Arthur John, *Fifty Poems of Hafiz*, (Cambridge 1947)

Armstrong, Charles Arthur John, "Some Examples of the Distribution and Speed of News in England at the Time of the Wars of the Roses", i R. W. Hunt, W. A. Pantin & R. W. Southen, (red.), *Studies in Medieval History presented to Frederick Maurice Powicke*, (Oxford 1948)

Aronsson, Peter, Strömberg, Thord & Nilsson, Lars (red.), *Storkommunreformen 1952: striden om folkhemmets geografi*, (Stockholms 2002)

Arosenius, Edvard, *Bidrag till det svenska tabellverkets historia*, (Stockholm 1928)

Āshuri, Dāriyush, Hasti-*shenāsi-ye Hāfez. Kāvosh-i dar Bonyād-e Andisheh hā-ye U* (Hāfez ontologi: en studie om grunderna till hans tankar), (Teheran 1998)

Bairoch, Paul, Batou, Jean & Chevre, Pierre, *La population des villes européennes de 800 à 1850/The Population of European Cities from 800 to 1850*, (Genève 1988)

Barr, Cai, JP Asmussen & Mary Boyce, *Diyanat-e Zartoshti: Majmu'eh-ye Se Maqaleh* (Zoroastrismen: Tre artiklar), (Teheran 2003)

Bautista, Francisco, *La Estoria de España en época de Sancho IV: sobre los reyes de Asturias*, (London 2006a)

Bebbington, David W, *The Dominance of Evangelicalism: The age of Spurgeon and Moody*, (Leicester 2005)

Bell, Daniel, *The coming of post-industrial society: a venture in social forecasting*, (New York 1973)

Bengtsson, Åsa, *Nyktra kvinnor: folkbildare, företagare och politiska aktörer: vita bandet 1900–1930*, (Göteborg & Stockholm 2011)

Benito-Vessels, Carmen, *Juan Manuel: Escritura y recreación de la historia*, Madison 1994

Berg, Magnus & Popp, Jan, *Boken om Popp och hans mamma Alice: sjuttio års kamp för värdighet i utkanten av Göteborg och Sverige*, (Göteborg 2014)

Bergqvist, Kim "Poder nobiliar, lenguaje político y representación ideológica del pasado en la historiografía post-alfonsí: el caso de la Crónica de Castilla", *Roda da Fortuna 2:1-1 2012*

Bitsch Christensen, Sören & Mikkelsen, Jörgen, *Danish Towns during Absolutism: Urbanisation and Urban Life 1660–1848*, (Aarhus 2008)

Bjoersdorff, Åke, *Kvinnorna i herrligheten: en studie rörande frågan om kvinnliga pastorer i Svenska Missionsförbundet, åren 1940–1950*, (Göteborg 1993)

Blom, Ida, "Gender and nation in international comparison", i Ida Blom, Karen Hagemann & Catherine Hall (red.), *Gendered nations: nationalisms and gender order in the long nineteenth century*, (Oxford 2000)

Bolman, Lee G. & Deal, Terrence E., *Nya perspektiv på organisation och ledarskap: kreativitet, val och ledarskap*, (Lund, 1997)

Bourdieu, Pierre, *Distinction: A Social Critique of the Judgement of Taste*, (London 1989)

Borell, Klas, *Disciplinära strategier: en historiesociologisk studie av det professionella militärdisciplinära tänkesättet*, (Stockholm 2004)

Borell, Klas, "När Michels oligarkilag kom till Sverige: debatten om partiliv och demokratisering 1911–1920" i *Sociologisk forskning*. Vol. 43, No 1/2 1997

Brémond, Claude, Le Goff, Jacques & Schmitt, Jean-Claude, *L'Exemplum: typologie des sources du Moyen Âge occidental*, (Turnhout 1982)

Broms, Henri, *Two Studies in the Relations of Hafiz and the West*, (Helsingfors 1968)

Burke, Peter, *What is the History of Knowledge?* (Cambridge 2016)

Burrow, John, *Ricardian Poetry: Chaucer, Gower, Langland and the Gawain Poet*, (London 1971)

Bürgel, J Christoph, "Ambiguity: A study in the use of religious terminology in the poetry of Hafiz", i Glünz, Michael & J Christoph Bürgel, *Intoxication – Earthly and Heavenly: Seven Studies on the poet Hafiz of Shiraz*, (Bern 1991)

Carlsson, Carl Mikael, *Det märkvärdiga mellantinget: jordbrukares sociala status i omvandling 1780–1900*, (Stockholm 2016)

Carlsson, Sten, *Ståndssamhälle och ståndspersoner 1700–1865: studier rörande det svenska ståndssamhällets upplösning*, (Lund 1949)

Catalán, Diego, "Monarquía aristocrática y manipulación de las fuentes: Rodrigo en la Crónica de Castilla. El fin del modelo historiográfico alfonsí", i Georges Martin (red.), *La historia alfonsí: el modelo y sus destinos (siglos XIII-XV)*, (Madrid 2000)

Catalán, Diego, *La Estoria de España de Alfonso X. Creación y evolución*, (Madrid 1992)

Catalán, Diego, "Poesía y novela en la historiografía castellana de los siglos XIII y XIV", i *Melanges offerts a Rita Lejeune I*, (Gembloux 1969)

Catomeris, Christian, *Det ohyggliga arvet. Sverige och främlingen genom tiderna*, (Stockholm 2004)

Chittick, William C, *Imaginal Worlds: Ibn al-Arabī and the Problem of Religious Diversity*, New (York 1995)

Christiansson, Elisabeth, *Kyrklig och social reform: motiveringar till diakoni 1845–1965*, (Skellefteå 2006)

Christensen, Søren & Daugaard Jensen, Poul Erik, *Makt, beslut, ledarskap: märkbar och obemärkt makt,* (Lund 2014)

Clark, Christopher, *Iron Kingdom: The Rise and Downfall of Prussia 1600–1947,* (Cambridge 2006)

Clark, Peter, *European Cities and Towns, 400–2000*, (Oxford 2009)

Dahlén, Ashk, "Inledning", i *Hafiz, Shams al-din Mohammed, Dikter, översättning och inledning av Ashk Dahlén*, (Umeå 2007)

Dahlén, Ashk, "Hāfiz ställning inom klassisk persisk poesi", i *Kungliga Vitterhets Historie och Antikvitetsakademien Årsbok 2009*

Davies, Norman, *God's Playground: A History of Poland. Volume I, The Origins to 1795,* (Oxford & New York 1981)

Davidoff Leonore & Hall, Catherine, *Family fortunes: men and women of the middle class 1780–1850,* (London 1987)

Davie, Grace, *The sociology of religion*, (London 2007)

de los Reyes, Paulina, "Ett olösligt problem, rapport om steriliseringslagarnas konsekvenser för romer och resande", i *Den mörka och okända historien: vitbok om övergrepp och kränkningar av romer under 1900-talet*, Departementserien 2014:8, (Stockholm 2014)

Dollinger, Philippe, *Die Hanse*, (Stuttgart 1966)

Doubleday, Simon R, *The Wise King: A Christian Prince, Muslim Spain, and the Birth of the Renaissance*, (New York 2015)

Drucker, Peter F., *Förändringens tidsålder: om diskontinuiteten i vår tid: den snabba förändringen av teknologi, ekonomi, politik och utbildning*, (Stockholm 1970)

Drucker, Peter F., *The age of discontinuity: guidelines to our changing society*, (New York 1969)

Ebrāhimi Dināni, Ārezu & Yad-allah Jalāli Pandari, "Boniyān-gozār-e 'vahdat-e vojud', Hallāj yā ibn al-'Arabi?" (Upphovsmannen till idén "tillvarons transcendentala enhet", Hallāj eller ibn al-'Arabi?), i *Motāle'āt-e 'Erfāni* (Mystiska studier), Nr 11: 2010

Edgren, Lars "När skarprättaren i Malmö skulle begrava sin hustru. Ära, stånd och socialhistoriens problem", i *Historien, barnen och barndomarna: vad är problemet?: en vänbok till Bengt Sandin* (Linköping 2009)

Edgren, Monika, *Från rike till nation: arbetskraftspolitik, befolkningspolitik och nationell gemenskapsformering i Sverige under 1700-talet*, (Lund 2001)

Edling, Nils, *Det fosterländska hemmet: egnahemspolitik, småbruk och hemideologi kring sekelskiftet 1900*, (Stockholm 1996)

Einonen, Pia, "The Politics of Talk: Rumour and Gossip in Stockholm during the Struggle for Succession (c. 1592–1607)", *Scandia 80:2* 2014

Eisenstadt, Shmuel N & Wolfgang Schluchter, "Introduction: Paths to early modernities – A comparative view", i: *Dædalus: Summer 1998 "Early Modernities"*, Vol 127: nr 3

Elze, Reinhard, "Über die Leistungsfähigkeit von Gesandtschaften und Boten im 11. Jahrhundert", W. Paravicini & K. F. Werner (red.), *Histoire comparée de l'administration (IVe-XVIIIe siècles)* (Zürich & München 1980)

Ericson, Maria, *Rapport angående en eventuell sanningskommission för romer och resande/resanderomer i Sverige*, SOU 2010:55

Ericsson, Birgitta, "De anlagda städerna i Sverige ca. 1580–1800" i Grethe Authén Blom (red.), *Urbaniseringsprosessen i Norden, 2. De anlagte steder på 1600–1700 tallet*, (Trondheim 1977)

Eriksson, Catharina, Maria Eriksson Baaz & Håkan Thörn, "Den postkoloniala paradoxen, rasismen och 'Det mångkulturella samhället'", i Catharina Eriksson, Maria Eriksson Baaz & Håkan Thörn (red.), *Globaliseringens kulturer: Den postkoloniala paradoxen, rasismen och det mångkulturella samhället*, (Nora 2002)

Fairclough, Norman, *Analysing discourse: textual analysis for social research*, (New York, 2003)

Fairclough, Norman, *Discourse and social change*, (Cambridge 1992)

Fākhuri, Hanā & Khalil Jarr, *Tārikh-e Falsafeh dar Jahān-e Eslām* (Filosofins historia i den islamiska världen), (Teheran 2007)

Fedor, Thomas Stanley, *Patterns of Urban Growth in the Russian Empire During the Nineteenth Century*, The University of Chicago, Department of Geography, research paper no. 163. 1975

Fernández-Ordóñez, Inés, "De la historiografía fernandina a la alfonsí", *Alcanate 3* 2002–2003

Fernández-Ordóñez, Inés, "La historiografía alfonsí y post-alfonsí en sus textos - nuevo panorama", *Cahiers de Linguistique Hispanique Médiévale 18–19*, 1993–1994

Forssell, Nils, *Svenska postverkets historia, Del 1*, (Stockholm 1936)

Foucault, Michel, *Power/knowledge: selected interviews and other writings, 1972–1977*, (New York 1980)

Foucault, Michel, "Afterword: the subject and power", i Hubert L Dreyfus & Paul Rabinow (red.), *Michel Foucault: Beyond structuralism and hermeneutics*, (Chicago 1983)

Forsyth, James, *A History of the Peoples of Siberia: Russias North Asian Colony 1581–1900*, Cambridge 1994)

Frost, Robert I. *The Northern Wars 1558–1721: War, State and Society in Northeastern Europe, 1558–1721*, (London 2000)

Funes, Leonardo, "Las variaciones del relato histórico en la Castilla del siglo XIV: el período post-alfonsí", i Germán Orduna et. al.

(red.), *Estudios sobre la variación textual. Prosa castellana de los siglos XIII a XVI*, (Buenos Aires 2001a)

Funes, Leonardo, "Las palabras maestradas de don Iohan: peculiaridad del didactismo de don Juan Manuel", i Leonardo Funes & José Luis Moure (red.), *Studia in honorem Germán Orduna*, (Alcalá 2001b)

Funes, Leonardo, *El modelo historiográfico alfonsí: una caracterización*, (London 1997)

Funes, Leonardo & Qués, María Elena, "La historia disidente: el Libro de las Armas de don Juan Manuel en el contexto del discurso historiográfico del siglo XIV", *Atalaya* 6 1995

Ghani, Qāsem, *Bahs dar Āsār va Afkār va Ahvāl-e Hāfez* (Diskussion om Hāfez litterära produktion, hans tankar och tillstånd), (Teheran 2007)

Gelfgren, Stefan,"Att ha sin plats ovan molnen: radikalt eller reaktionärt inom 1800-talets väckelse?", i Erland Mårald & Christer Nordlund, *Topos,* (Stockholm 2006)

Gerteis, Klaus, "Reisen, Boten, Posten, Korrespondenz in Mittelalter und früher Neuzeit" i Hans Pohl (red.) *Die Bedeutung der Kommunikation für Wirtschaft und Gesellschaft*, (Stuttgart 1989)

Glete, Jan, *War and the State in Early Modern Europe: Spain, the Dutch Republic and Sweden as Fiscal-Military States, 1500–1660,* (London and New York 2002)

Gol-Andām, Mohammad, "Jāme'-e Divān-e Hāfez" (Hāfez samlade Divān), i *Hāfez Shirāzi, Khvājeh Shams-al-din Mohammad, Divān* [Divān], efter granskning av Mohammad Qazvini och Qāsem Ghani, (Teheran 1941)

Gómez Redondo, Fernando, "De la crónica general a la real. Transformaciones ideológicas en Crónica de tres reyes", i Georges Martin (red.), *La historia alfonsí: el modelo y sus destinos (siglos XIII-XV),* (Madrid 2000)

Gozashteh, Nāser, "Osul-e din"(Religionens trossatser), i Kāzem Musavi Bojnurdi (red.), *Dā'erat al-Ma'āref-e Bozorg-e Eslāmi Vol. 9* (Det stora islamiska uppslagsverket), (Teheran 2000)

Granström, Görel, *Värnpliktsvägran: en rättshistorisk studie av samvetsfrihetens gränser i den rättspolitiska debatten 1898–1925*, (Uppsala 2002)

Guenée, Bernard, *Histoire et culture historique dans l'Occident médiéval*, (Paris 1980)

Gustafsson, Harald, *Makt och människor: europeisk statsbildning från medeltiden till franska revolutionen*, (Göteborg & Stockholm 2010)

Gustafsson, Harald, *Nordens historia: en europeisk region under 1200 år*, (Lund 1997)

Gustafson, Seth, *Hemming Gadhs språk*, (Lund 1950)

Halldorf, Joel, *Av denna världen? Emil Gustafsson, moderniteten och den evangelikala väckelsen*, (Skellefteå 2012)

Harding, Sandra, "Borderlands epistemologies", i Sandra Harding, *Is Science Multicultural? Postcolonialisms, Feminisms, and Epistemologies*, (Bloomington and Indianapolis 1998)

Hayen, Mats, *Ett sekel i självstyrelsens tjänst: Sveriges Kommuner och Landsting 100 år*, (Stockholm 2008)

Harnesk, Börje, *Legofolk: drängar, pigor och bönder i 1700- och 1800-talets Sverige*, (Umeå 1990)

Hedenborg, Susanna & Kvarnström, Lars, *Det svenska samhället 1720–2010: böndernas och arbetarnas tid, (2004), upplaga 4:1*, (Lund 2013)

Helle, Knut, Eliassen, Finn-Einar, Myhre, Jan Eivind & Stugu, Ola Svein, *Norsk Byhistorie. urbanisering gjennom 1300 år*, (Oslo 2006)

Hellman, Jonas, *Etik och ekonomi i idrottsföreningar*, (Stockholm 2014)

Hennel, Lennart, "Demografi som styrmedel. Om det svenska Tabellverkets första tid", i *Arv och anor. Årsbok för Riksarkivet och Landsarkiven 1996*, (Stockholm 1996)

Heuman, Johannes, *The Quest for Recognition: The Holocaust and French Historical Culture, 1945–65*, (Stockholm 2014)

Hijano Villegas, Manuel "La materia cidiana en las crónicas generales", i Alberto Montaner Frutos (red.), *"Sonando van sus nuevas allent parte del mar"*: *El Cantar de Mio Cid y el mundo de la épica*, (Toulouse 2013)

Hijano Villegas, Manuel, "Fuentes romances de las crónicas generales: el testimonio de la Historia menos atajante", *Hispanic Research Journal 12:2 2011*

Hijano Villegas, Manuel, "Continuaciones del Toledano: el caso de la Historia hasta 1288 dialogada", i Francisco Bautista (red.), *El relato historiográfico: textos y tradiciones en la España medieval*, (London 2006b)

Hildebrand, Hans, *Sveriges medeltid: kulturhistorisk skildring 1*, (Stockholm 1879)

Hill, Enid, "Islamic Law As a Source for the Development of a Comparative Jurisprudence: Theory and Practice in the Life and Work of Sanhuri," i Aziz al-Azmeh (red.), *Islamic Law: Social and Historical Contexts*, (London 1988)

Hirdman, Yvonne, *Vi bygger landet: den svenska arbetarrörelsens historia från Per Götrek till Olof Palme*, (Stockholm 1988)

Hoexter, Miriam & Nehemia Levtzion, "Introduction", i Miriam Hoexter, Shmuel N Eisenstadt & Nehemia Levtzion (red.), *The Public Sphere in Muslim Societies*, (New York 2002)

Holm, Teodor, *Sveriges allmänna postväsen: ett försök till svensk posthistoria 1: 1620–1642*, (Stockholm 1906)

Hultqvist, Kenneth & Persson, Kenneth (red.), *Foucault: namnet på en modern vetenskaplig och filosofisk problematik*, (Stockholm 1995)

Izadi Yazdān-ābādi, Ahmad, "Bar-rasi-ye tatbiqi-ye ārā'-e hokamā va andishmandān-e irāni-eslāmi darbāreh-ye 'Ensān-e kāmel'" (En jämförande studie om åsikterna bland iranska och islamiska filosofer, teologer och tänkare om "den fullkomliga människan"), i *Tidskriften Kherad-nāmeh-e Sadrā (Sadrās förnuftsbok), Nr 45: Hösten 2006*

Jansdotter, Anna, *Ansikte mot ansikte: räddningsarbete bland prostituerade kvinnor i Sverige 1850–1920*, (Stockholm 2004)

Jansson, Josef, "Från vår soldatmission", i *Ungdomsvännen 1920*

Jauss, Hans Robert, *Toward an Aesthetic of Reception*, (Minneapolis 1982)

Johansson, Ella, *Skogarnas fria söner*, (Stockholm 1994)

Karlsson, Magnus, *Erik XIV: oratio de iniusto bello regis Daniæ anno 1563 contra regem Sueciæ Ericum 14 gesto*, (Stockholm 2003)

Kemmler, Fritz, "*Exempla*" in Context: A Historical and Critical Study of Robert Mannyng of Brunne's "Handlyng synne", (Tübingen 1984)

Kennerberg, Owe, *Innanför eller utanför: en studie av församlingstukten i nio svenska frikyrkoförsamlingar*, (Örebro 1996)

Khorramshāhi, Bahā'-al-din, *Hāfez* (Hāfez), (Teheran 2009)

Kirby, David, *Östersjöländernas historia 1492–1772*, (Stockholm 1994)

Klinge, Matti, *Östersjövärlden*, (Stockholm 1994)

Koher Riessman, Catherine, *Narrative Analysis*, (Newbury Park 1993)

Koselleck, Reinhart, "'Erfarenhetsrum' och 'förväntningshorisont' – två historiska kategorier", i *Erfarenhet, tid och historia: om historiska tiders semantik*, övers. Joachim Retzlaff, (Göteborg 2004)

Lambton, Ann K, "Justice in the Medieval Persian theory of kingship" i *Studia Islamica 17 1962*

Landström, Catharina, "Introduktion", i Catharina Landström (red), *Postkoloniala texter*, (Stockholm 2001)

Lapidus, Ira M, *A History of Islamic Societies*, (Cambridge 2002)

Leijonhufvud, Karl A. Kson, *Ny svensk släktbok*, (Stockholm 1906)

Lelewel, Joachim, *Géographie du Moyen Age Vol 2*, (Breslau 1852)

Lelewel, Joachim, *Épilogue de la géographie du Moyen Age*, (Breslau 1857)

Letzter, Eva-Marie, "Teaching by Example: exempla used in Birgitta's Revelations and in Old Swedish popular sermons" i Claes Gejrot, Mia Åkestam & Roger Andersson (red.), *The Birgittine Experience: Papers from the Birgitta Conference in Stockholm 2011*, (Stockholm 2013)

Lewin, Leif, *Hur styrs facket?: om demokratin inom fackföreningsrörelsen*, (Stockholm 1977)

Lilja, Sven, "Peoples, towns and states. Structural power resources and state power in the Scando-Baltic region (1500–1820)", i Hanno Brand & Leos Müller (red.), *The Dynamics of economic Growth in the North Sea- and Baltic Region in the Late Middle ages and Early Modern Period*, (Hilversum 2007)

Lilja, Sven, Europa, *Sverige, världen: europisk integration och expansion 1500–1800*, (Lund 2001)

Lilja, Sven "Central Power and Urban Development in the 17th Century: comparative Perspectives on Scandinavian Urbanization" i Martinez Ruiz & Magdalena de Pazziz Pi Corrales (red.), *Spain and Sweden during the Baroque epoch (1600–1660). International congress records*, (Fundacion Berndt Wistedt 2000a)

Lilja, Sven, *Tjuvehål och stolta städer: urbaniseringens kronologi och geografi i Sverige (med Finland) ca 1570-tal till 1810-tal*, (Stockholm 2000b)

Lilja, Sven, *Städernas folkmängd och tillväxt: Sverige (med Finland) ca 1570-tal till 1810-tal, Historisk tätortsstatistik, del 2*, (Stockholm 1996)

Lilja, Sven, "Stockholms befolkningsutveckling före 1800: problem, metoder och förklaringar" i *Historisk tidskrift 1995:3*

Lilja, Sven, "Stockholm under huvudstädernas sekler: Sverige Stockholms befolkningsutveckling i jämförande perspektiv" *Historisk tidskrift 1996:3*

Lindegren, Jan, *Maktstatens resurser*, opublicerat manuskript, (Odense UP 1993)

Lindroth, Jan, *Idrottens väg till folkrörelse: studier i svensk idrottsrörelse till 1915*, (Uppsala 1974)

Linehan, Peter, *History and the Historians of Medieval Spain*, (Oxford 1993)

Linnarsson, Magnus, *Postgång på växlande villkor: det svenska postväsendets organisation under stormaktstiden*, (Lund 2010)

Livet, Georges, *Histoire des routes et des transports en Europe*, (Strasbourg 2003)

Ljunggren, Jens, *Kroppens bildning: Linggymnastikens manlighetsprojekt 1790–1914*, (Stockholm 1999)

Lomax, Derek W., "El padre de Don Juan Manuel", *Don Juan Manuel VII centenario*, (Murcia 1982)

Loomba, Ania, *Kolonialism / Postkolonialism: En introduktion till ett forskningsfält*, (Stockholm 2006)

Lundin, Johan A, *Predikande kvinnor och gråtande män: frälsningsarmén i Sverige 1882–1921*, (Malmö 2013)

Lundh, Christer, *Spelets regler: lönepolitik och förhandlingssystem i Sverige 1850–2000*, (Stockholm 2002)

Lundkvist, Sven, *Folkrörelserna och det svenska samhället 1850–1920*, (Uppsala 1977)

Machiavelli, Nicholas, *Fursten (1513)*, (Stockholm 2013)

Malmer, *Hemmet vid nationens skola: väckelsekristendom, värnplikt och soldatmission, ca 1900–1920*, (Stockholm 2013)

Markkola, Pirjo, "The calling of women: gender, religion and social reform in Finland, 1860–1920", i Pirjo Markkola (red.), *Gender and vocation: women, religion and social change in the Nordic countries, 1830–1940*, (Helsingfors 2000)

Martin, Georges, "Alphonse X maudit son fils", *Atalaya* 5 1994

Maskub, Shāhrokh, *Hoviyyat-e Irāni va Zabān-e Fārsi* (Den iranska identiteten och det persiska språket), (Teheran 2006)

Maurits, Alexander, *Den vackra och erkända patriarchalismen: den lundensiska högkyrklighetens präst- och mansideal*, (Lund 2011)

Medin, Bengt, "Vaddö havsfärja och de svensk-finska förbindelserna över Åland till omkring 1640", *Forum Navale* 11 1952

Michels, Robert, *Organisationer och demokrati: en sociologisk studie av de oligarkiska tendenserna i vår demokrati*, (Stockholm 1983)

Mitchell, Brian. R., *European Historical Statistics 1750–1975*, (London and Basingstoke 1981)

Molin, Karl, *Den moderne patriarken: om arbetsledarna och samhällsomvandlingen 1905–1935*, (Stockholm 1998)

Montesino Parra, Norma, *Zigenarfrågan: intervention och romantik*, (Lund 2002)

Montesino Parra, Norma, "Romer i svensk myndighetspolitik – ett historiskt perspektiv". *Meddelanden från Socialhögskolan* 2010:2

Movahhed, Ziyā', *Saʿdī (Saʿdī)*, (Teheran 1999)

Nilsson, Lars, *Historisk tätortsstatistik. Del 1: folkmängden i administrativa tätorter 1800–1970*, (Stockholm 1992)

Nilsson, Lars & Forsell, Håkan, *150 år av självstyrelse: kommuner och landsting i förändring*, (Stockholm 2013)

Nordberg, Michael, *Diktaren på tronen*, (Stockholm 2011)

Nygren, Rolf, *Disciplin, kritikrätt och rättssäkerhet: studier kring militieombudsmannaämbetets doktrin- och tillkomsthistoria 1901–1915*, (Uppsala 1977)

Oberman, Heiko A, "Anticlericalism as an agent of change" i Peter Dykema A & Heiko A. Oberman, *Anticlericalism in Late Medieval and Early Modern Europe*, (Leiden/New York/Köln 1994)

O'Callaghan, Joseph F., *The Learned King: The Reign of Alfonso X of Castile*, (Philadelphia 1993)

Okkenhaug, Inger Marie, "Introduction: Gender and Nordic Missions", i Inger Marie Okkenhaug (red.), *Gender, Race and Religion: Nordic Missions 1860–1940*, (Uppsala 2003)

Orduna, Germán, "El Libro de las armas: clave de la justicia de Don Juan Manuel", i *Cuadernos de Historia de España* 47–48, 1982

Ostrowska Kaufmann, Wanda, *The Anthropology of Wisdom Literature*, (Westport 1996)

Palafox, Eloísa, *Las éticas del exemplum: los Castigos del rey don Sancho IV, El conde Lucanor y el Libro de buen amor*, (Mexico City 1998)

Palmer, Robert Roswell & Joel Colton, *Nya tidens världshistoria. Del 1 och 2*, (Stockholm 1969)

Perkin, Harold, *The origins of modern English society 1780–1880*, (London 1969)

Peterson, Tomas, *Den svengelska modellen*, (Lund 1993)

Peterson, Tomas, *Leken som blev allvar: Halmstads Bollklubb mellan folkrörelse, stat och marknad*, (Lund 1989)

Pleijel, Hilding, *Hustavlans värld: kyrkligt folkliv i äldre tiders Sverige*, (Stockholm 1970)

Rehnberg, Mats, *Vad skall vi göra med de blanka gevär: femton kapitel ur soldaternas liv*, (Stockholm 1967)

Riasanovsky, Nicholas V. & Steinberg, Mark D., *A History of Russia*, (Oxford & New York 2011)

Retsö, Dag, "Med hand och mun, med bud och brev: närvaro och auktoritet i Sverige 1300–1560" i Mats Hallenberg & Magnus Linnarsson (red.), *Politiska rum: kontroll, konflikt och rörelse i det förmoderna Sverige 1300–1850*, (Lund 2014)

Retsö, Dag, *Människans mobilitet och naturens motsträvighet: studier kring frågan om reshastighet under medeltiden*, (Stockholm 2002)

Retsö, Dag, "Senmedeltida pappersbrev som källa för beräkning av restider och rekonstruktion av itinerarier", i Claes Gejrot, Roger Andersson & Kerstin Abukhanfusa (red.), *Ny väg till medeltidsbreven*, (Stockholm 2002)

Retsö, Dag, "'Instängdhetens nytta': kvinnors geografiska mobilitet under medeltiden, och Mätta Ivarsdotters resor 1504–1511", *Scandia* 73:2 2008

Retsö, Dag, "När försvann Sturearkivet från Sverige?" (manuskript)

Retsö, Dag, "No Taxation without Negotiation: War Economy, Taxes and the Peasantry in Sweden in Early 16th Century" (manuskript)

Reuterswärd, Elisabeth, *Ett massmedium för folket: studier i de allmänna kungörelsernas funktion i 1700-talets samhälle*, (Lund 2001)

Rozman, Gilbert, *Urban Networks in Russia, 1750–1800, and premodern periodization*, (Princeton UP 1976)

Runefelt, Leif, *En idyll försvarad: ortsbeskrivningar, herrgårdskultur och den gamla samhällsordningen, 1800–1860*, (Lund 2011)

Runcis, Maija, *Steriliseringar i folkhemmet*, (Stockholm 1998)

Rypka, Jan, *History of Iranian Literature, written in collaboration with Otakar Klíma and edited by Karl Jahn*, (Dodrecht 1968)

Rüsen, Jörn, *History: Narration – Interpretation – Orientation*, New York och Oxford 2005

Said, Edward, *Orientalism*, (Stockholm 2000)

Said, Edward, "Return to philology", i Edward Said, *Humanism and Democratic Criticism*, (New York 2004)

Sajjādi, Ja'far, *Farhang-e Ma'āref-e Eslāmi* (De islamiska föreställningarnas lexikon), Volym I, sökning: Osul-e din (Religionens trossatser), (Teheran 1984)

Sandén, Annika, *Stadsgemenskapens resurser och villkor: samhällssyn och välfärdsstrategier i Linköping 1600–1620*, (Linköping 2005)

Sargent, Steven D, "Review of: Dykema, Peter A & Heiko A. Oberman: Anticlericalism in Late Medieval and Early Modern Europe, Lieden/New York/Köln 1994" i *Medieval Academy of America, Vol 71 – nr 2 1996*

Scanlon, Larry, *Narrative, Authority and Power: The Medieval Exemplum and the Chaucerian Tradition*, (Cambridge 1994)

Shafi'i Kad-kani, Mohammad Rezā, *In Kimiyā-ye Hasti. Majmu'eh-ye Maqāleh hā va Yād-dāsht hā dar-bāreh-ye Hāfez* (Detta varats elixir. Samling av skrifter och artiklar om Hāfez), (Teheran 2008)

Schnakenbourg, Éric, "Les chemins de l'information: la circulation des nouvelles depuis la périphérie européenne jusqu'au gouvernement français au début du XVIIIe siècle", i *Revue Historique 638 2006*

Scorpo, Antonella Liuzzo, "The King as Master and Model of Authority: The Case of Alfonso X of Castile", i Lynette Mitchell & Charles Melville (red.), *"Every Inch a King": Comparative Studies on Kings and Kingship in the Ancient and Medieval Worlds*, (Leiden 2012)

Sharif, Miyān Mohammad, *Tārikh-e Falsafeh dar Eslām* (Den islamiska filosofins historia), (Teheran 1988)

Sheiban, Hossein, *Den sargade dygden: religionskritik hos tre klassiska persiska poeter: Sa'di, 'Obayd och Hafez*, (Stockholm 2014)

Spiegel, Gabrielle M., *Romancing the Past: The Rise of Vernacular Prose Historiography in Thirteenth-Century France*, (Berkeley och Los Angeles 1993)

Stadin, Kekke, *Stånd och genus i stormaktstidens Sverige*, (Lund 2004)

Stanley Fedor, Thomas, *Patterns of Urban Growth in the Russian Empire During the Nineteenth Century*, The University of Chicago, Department of Geography, research paper no. 163 1975

Strömberg-Back, Kerstin, "Stam och beväring", i Tom Ericsson (red.), *Folket i försvaret: krigsmakten i ett socialhistoriskt perspektiv*, (Umeå 1983)

Sund, Bill, *Fotbollens strateger: spelsystem och ledarskap i ett internationellt och svenskt historiskt perspektiv*, Malmö Studies in Sport Sciences, Vol. 16, (Malmö 2015)

Sund, Bill, *Fotbollsindustrin*, (Visby 2008a)

Sund, Bill, "Ett förbund i arbete: organisation i förändring, Studier och information, Avtalsrörelsen i samordning", i *Det lyser en framtid: svenska Metallindustriarbetareförbundet historia 1957–1981*, (Stockholm 2008b)

Sund, Bill, "Det sportindustriella komplexet", i *Perspektiv på Sports Management*, (Stockholm 2004a)

Sund, Bill, *Fotbollens sociala och kulturella dimensioner: en studie av svensk fotboll under 1900-talet*, (Växjö 2004b)

Sund, Bill, "Kvinnolön och institutionell makt: lönefrågans institutioner och drivkrafter i ett historiskt och institutionellt perspektiv", *Kvinnor tar plats: arbetsmarknad och industriarbetet på 1900-talet*, (Stockholm 2002)

Sund, Bill, *Hundra år på LM: LM Ericssons verkstadsklubb 1898–1998*, (Stockholm 1998)

Sund, Bill, *Fotbollens maktfält: svensk fotbollshistoria i ett internationellt perspektiv*, (Malmö 1997)

Sund, Bill, "Antonio Gramsci och den svenska socialdemokratin", *Historisk tidskrift 1989:2*

Sund, Bill, "The Safety Movement and the Swedish Model", *Scandinavian Journal of History. Vol. 19, No 1. 1993*

Sund, Bill, "Metall går samman", *Svenska metallindustriarbetareförbundets historia 1982–2006* (under utgivning)

Svärd, Lydia, *Väckelserörelsernas folk i Andra kammaren, 1867–1911*, (Stockholm 1954)

Tabātabāyi, Javād, *Ebn-e Khaldun va ʿolum-e ejtemāʿi: Vazʿīyat-e ʿolum-e ejtemāʿī dar tamaddon-e eslāmi* (Ibn-Khaldun och sahällsvetenskaper: Samhällsvetenskapernas läge i den islamiska civilisationen), (Teheran 1995)

Thiesen, Finn, "Förord" i *Hafiz, Shams al-din Mohammed, Dikter, översättning och inledning av Ashk Dahlén*, (Umeå 2007)

Thompson, Paul & McHugh, David, *Att arbeta i organisationer: ett kritiskt perspektiv på organisation och arbete*, (Malmö 2009)

Tosh, John, *A man´s place: masculinity and the middle class home in Victorian England*, (New Haven 1999)

Tydén, Mattias, *Från politik till praktik: de svenska steriliseringslagarna 1935–1975*, (Stockholm 2002)

Tydén, Mattias & Svanberg, Ingvar, "I nationalismens bakvatten" i (red.), Gunnar Broberg, Ulla Wikander, Klas Åmark, *Bryta, bygga, bo. Svensk historia underifrån*, (Stockholm 1994)

Utas, Bo, "Persisk litteratur: en historisk översikt [1966]" Utas, Bo, *Den persiska litteraturen: essäer av Bo Utas, med förord och bidrag av Ashk Dahlén*, (Stockholm 2011)

Wallander, Kristina, "Metalls studieverksamhet: en historisk översikt", i *Metall 100 år*, (Stockholm 1988)

Watt, W Montgomery, *Muslim Intellectual: A Study of al-Ghazāli*, (Edinburgh 1963)

Ward, Aengus, *History and Chronicles in Late Medieval Iberia: Representations of Wamba in Late Medieval Narrative Histories*, (Leiden 2011)

Weber, Eugen, *Peasants into Frenchmen: The modernization of rural France 1870–1914*, (London 1977)

Weber, Max, *Ekonomi och samhälle: förståelsesociologins grunder 1*, (Lund 1983)

Weber, Max, *From Max Weber: Essays in Sociology*, (red.), H H Gerth & C Wright Mills, (London/Henley/Boston 1977)

Wejryd, Cecilia, *Läsarna som brände böcker: Erik Jansson och erikjansarna i 1840-talets Sverige*, (Uppsala 2002)

Westin, Gunnar, *Riksföreståndaren och makten: politiska utvecklingslinjer i Sverige 1512–1517*, (Lund 1957)

Widén, Bill, *Predikstolen som massmedium i det svenska riket från medeltiden till stormaktstidens slut*, (Åbo 2002)

Wolfson, Harry Austryn, *Falsafeh-ye 'Elm-e Kalām* (Kalāms filosofi), persisk översättning av Ahmad Ārām, (Teheran 1989)

Vries, Jan de, *European Urbanization 1500–1800*, (London 1984)

Zarrīn-kūb, 'Abdol-Ḥoseyn, *Az Kūcheh-ye Rendān. Dar-bāreh-ye Zendegī va Andīsheh-ye Ḥāfeẓ* (Från "libertiners" gränd. Om Ḥāfeẓ liv och tankar), (Teheran 1985)

Zetterberg, Kent, *Militärer och politiker: en studie i professionalisering, innovationsspridning och internationellt inflytande på de svenska försvarsberedningarna 1911–1914*, (Stockholm 1988)

Åberg, Ingrid,"Kvinnor på tröskeln till en ny tid: Gestriklands Arbetsförening 1860–1880", *Kyrkohistorisk årsskrift 1994*

Österlin, Lars, *Stockholmsväckelsen kring lord Radstock*, (Stockholm 1947)

Författarna

Kim Bergqvist Doktorand i historia vid Historiska institutionen på Stockholms universitet, samt gästforskare vid Columbia University, New York. Forskningsområden är medeltida politisk och kulturell historia, särskilt spanskt och svenskt 1200- och 1300-tal.

Carl Mikael Carlsson Filosofie doktor i historia vid Historiska institutionen på Stockholms universitet. Huvudsaklig forskningsinriktning är social stratifiering i svenskt 1700- och 1800-tal.

Elisabeth Elgán Professor i historia vid Historiska institutionen på Stockholms universitet. Senaste forskningsprojektet behandlar feministisk aktivism på 1970-talet. ORCID: 0000-0003-3043-6588

Sven Lilja Professor emeritus vid Historiska institutionen på Stockholms universitet. Huvudsakliga forskningsområden är historisk urbanisering, Stockholms historia, miljöhistoria och historiografi.

Elin Malmer Filosofie doktor i historia och verksam vid Historiska institutionen på Stockholms universitet. Forskningsområden är kristendom, sekularisering, krigsmakt och genus under 1800- och 1900-tal.

Lars Nilsson Professor emeritus i stads- och kommunhistoria vid Stockholms universitet och tidigare föreståndare för Stads- och kommunhistoriska institutet. Forskar om urbanisering, krympande orter och kommunal utveckling med komparativa och långsiktiga perspektiv.

Dag Retsö Docent i ekonomisk historia vid Ekonomiskhistoriska institutionen, Stockholms universitet. Forskningsområden är svensk medeltid, speciellt geografisk mobilitet, levnadsstandard och klimat.

Maija Runcis Docent i historia och verksam vid Historiska institutionen på Stockholms universitet. Huvudsaklig forskningsinriktning är den svenska välfärdsstaten ur minoritetsperspektiv (avvikare, invandrare, flyktingar, omhändertagna barn).

Annika Sandén Docent i historia och verksam vid Historiska institutionen, Stockholms universitet. Huvudsaklig forskningsinriktning är sociala och kulturella förhållanden under svenskt 1600-tal. ORCID: 0000-0002-2438-2512

Hossein Sheiban Docent i historia och verksam som universitetslektor vid Historiska institutionen på Stockholms universitet. Huvudsaklig forskningsinriktning är modern politisk historia med betoning på islamiska samhällen och Iran, samt stadshistoria.

Bill Sund Professor emeritus vid Stockholms universitet, vid Institutet för social forskning, SOFI och Historiska institutionen. Huvudsaklig forskning rör arbetsliv, arbetsmiljö, arbetsmarknad, idrottshistoria och sport management samt organiserad och ekonomisk brottslighet.

www.ingramcontent.com/pod-product-compliance
Lightning Source LLC
Chambersburg PA
CBHW040306170426
43194CB00022B/2915